新　潮　文　庫

ロックフェラー回顧録

上　　巻

デイヴィッド・ロックフェラー
楡　井　浩　一　訳

新　潮　社　版

10109

ロックフェラー回顧録 上巻＊目次

下巻目次

母、アビー・オールドリッチ・ロックフェラーと、
妻、ペギー・マグラス・ロックフェラーの思い出に捧げる——

ロックフェラー回顧録　上巻

序文　日本の読者へ

新潮社が日本語版『回顧録』の出版に同意してくれたことを、わたしはたいへんうれしく思っている。喜ばしいことに、今回のプロジェクトでは、高度に専門的なスタッフたちといっしょに仕事ができた。本書がアメリカで出版されたときからずっと、わたしは日本語版の出版を願ってやまなかった。日本の多くの友人たちに母国語で本書を読んでもらい、わたしの人生やキャリアについて、多少なりとも知ってほしかったからだ。このたび、楡井浩一氏の非常にすばらしい翻訳により、その願いが実現した。今のわたしの願いは、多くの人々に本書を楽しんでもらい、できればそこから何かを学び取ってもらうことだ。

本書を読めばすぐお気づきになるだろうが、わたしは人生の大半において日本を意識して生きてきた。現に、一九二一年の夏、五歳の子どもだったころ、両親が日本に旅立ったときのことを鮮明に覚えている。日本はふたりの長期旅行の立ち寄り先のひとつだった。この旅行の主目的は、ロックフェラー財団が幅広く支援していた機関、北京《ペキン》大学医学部の開設にあたって中国を訪問することだったが、両親は日本に最も深い感銘を受けた。ご想像のとおり、わたしは置いてきぼりを喰らって非常に不満だったものの、両親が帰ってきた時には大喜びした。ふたりは多くのすばらしい傑作を持ち帰っており、そのなかには、日本の伝統芸術の精華と呼ぶべき品々が含まれていた——着物、能装束、伊万里《いまり》磁器、そして、歌川豊広《うたがわとよひろ》、葛飾北斎《かつしかほくさい》、歌川広重《ひろしげ》といった巨匠たちの手になる数々の浮世絵。わたしの母、アビー・オールドリッチ・ロックフェラーは、日本の美学に大きな影響を受けた。母は、いくつもある屋敷のひとつひとつに〝仏陀《ブッダ》の間〟という特別な部屋をこしらえて、彫像をはじめとする美術品でいっぱいにした。そのほとんどは日本のものであり、母は生涯を通じて蒐集《しゅうしゅう》を続けた。

一族の他のメンバーも、わたしが早くから日本に興味を持ち、知識を得るように導いてくれた。わたしの兄ジョン・D・ロックフェラー三世とその妻ブランシェットは、第二次世界大戦後、長年にわたって、二国間の政治的・文化的関係を改善するために重要な役割を果たしてきた。ふたりは、日本という国、その国民、田園風景、芸術的伝統を深く愛した。三十年以上のあいだ、ふたりは毎年日本を訪れ、日本で多くの親友を作った。

実のところ、一九七五年、裕仁《ひろひと》天皇のただ一度の訪米のおりには、天皇皇后両陛下を自宅でもてなすというめったにない名誉に恵まれた。当時は、わたしも亡《な》き妻とともに両陛下に謁見《えつけん》する光栄に浴した。さらに、兄夫婦は、仕事の大半と慈善事業の大部分を日米関係の促進、維持、拡大に充《あ》てた。東京の国際文化会館、ニューヨークの日本協会、ニューヨーク近代美術館の主要な展示物などが、ふたりの傾倒ぶりを雄弁に物語っている。


そんなわけで、一九六一年まで日本を訪れたことがなかったにもかかわらず、わが一族が何十年も日本と積極的に関わっていたおかげで、わたしはしっかりした基礎知識と深い理解を持つようになった。

わたしはチェース・マンハッタン銀行の出張ではじめて日本を訪れた。当時、銀行頭取兼最高経営責任者だったわたしは、銀行の将来の成長が、より強力な国際的拠点を確立することにかかっていると確信していた。あらゆる重要な基準――経済成長、製造能力、輸出力、法的基盤、国民の高い教育程度と勤労意欲――に照らしてみて、自分たちのプランの成功には日本が絶対に欠かせないと信じていたのだ。日本は第二次世界大戦の荒廃状態から驚異的な復興を遂げて世界を驚嘆させた。わたしには、日本がすぐにでも世界の経済列強の仲間入りをして、国際舞台で重要な役割を担《にな》わんとする態勢にあると思えた。

その後のなりゆきは周知のとおりだ。わたしの初めての訪問から五十年近く経《た》った今、日本は、世界で最も革新的で技術力の高い、世界屈指の経済大国へと発展を遂げた。実際、日本企業は多くの産業部門において世界のリーダーとなり、市場に印象的な新製品をもたらし続けている。しかも、それだけではない。この五十年間で、アメリカと日本は、経済や金融の領域を越える強力かつ永続的なパートナーシップを築き上げてきた。そのパートナーシップは、現在われわれがグローバル経済と認識しているものの出現のためには不可欠だったし、これから先の年月においては、世界の安定的な繁栄を管理するために不可欠となるだろう。

経済、政治、外交におけるアメリカと日本のパートナーシップは、将来、他国のよい手本となることだろう。一九四五年以降、長年のあいだには、非常に困難な時期や、緊迫した時期もあったが、基本的な利害の一致と、問題解決方法を積極的に話し合おうとする政界や実業界の指導者たちの姿勢が、相互の成功の鍵《かぎ》となった。わたしの願いは、互いに尊敬し協力し合う、この強力な結びつきが、この先もずっと続くことだ。本書がその目標達成の一助となることを願っている。

二〇〇七年八月　ニューヨーク市

デイヴィッド・ロックフェラー

第1章 祖父

ここに一葉の写真がある。タリータウンの駅で、フロリダ州オーモンド・ビーチの冬の別荘から、祖父の棺《ひつぎ》を運んでくる列車を待つ父と兄弟全員を撮ったものだ。（次ページ参照）

祖父は一九三七年五月二十三日、九十七歳で安らかに天寿を全うした。公表された死因は心筋硬化症で、平たく言うなら老衰で亡《な》くなったということだ。わたしの知るその人は〝祖父〟であり、数々の史料に名を残す〝追いはぎ貴族〟でも、偉大なる慈善家でもない。子ども時代にいつも変わらずそばにいた祖父は、慈悲深く、寛大で、わたしの父ジョン・D・ロックフェラー・ジュニアをはじめとする一族みんなの尊敬を集めていた。

1937年5月25日、タリータウン駅にて祖父の棺の到着を待つあいだに。左から順に、父、わたし、ネルソン、ウィンスロップ、ローランス、ジョン。(CORBIS)

今、あらためてこの写真を見ると、互いの人間関係、ひとりひとりの人生の中で当時立たされた位置、そして、ときには行く末までもが、驚くほどうまくとらえられているのがわかる。

　ジョンはいかにも彼らしく、隅のほうに立っている。三十一歳の長男ジョンは王朝の名を継ぐ者だ。父は、プリンストン大学を卒業した長男を一族の長に仕立てるべく、ロックフェラー財団、ロックフェラー医学研究所、コロニアル・ウィリアムズバーグなど、多くの同族団体の役員に加えたが、本人は内気な性格で、自分の能力に確信が持てずにいる。

　ネルソンもまたいかにも彼らしく、写真のちょうど真ん中に陣取り、自信たっぷりにカメラを見据えている。ネルソンは二十八歳で、その後まもなくロックフェラー・センターの会長となった。

学者で実業家でもある二十七歳のローランスは、カメラと自分の中間あたりに視線をさまよわせている。航空業界で指折りの投資家として頭角を現わしつつあった彼は、しばらくのちに、第一次世界大戦の撃墜王エディー・リッケンバッカーとともに、イースタン航空の大株主になった。

ウィンスロップは兄弟一の色男。どういうわけか母方のオールドリッチ家の目鼻立ち――〝風格〟にあふれると言ってもよさそうな――と、ロックフェラー家の遺伝子が結びついて、映画スターばりの美貌《びぼう》が生み出された。身内でいちばんの問題児で、家風にまったくなじめずにいる。二十五歳の当時は、テキサスの油田で〝石油採掘労働者〟として働いていた。

末っ子のわたしは二十一歳で、見るからに青臭い。ハーヴァードの大学院で経済学研究課程の一年目を終えたばかりで、夏には国を離れてロンドン・スクール・オブ・エコノミクスで勉強を続けることになっていた。

六十三歳という年齢が見え隠れし始めている父は、わたしたち全員の中心的位置を占め、非常にあけっぴろげで、人好きのする、温厚な顔立ちだ。少し遠くを見ているようでもある。

わたしたちは、その二十五年前に祖父と父がニューヨーク州ポカンティコ・ヒルズの一族の地所に建てた大邸宅に、祖父を連れ帰った。カイカット（オランダ語で〝展望台〟を意味する）と呼ばれる丘の頂上の屋敷からは、壮大なハドソン川を一望できる。翌日、肉親と少数の親しい友人たちだけが列席して葬儀が執り行なわれた。今でも覚えているが、それはうららかな春の日で、フランス窓がテラスに向かって開け放たれ、眼下にはハドソン川が蒼《あお》く輝いていた。祖父お気に入りのオルガン奏者アーチャー・ギブソン博士が、正面ホールにある大きなパイプオルガンを弾いた。子どものころはここでよく演奏のまねごとをして遊んだものだった。追悼演説は、父が建てたリヴァーサイド教会のハリー・エマソン・フォズディック主任牧師が行なった。

葬儀のあと、弔問客がごった返すなかで、祖父の従者、ヨルディがわたしを手招きした。このきびきびとしたスイス人は、三十年間、従者として、また誠実な友として、祖父に仕え続けたのだ。ヨルディのことはよく知っていたが、この従者はわたしの前ではいつも他人行儀だった。近づいていくと、脇《わき》のほうへ、ひと気のない廊下へと連れ出された。

「よろしいですか、ミスター・デイヴィッド」、ヨルディが口を切った（物心ついたころから、使用人たちはいつもわたしたちをこんなふうに呼んでいた。〝ミスター・ロックフェラー〟では該当する人間が多すぎてややこしいし、ファースト・ネームではくだけすぎるからだろう）。「ご主人様はかねてから、ご兄弟全員のなかでお坊ちゃまがいちばんご自分に似ているとお考えでした」。わたしは驚愕《きようがく》の表情を浮かべたに違いない。そんなことを言われようとは思いも寄らなかった。「たしかに、ご主人様はことのほかお坊ちゃまがお気に入りでしたよ」。いくらかしどろもどろになりながら礼を述べたが、ヨルディはただ手を振り、こう言った。「お礼には及びません。わたくしはただ、お知らせしておくべきだと思っただけでございますから」。どう判断すればいいものやら、さっぱりわからない。祖父のお気に入りはネルソンのほうだろうと思っていたのだが、それでもうれしさは押し隠せなかった。

スタンダード・オイル社

祖父はオハイオ州クリーヴランドの生地屋に勤める週給五ドルの店員から身を起こし、スタンダード・オイル（以下、スタンダード）社を設立、経営するに至った。

一一年、長期間の激しい法廷闘争の末、最高裁判所にトラストの解体を命じられるまでは、事実上この会社が米国の石油産業そのものだった。トラスト解体によって出現した企業の多くは、今も存在している。エクソンモービル、シェブロン、アモコをはじめとするおよそ三十社がそれに該当する。

スタンダード社のおかげで、祖父は〝全米一の金持ち〟と言えるくらい豊かになった。祖父はまた、生涯の大半を嫌われ者として過ごした。タブロイド紙はスタンダード社の商法を攻撃した。競争相手をことごとく排除して石油産業の独占を完成させようとする情け容赦のないやり口であり、犯罪（殺人罪も含む）だとして告発したのだ。祖父は、進歩主義者、人民主義者、社会主義者など、新たなアメリカの資本主義体制に不満をいだく人々の標的だった。ウィスコンシン州の有力政治家ロバート・ラ・フォレットは、祖父を〝同時代最悪の犯罪者〟と呼んだ。独占とトラストの規制を旗印に掲げたテディ・ルーズヴェルトは、祖父をいけにえとして利用した。ジャーナリストのアイダ・ターベルは、文章を通して、おそらく誰よりも祖父の意地汚い強欲な〝追いはぎ貴族〟のイメージ確立に寄与した。ターベルはこう書いている。「ほぼ疑う余地なく、ミスター・ロックフェラーがゴルフをする主な理由は、長生きしてもっと金儲《かねもう》けをしたいからだ」

今日の歴史家のほとんどは、祖父と同時代の人々によって描かれたスタンダード社の姿が、特定の主義に著しく偏《かたよ》り、多くの場合は不正確なものであったと見ている。祖父とパートナーは果敢に競争に挑んだが、当時ごくあたりまえとされていた商法上の習わしを超えるような罪ではなかった。そのころと今とでは世界が違う。今日の商戦を規制している法律のうち、当時実施されていたものなど、ほとんどない。スタンダード社は、経済界におけるフロンティアとして事業を展開していた。新たな未開の地では、時として、文字どおり開拓時代の大西部のごとき様相を呈した。スキャンダル好きの記者たちは、石油産業草創期のことをちょっとした起業家の楽園としてもてはやしたが、実際にはきわめて非情な世界だった。価格が急変動し、産油量が大幅に揺れ動き、石油の供給過剰と供給不足がかわるがわる起こり、精油所も油井《ゆせい》も、一夜のうちに破産して廃業に追い込まれる。ロマンチストではない祖父は、それを投機的で、近視眼的で、浪費的な状況と見なし、現実的なやりかたで是正しようとした。

スタンダード社が未亡人たちの遺産を騙《だま》し取り、競合する精油所に攻撃をしかけ、あらゆる手段を講じて競争相手を破滅させようとしたという非難——ターベルをはじめとする記者たちが大喜びで繰りかえし報じた——はまったくの作り話だ。実際のところ、スタンダード社は多くの競合他社よりもずっと高潔だった。整理統合の過程で、スタンダード社は正直な申し出をしただけでなく、競合する精油所に気前のよい価格を提示することもたびたびだった。実際、あまりに気前がよいので、競合他社が、あわよくばふたたび買収してもらいたいというだけの理由で、業界に再参入してくることも多かった。祖父のパートナーは、この〝たかり〟のしつこいやり口についてさんざんぐちをこぼしたが、祖父は計画を完遂するために買収を続けた。

スタンダード社は独占企業だった。絶頂期には、国内石油産業の九十パーセントを支配し、残り十パーセントの買い占めに全力で取り組んでいた。けれど、祖父は、同業の株主や労働者だけでなく、消費者や国全体にも、市場独占による被害は及ばないと見ていた。それは教科書どおりの前提とはまったく相反する見解で、ゆえに祖父の誠意は信じがたいという者も多い。

しかし、スタンダード社の市場占有率が上がると、石油製品（スタンダード社創立後数十年は主として灯油）の値段が劇的に下がった。いたるところで灯油が使われるようになったうえに、スタンダード社の製品は安価で高品質だった。同社は新技術に投資して、製品の種類と質を向上させ、以前は地面に流したり付近の川に捨てたりしていた副産物の新たな利用法を開発した。この最も顕著な例が、ガソリンだろう。廃棄物だったものが、最終的には内燃機関で重要な使われかたをして、最も貴重な石油製品となったのだ。

祖父は低価格をポリシーにしており、製品の価格を下げれば購入者が増え、市場の拡大による事業拡大が利益の増大につながる〝規模の経済〟が、スタンダード社に有利に働くと信じていた。経済を学んだことがないのに〝弾力的需要〟を理解していたのだ。祖父は昔から〝薄利多売〟が優れた商法だと考えていた。多くの経済学者が「市場の需要に応《こた》えよ」と口にするが、祖父の経営方法は違う。祖父は自国や国外に新たな流通経路を設定して、需要までも創出した。例えば、スタンダード社はマーケティング手段として、たびたびランタンを配り、消費者が燃料の灯油を買うよう仕向けた。ジレット社がかみそりを配って顧客に替え刃を買い続けてもらうようなものだ。祖父は仕事仲間に命じて、精油所を買収し、新たな油田を開発して、需要が発生するずっと前に製品を増産した。スタンダード社は、不況で他社が撤退するときも、きわめて積極的な営業活動を展開した。祖父には業界に対する長期的視野と経営方針があったからだ。

競合他社とスタンダード社の明暗を分けた要素はいくつもある。新技術への投資意欲、製造費用を常に意識すること、製品のマーケティングの重要視。祖父は、油井からの産出にはじまり最終的な顧客への配送に至るまで、石油産業の広範な要素をまとまったひとつの組織に統合することに成功した。スタンダード社は、初の完全統合された近代的企業体だった。それこそが祖父の最大の功績だろう。石油産業を築き、その過程で、近代的な会社を創《つく》り出したのだ。それはビジネスの世界を一変させる組織的な成功となった。

アメリカ国民は、一九一一年、最高裁によるスタンダード・オイル・トラスト解体の判決を歓喜の声で迎えた。しかしながら、祖父による石油ビジネスの整理統合の結果として、より安く、高品質で、確実な石油供給が実現した。そしてそのおかげで、合衆国が分権農業国家から高度中央集権的な産業民主主義国家に移行したことは忘れないでほしい。

嵐《あらし》に遭っても冷静沈着に

わたしの父は、のちに自分自身がマスコミと揉《も》めたせいもあり、荒れ狂う嵐に遭っても冷静沈着な祖父に対して、ある種の羨望《せんぼう》を抱いていた。ターベルの著作を読んだ祖父は、驚いたことに、「なかなかおもしろい」と評した。わたしの考えでは、深い信仰心のおかげで個人攻撃に遭っても穏やかで自信を失わなかった。そして、度胸が据わっていたためにアメリカの石油産業を整理統合することができたのだ。祖父は敬虔《けいけん》なキリスト教徒で、バプテスト信仰の厳格な教義にのっとって生きていた。信仰が周囲の世界を〝解き明かし〟、進む道を指し示し、解放への構造を提供してくれたのだ。なかでも最も重要なのは、善行抜きの信仰は無意味であるという原則だ。核となるその信念に導かれた祖父は、巨額な財産について〝受託者責任の教義〟を受け入れ、人生の後半にはさらに行動を広げて、大規模な慈善事業を展開した。

祖父は、ニューヨーク州中央部の質素な家庭で育った。祖父の父親であるウィリアム・ロックフェラーは家族を顧みないタイプの親で、後ろ暗い過去を抱えていた。しかし、実際に祖父とそのきょうだいたちを育てた母親のイライザ・デイヴィソン・ロックフェラーは、並外れて信心深い道徳的な女性だった。

世俗的な時代に生きるわたしたちには、信仰に支配された生活を理解することはむずかしい。また、多くの人は、バプテスト信仰の戒律——飲酒、喫煙、ダンスの禁止——に従う人生を、厳格きわまりないものに感じるだろう。しかし、祖父は宗教戒律を心に刻み込んでいた。わたしたちからすれば、どれもこれも重荷に思える戒律を、いとも容易に楽しげなようすさえ見せながら遵守《じゅんしゅ》していた。

祖父ほど不機嫌と無縁な人間には会ったことがない。つねに笑顔で冗談をとばし、荒唐無稽《むけい》な話を聞かせてくれる。夕食の席ではしばしば、低い声でお気に入りの賛美歌を一曲歌ってくれたものだ。祖父は誰かに向けて歌っていたわけではない。そのようすは、安心感と満足感が心の底からあふれ出てくるかのようだった。

わたしは少年時代に時折、両親の所有するアベイトン・ロッジからカイカット邸まで、四百メートルほど丘を歩いて上り、祖父と朝食や昼食をともにした。祖父は朝食に決まってオートミールを食べていたが、クリームや砂糖ではなくバターや塩を添えていた。なるべく消化にいい食べかたを心がけて、ゆっくりゆっくり、ひと口ずつよく嚙《か》んで食べる。ミルクでさえよく嚙みしめるべきだと主張して、みずから実践していたのだ！

祖父がひとりで食事をすることはめったになかった。友人や仕事仲間など、多くはクリーヴランド時代からの知人が、たびたび祖父のもとに滞在し、それが長期にわたることもよくあった。ゆったりと時間をかけた食事に、形式張らない心地よい会話。ビジネスの話題はいっさい出ない。その代わり、祖父は、いとこや、ずっと昔から家政婦を務めているエヴァンズ夫人を冗談の種にする。ふくよかで温和な夫人も、祖父の気さくなからかいに負けずに応酬していた。わたしもカイカット邸でたまに夕食をともにすることがあった。食後はみんなで居間に移動する。招待客が語り合っているあいだ、祖父はひとり静かに安楽椅子《いす》にすわってうたた寝した。いつも非常に早い時間に床に就いていたのだ。

ときには、ヌメリカというトランプゲームに興じることもあった。各カードをそれぞれひとつの数字とだけ組み合わせられるようになっているこのゲームは、数学的推論を試し、向上させるように作られていた。祖父はいつも親の役だ。そして、ひと勝負ごとに勝者は十セント、敗者は五セントの硬貨を受け取った。

わたしがもう少し大きくなってから、祖父が九十代のころに、子ども用の別邸であるプレイハウスに祖父を招待し、手作りのチキン料理をふるまったこともある。祖父とエヴァンズ夫人がふたりで訪ねてきて、口をそろえて料理を「すごくおいしい!」と褒めてくれた。

また、わたしはフロリダ州やニュージャージー州レイクウッドの屋敷にも祖父を訪ねた。ゴルフ好きの祖父は、ポカンティコとレイクウッドにプライベートコースを建設した。ティーンエイジャーで、ゴルフを覚えたてのころ、わたしと祖父はよくいっしょに何ホールか回った。そのころの祖父は運動のためにプレイしていたので、フルラウンド回ることはめったになかった。

一九三六年六月、祖父の健康が衰え始めたので、わたしはオーモンド・ビーチを短いあいだだが訪れた。祖父はいつもどおり喜んでくれたようだが、目に見えて衰弱し、疲れ切っていた。ほとんどの時間、自室で眠るか、静かに坐《すわ》っていた。わたしたちは取るに足りない言葉を交わしたが、祖父はわたしが部屋にいっしょにいるだけで満足そうだった。わたしは椅子に坐る祖父の写真を数枚撮らせてもらった。生きている祖父に会ったのはそれが最後となった。

祖父はきわめて信心深かったが、信仰心を分かち合えない他人を、裁いたり糾弾したりすることはけっしてなかった。スタンダード社においても、親しい仲間のほとんどが敬虔な信者にはほど遠く、祖父のように絶対禁酒主義を生涯貫く者はめったにいなかった。競争相手から親友に転じたジョン・アーチボルドなどはかなりの大酒飲みだったので、それを矯正することが祖父の生涯の課題となった。祖父は、アーチボルド、ヘンリー・フラグラー、弟ウィリアムなど、スタンダード社初期をともに過ごした商売仲間と親密な交友関係を築いていた。ごくたまに、自身の実業家としての経歴に触れるとき、祖父は、長時間の重労働にもかかわらず、壮大な新事業に関わる者がともに味わった楽しさを語ってくれた。

祖父は生まれつき慎み深い性格で、大富豪にしかできない生活を送っている割に倹約家だった。カーネギー、フリック、ハリマン、ヴァンダービルトなどの一族が、五番街沿いに立派な大邸宅を建造しているときに、祖父は横丁に一軒の家を買った。その家の前住人は、コリス・P・ハンティントンの愛人だったアラベラ・ワーシャムだ。ブラウンストーンと呼ばれる高級住宅だった。隣接する土地も数カ所購入したので、のちに一族がその敷地まで建物を拡張した。ただ、この屋敷を見れば、祖父がわざわざ屋敷の改装をするような人物でないことがわかる。ミセス・ワーシャムの赤いビロ

1920年の夏、メーン州マウントデザート島にある夏の別荘アイリー邸にて、祖父とウィリアム・A・ロックフェラー大叔父と。このふたりがスタンダード・オイル社を当時最大の企業にのしあげた。
（DR 写真コレクション）

ードの壁紙と、凝った装飾の重厚なヴィクトリア朝風家具が、祖父の存命中ずっとそのままだったのだから。

祖父の道楽といえば馬を駆ることくらいだろう。つがいの馬を何組も飼っていて、ポカンティコやセントラルパークで馬を走らせて楽しみ、ときには兄弟や親友たちといっしょにレースに参加することもあった。

祖父には虚栄心というものがまったくなかった。外見にはあまり関心がない。若いころはなかなかの好男子だったが、一八九〇年代に、ひどいウイルスに感染して、全身性脱毛症を患《わずら》い、神経系を冒された。そのせいで、祖父は全身の毛髪を失った。当時の写真のなかに、祖父が黒い縁なし帽をかぶって写っているものがあるが、どこかベニスの商人のシャイロックを思わせる。後年の祖父はかつらを使っていた。

アイダ・ターベルをはじめとして、祖父の容貌《ようぼう》を不快に思う者もいるが、それとは意見を異にする者もいる。米国の高名な肖像画家、ジョン・シンガー・サージェントは、当初、祖父の肖像画制作に乗り気ではなかった。ところが、祖父をモデルに絵を描きながら長時間会話をするうちに、ふたりは友だちになった。しまいにサージェントは、今回の題材に興味をかきたてられたのでもう一枚肖像画を描きたいと父に申し出た。祖父の風貌に、中世の聖人を想起させられたのだという。

〝寄付の技法〟

実のところ、祖父にとって財産管理は難題だった。財産は一九一〇年までに、ほぼ十億ドルに達していた。スタンダード社やその他の投資から得られる年収は莫大《ばくだい》な額にのぼり、几帳面《きちようめん》な性格の祖父は、それをきちんと遣ったり投資したりせずにはいられなかった。祖父はフランスやスコットランドの城を手に入れる気などさらさらなかったし、美術品やヨットや中世の鎧兜《よろいかぶと》の購入――祖父よりも贅沢《ぜいたく》な同時代人が関わっていたあらゆる消費活動――も毛嫌いして、独特の解決法を編み出した。収入のかなりの部分を、炭鉱、鉄道、保険会社、銀行、各種製造業に投資したのだ。最も有名な投資先は鉄鉱石ビジネスで、最終的には、資源の豊富なミネソタ州メサビ山地のほとんどを支配するに至った。

しかし、一八九七年にスタンダード社を退職してからは、だんだん別の投資形態に専念するようになった。それが慈善事業で、祖父は〝寄付の技法〟と呼んでいた。慈善事業に携わるうちに、祖父はスタンダード社に対してと同じように、甚大《じんだい》な影響力を持つようになった。

若い時分に事業を興《おこ》したころから、祖父は慈善寄付も含めて収入と支出の全明細を一セントに至るまで台帳に記録していた。有名な〝台帳A〟から始まる一連の台帳は、ポカンティコ・ヒルズのロックフェラー文書館に保管されている。記録を取ることは家風となった。父は祖父の例にならい、わたしの世代にも同じことをさせて、大小さまざまな成果を得た。わたしも自分の子どもに同じことを試みたが、父ほどの成果はあがらなかった。

記録を取りながら、祖父は財産の十分の一の税納付という宗教令に従った。これは、収入の十分の一を教会やその他の立派な目的のために捧《ささ》げる制度だ。収入が増えるにつれて、慈善寄付も増えていき、通常は祖父自身が従った十分の一という率を達成していた。一八八〇年代半ばごろ、祖父は独力で寄付金を処理するのはむずかしいと判断した。実際、寄付金は、当時の祖父にとってストレスの大きな原因となっていた。ただの寄付ではなく、賢明な寄付をするべきだという義務感を抱いていたが、それは相当むずかしい。「寄付は害を及ぼしやすい」と祖父は書いている。そのころには、年収が百万ドルを超えていたので、内十パーセントを処理するのはひと仕事だ。

最終的な解決策として、バプテスト派牧師フレデリック・T・ゲイツ師を雇い、資金を必要とする個人や組織をより綿密かつ体系的に査定する方法を開発することになった。さいわい、ゲイツは広範にわたる教育を受けており、かなり博識な人物だった。

それから数十年かけて、祖父とゲイツは財産の半分以上について分配計画を練った。残った財産の大部分は父に与えられ、父は、このふたりの活動を継続し拡張することに生涯を捧げた。

祖父と父は、近代の慈善事業を考案した人物として、アンドリュー・カーネギーと並び称されることがある。それは事実かもしれないが、言いすぎでもある。ふたりの功績は、慈善活動の内容を、社会問題をただ是正することから、その根本的な原因を理解し、それをなくす方向に深める必要があることを強調した点にある。その結果、ふたりとも科学的アプローチを採用し、多分野の専門家の活動を支援するようになった。

祖父による初の大きな慈善事業は、一八九〇年代のシカゴ大学創立だった。しかし、祖父がビジネスから手を引き、主に慈善事業に専念するようになったのは、二十世紀を迎えてからのことで、その手始めとして行なった事業のひとつが、一九〇一年のロックフェラー医学研究所の設立だ。

祖父が、ゲイツ、父、初代所長サイモン・フレクスナー博士と密接に協力し合って発展させたヴィジョンは、ヨーロッパのパストゥールやコッホの研究所を手本とする研究施設を作ることだった。研究所を設立する際、祖父はスタンダード社で最初に試したのと同じ原則に従った。有能な人間を雇い、活躍の場を与えるというものだ。祖父は発案と計画には密接に関わったが、いったん研究所の活動が開始されると、運営に干渉しないよう心がけていた。その道の専門家である教育者や科学者に指揮権を渡すのが妥当だと考えていたからだ。父は評議会議長に就任して、科学研究の独立という方針を遵守させるよう尽力した。

祖父は次に、一般教育委員会（GEB）の設立を大々的に主導した。この事業は、南部地方に白人だけでなく黒人も恩恵を受けられる学校教育制度を作りたいという願いに端を発していた。このGEBが存続した三十年間に、祖父は、一億三千万ドル近い寄付金と運営資金を提供した。GEBは、目標達成のために地方自治体や州政府と密接に協力し合った。これは、わが一族がかねてから推奨してきた官と民の協同が最も成功した初期の例のひとつだ。

一九一三年に創立されたロックフェラー財団は、明確な世界的視野を持つ最初の慈善団体であり、慈善のために賢明な資産管理のできる組織を作りたいという祖父の努力の結晶だった。祖父はこの財団にどの機関よりも多額の寄付金（十年間でおよそ一億八千二百万ドル、現在の価値に換算すると二十億ドル以上）を提供した。この財団は、鉤《こう》虫症《ちゅうしょう》、黄熱病、マラリア、結核などの伝染病と闘った。後年には、この財団が〝緑の革命〟の基礎となる、玉蜀黍《とうもろこし》、小麦、米の雑種開発を先導し、世界中の社会変革に大きく貢献した。

〝広報〟

祖父の慈善事業への寄付については、生涯かけた貪欲《どんよく》な営利行為のあとで、そのイメージを払拭《ふっしょく》するために広報戦略を展開しているにすぎない、という非難をよく受ける。しかし、実際にそれが動機だとして、目的達成のために五億ドルもなげうったりするだろうか？

広報活動の開拓者アイヴィー・リーが、巨大な財団の設立から、祖父にぴかぴかの十セント硬貨を寄付させるところまで全部計画したと信じる向きもある。すべてが、祖父のイメージを無慈悲な追いはぎ貴族から陽気で親切な善意ある老人に置き換えるために行なわれたというのだ。この主張は非常に不合理な点だらけだ。祖父は、ゴルフコースや教会、散歩中の道端などでたまたま出会う相手にも、親密な関係を築くために小銭を手渡していた。堅苦しい雰囲気をほぐし、相手を安心させるのに役立つこの手段は、いつも効果的だった。

実際には、祖父は慈善事業が広報活動に及ぼす利点などほとんど気にかけていなかったから、シカゴ大学やGEBに自分の名前を使わせなかったのだ。ロックフェラー研究所についても、さんざん渋った末、やっとのことで名前の使用に同意した。新聞記者たちの広めた中傷に、祖父は、スタンダード社が反論することを許さなかった。こともあろうに、その祖父が、財産の大部分をなげうって世論を操作しようとするなど想像しにくい。祖父が良心の危機を経験して、やむにやまれず〝不正利得〟をかなぐり捨てたなどという解釈も信じがたい。

祖父は、息子や孫、その他の仕事仲間の前で後悔のため息をついたことなど一度もなかった。スタンダード社が社会に利益をもたらしたと信じ、その創立者としての役割に満足していたからだ。

それでは、祖父の慈善事業についてはどう説明すればいいのだろう？　わたしの考えでは、それは宗教的修行と人生経験から生まれた行動だ。アイダ・ターベルやその同調者たちはあえて、祖父を強欲そのものの利己的な個人主義者の典型として描いた。祖父は強固な個人主義者だったが、その言葉を違う意味でとらえていた。祖父は個人主義を利己性や過信と同一視するのは間違いだと考えた。祖父にとって個人主義とは、目的を達成する自由と、自分を育て支えてくれた共同体に価値あるものを返す義務とを意味する。わたしはそれこそが、祖父の慈善事業の根源であり目的であったと信じている。

父は、祖父を恥じるどころか、その人となりと数々の業績を非常に誇りに思っていた。父が葛藤《かっとう》を覚えるとしたら——実際に覚えていたのだが——それは自分の力量不足に対する葛藤だ。わたしの父は、歴史に名を留める偉大な慈善家でありながら、自分はもっと偉大な人物の足跡をたどっているにすぎないという思いをかかえて、人生の大半を過ごしてきたのだから。

第2章　父と母

一九〇一年十月九日にわたしの両親が結婚したとき、新聞はアメリカの最強一族どうしが合併したと報じた。かたやジョン・D・ロックフェラーの跡取り息子、かたや〝国家の総支配人〟とも称される共和党の米上院与党院内総務ネルソン・オールドリッチの娘。

父ははじめて会ったときから母に心を奪われていたが、おそろしく長いあいだ、求婚するかどうか悩み続けた。ついに上院議員に令嬢との婚約を願い出たとき、自分の財政的な見通しについて長々と説明し始めたことが父のまじめさを物語っている。自分が確かな結婚相手であることをなんとかして証明しようとしたのだろう。上院議員はいささかおもしろがり、父の言葉を途中でさえぎって言った。「ロックフェラーくん、わたしが関心を持っているのは、どうすれば娘が幸せになれるかということだけだ」

父は母を幸せにしたし、母も父を幸せにした。それは間違いない。ふたりはきわめて親密だったし――親密すぎるくらいだったが、この点についてはすぐに後述する――互いに深く愛し合っていたと思う。母は、父が心底必要としていた喜びと楽しみを、父のもとに、そして結婚生活にもたらした。

母はロードアイランド州プロヴィデンスで大家族に囲まれて育った。きょうだいは、男五人、女三人の八人。母は上から三番目で次女だ。父親のネルソンとは、特に仲がよかった。ネルソンは、連邦準備制度の形成を通して、高い関税を設定すること、および柔軟な通貨制度と安定した銀行制度の新設に、重要な役割を果たした。母の記憶では、ネルソンと上院議員の仲間たちは、ワシントンの自宅でポーカーをしたり酒を飲んだりしながら、立法について議論を交わしていたという。オールドリッチ方の祖母は、長いあいだ寝たきりで、母が結婚するまでの十数年間もその状態が続いていた。母はしばしば父親のために女主人の役を務めた。ワシントンという政界の中心に乗り込んだ母は、性格的にそういうことに向いていただけでなく、〝社交界〟の要求に応《こた》えるのがこのうえなくじょうずだった。

祖父ネルソンは、旅行好きで、大の芸術愛好家だった。母ときょうだいは、何度か国際会議に出席するネルソンに連れられて、パリ、ローマ、ロンドンをまわった。幼いころにパリとその芸術界に親しんだ母は、当時出現しつつあった新たな表現形式と発想に心地よさを覚えた。

有力な行動規範、精神的な脆《もろ》さ

母の嫁ぎ先は、これ以上ないくらい実家とは異なっていた。母のきょうだいたち、とりわけ姉のルーシーは、〝非常に厳格な〟ロックフェラー家に嫁ぐ母をからかうと同時に、はじめのうちは母が順応できるか心配もした。

父の子ども時代は、ほとんど母親のローラ・スペルマン・ロックフェラーに占められていた。ローラは息子のしつけや教育の最高責任者で、規律にきびしい女性だった。ローラの両親は信心深く、奴隷《どれい》廃止運動や禁酒運動に積極的に関わっていた。ローラの肖像画や写真には、めったなことではしゃいだりしない、いかめしい人柄が現われている。

このロックフェラー方の祖母が、父に宗教的訓練をほどこし、道徳的な正しさに対するこだわりを持たせ、一族の莫大《ばくだい》な財産を管理するために将来背負うことになる重い責任についてはじめて教えた。祖母は、キリスト教婦人禁酒同盟が設立されると、すぐに参加した。貧困、性的不道徳、犯罪など、当時のあらゆる社会問題の根底にアルコールがあると固く信じていたのだ。少年時代の父は定期的に禁酒会合に出席しており、十歳のときには、誓約書に署名して、〝煙草《たばこ》、冒瀆《ぼうとく》、あらゆるアルコール飲料の摂取〟を控えると誓った。大学に入るまでは、家族とバプテスト教会が父の生活の中心だった。

ブラウン大学での学生生活は、母親の影響から逃れるはじめての機会だったが、実際に逃れるのは至難のわざで、うまくはいかなかった。とはいえ、父は新しい考えかたを探求して、徐々に周囲の世界に対する理解を広げ、何人もの生涯の友を得た。少なくともわたしの見るところでは、母と出会って交際を始めたことが、出来事としては最も重要だろう。ふたりがついに結婚したのは、それから八年以上ものちのことだ。

大学教育、安定した家庭生活、広い交友関係など、変化を促す要素があったにもかかわらず、父は大きな不安を抱きながら人生と取り組んでいた。結婚生活は、父が初期に抱いていた疑念や躊躇《ちゅうちょ》のかわりに、思いがけないほどの幸運を授けてくれた。母の気概、社交性、愛想のよさは、父が自分の内気さや内省的な性質に打ち勝とうとするのを助け、自分に欠けているると父が切実に感じているものを埋め合わせてくれた。父にとって、母は自分の精神的な脆さを理解し、気にかけ、保護してくれる相手だった。父はつねに母をそばに置きたがった――すぐとなりでなくても、呼べばすぐ応えられるくらい近くに。ふたりきりの世界に閉じこもりたいと願っていたのだ。見かたによってはロマンチックだし、ふたりの関係はきわめて熱烈で、愛情深かったとも思う。しかし、別の見かたをすれば、ふたりの絆《きずな》は子どもを含むすべての者に対して排他的だった。そして、それが母の過度な緊張の原因となった。

わたしたちは成長するにつれて、母の注意を引きたければ、父と競争するしかないと実感するようになった。母がどれほどわたしたちを気遣い、いっしょに過ごす時間を楽しんでいるかはわかっていたが、夫の欲求と子どもたちとの板ばさみになって、ひどく苦しんでいたことは明らかだ。それは母にとっては終わりのない苦闘で、大きなストレスの原因となった。そしてそれは、けっして解決できないものだった。父は、必要と思えばいつも母をそばに置きたがったし、実際、常にその必要を感じていた。

美しいひと

そういう緊張――それは子ども時代の記憶の底に焼きついている――にもかかわらず、母を思うときは今でも、深い愛情と幸福感がよみがえる。当時の基準では、母は美人ではなかったと思う。ネルソンとわたしは母方のオールドリッチ家の目鼻立ちを受け継いでおり、鼻に最もその特徴が出ている。いずれにせよ、わたしは、多くの母の友人や知人と同様、母を美しいひとだと思っている。活気にあふれて生き生きと輝き、温かみに満ちた顔つきだからだ。それは写真や絵画ではとらえがたい美しさで、実際に、母を実物どおりに描いた作品は数少ない。おかしなことに、最高の肖像は、非常によく撮れた写真をもとに、母の死後、フレッド・W・ライトが仕上げたスケッチだ。写真の中の母は、まだ幼い少年であるネルソンの長男ロッドマンを抱いている。どういうわけか、そのスケッチは、どんなにきちんとした肖像画よりもうまく母の表情をとらえているのだ。

オールドリッチ家の顔つきに加えて、わたしは母から多分にオールドリッチ家の気質を受け継いだ。母は穏やかなたちだが、父やきょうだいの何人かはそれとは正反対で堅苦しくてせっかちだった。わたしはつねに母との特別な結びつきを感じていた。母は幼い子どもが大好きなので、間違いなく末っ子のわたしは有利だった。両親はけっしてえこひいきなどしないよう努めていたが、兄たちはしばしばわたしの受ける特別扱いを非難した。いちばん印象深い記憶は、母の芸術に対する愛と、その愛を巧妙に辛抱強くわたしに伝えてくれたときのことだ。母が鑑賞することによって特別な美のオーラが生まれるかのように、母の手の中では美しい物が生き返る。絵画を眺める時間が長ければ長いほど、母は、魔法を使って知られざる奥地を切り拓《ひら》くかのように、常人には理解しがたい未知の側面をどんどん見つけ出した。

母には〝収集家〟らしいところがほとんどなかった。母にとっては、何かを全部そろえることよりも、質のよい作品をひとつひとつ楽しむことのほうがずっと興味深かったのだ。母のそばで、わたしはその確かな審美眼と直観を多少なりとも吸収した。長年にわたって美術史家や学芸員たちからも美術史や美術鑑賞について伝授してもらったが、芸術について誰よりも多くのことを教えてくれたのは母だ。

父と母は、〝表向き〟には子どものしつけに関わる重要な問題についてまったく同じ意見を持ち、言うことも一致していたが、気質は正反対だった。子どものわたしたちも、それに気づかずにはいられなかった。母が朝の祈禱会《きとうかい》に出席しないのは、ぬくぬくとしたベッドにもぐりこんで、新聞を読んだり手紙の返事を書いたりするほうが好きだからだ。また、斬新《ざんしん》な芸術形式を――しばしば、作品を創《つく》り出した芸術家もいっしょに――家に持ち込み、父を狼狽《ろうばい》させた。そして、子どもたちと水入らずでいっしょに過ごしたり遊んだりする機会が来ると、いつも顔を輝かせた。冒険や予期せぬ出来事が大好きで、ごく自然にのびのびとふるまい、思いつきから生まれる行動を存分に楽しんでいた。

義務、道徳、礼節

父は正反対で、規則正しい生活を望んでいた。これから先、どんな順序で、誰と、どのように、何をするのかを把握したがる。街なかでも休暇中でも、一日の行動は前もって計画されており、計画からの逸脱を好まない。誰かが新しいことをしようと提案したとき、こう言っていたのを思い出す。「だが、それでは計画と違うじゃないか」。父にとっては、それが行動を起こさないじゅうぶんな理由になるのだ。

夏にメーン州に移動するときは、出発の三日前に父のトランクがいくつも持ち出される。上部に開閉蓋《かいへいぶた》がついた古風な船旅用トランクもあれば、〝革新的なトランク〟もあった。このトランクを広げると、片側にスーツを吊《つ》り下げる場所があり、反対側にリネン製品用の引き出しが付いている。父は家を離れる二、三カ月間のために、半ダース以上ものトランクやバッグを満杯にする。まず始めに、父と従者のウィリアム・ジョンソンは、持っていくものを選別し、並べていく。外套《がいとう》、セーター、スーツ、乗馬服などなど。それから、ウィリアムが実際の荷造りをする。

当時は、明らかに今よりも服装が格式ばっていた。冬のあいだ、ディナーの席では、家族水入らずのときでも、父は毎晩黒いネクタイを締め、母はロングドレスを着ていた。さらに、ふたりが持ち運ぶ服の量ときたら驚異的だった。父は夏でさえ、急な冷え込みに備えて欠かさずコートを持っていくし、戸外では必ず帽子をかぶる。大学生時代のある夏、アメリカ南西部を自動車旅行中に、父とふたりで撮った写真が一枚ある。わたしたちは、アリゾナ砂漠の真ん中にぽつんと立つ松の木陰に、ウールのひざ掛けを敷いて坐《すわ》っている。スーツを着てネクタイを締め、中折れ帽をかぶった父のそばには、かたときも手放したことのないコートが置いてある。

父はたしかに子どもたち全員を深く愛していたが、父自身が受けた厳しいしつけのせいで、親としての柔軟性を欠いていたことは疑いようがない。堅苦しい性格で、冷淡ではないが、愛情を大っぴらに示すことはめったにない。それにもかかわらず、わたしが子どものころ、父は物理的にはよその父親より長くそばにいてくれた。おそらく、わたし自身とわが子よりも長い時間を過ごしたと思う。仕事は忙しかったが、父はたいてい自宅の仕事部屋にこもっており、邪魔が入るのを嫌った。週末はポカンティコ、夏休みはメーン州で、家族いっしょに過ごしたが、父の心は遠くにあった。

とはいえ、例外もある。いっしょに散歩や乗馬や旅行をしたときは、父は自身の少年時代について率直に語り、真の関心と愛情をもってわたしの話に耳を傾けてくれた。それはわたしの人生において重要な時だった。

しかし、重大事に対処するとき、とりわけ、それがかなり情緒的な問題の場合、父はいつも手紙のやりとりという手順を踏みたがった。わたしたちが家を離れて大学にいるあいだや、両親の長期旅行中は頻繁に手紙をよこしたし、家族全員がひとつ屋根の下に住んでいるときでさえ、文通がお好みの通信手段だった。父が口述する手紙を秘書がタイプして郵送する。そして、手紙のコピーをファイリングしておくのだ！

父は誠心誠意わたしたちを愛してくれたが、親としての義務感に突き動かされて、義務、道徳、適切な行動についてひとり語りを始めることも多々あった。兄のローランスは今でも、ある手紙を思い出すと苦痛を覚えるという。プリンストン大学で〝いちばん出世しそうな人〟に選出された兄のもとに、父から手紙が届いた。父は兄に、同級生から得た高い評価を無駄にしないためには残りの生涯すべてをかけなければならない、と注意したという。実に父らしい反応だ。

しかし、わたしたちが窮状に陥ると、父の堅苦しい品行方正な外見の下に隠れている優しく温かな側面が顔を出した。それは、わたしにとっても、父の性格の非常に貴い面だった。父と母が五十年近く親密な仲を保ってきたことにも納得がいく。父の意に染まぬ行動を取った場合でも、わたしがほんとうに困ったとき頼りになるのは父の愛情と支援だった。

父は複雑な人間だった。祖父はゼロからスタートして巨額の財産を築き上げ、独力で成功した人物だ。父がその偉業をしのぐのは無理だろう。堅実な実績を残したときでさえ、父は自分を無能だと感じて悩んでいた。父はかつて、スタンダード社副社長のひとりとして短期間実業界に関わった経験を、「自分の良心との競争」と表現した。ある意味では、父は、名前と相続財産にふさわしい人物になるために、生涯ずっと競争を続けていたのだ。

三十代の初めごろ、父は神経衰弱に陥った。今では鬱病《うつびょう》と呼ばれている病気だ。そこで、父はスタンダード社へ積極的に関与するのをやめた。健康を取りもどすために、妻と、当時ほんの一歳だった娘のアビーを伴い、一カ月の休暇を取って南フランスへ行った。三人の滞在は六カ月に延長され、帰国してからも、父は自宅に引きこもって、めったに外出しなかった。一年近くかけてようやく、職場に復帰するだけの気力を取りもどしたが、パートタイム勤務がせいぜいだった。

父が直接この出来事について話してくれないのも、無理はないだろう。しかし、一、二回、父が若いころ心の問題を抱えていたことを推測させる手がかりがあった。わたしがはじめて父の過去の苦い経験に気づいたのは、大学を卒業して数年後、わたしの親友が同様の鬱状態に陥ったときだ。父はその友人と何時間もいっしょに過ごした。友人の話では、自分の経験を話す父の頬には涙が伝い落ちていたという。そのときはじめて、わたしは父の鬱病の深刻さを理解した。

鬱病を克服すると、父はスタンダード社を辞めて、慈善事業と、祖父の身辺雑事の管理に専念するようになった。その結果、一九一〇年代の十年間に、祖父は株などの資産の一部を父に譲渡し始めたが、それも比較的少額だった。わたしが生まれた一九一五年には、父は四十一歳で、完全所有しているスタンダード社の株はおよそ二十五万ドル分しかなかった。

祖父は何を待っていたのだろう？　祖父が子どもたちに巨万の富を残そうと考えたことがあるかどうかはわからない。息子の相続については、もともと娘たちと同様に扱う予定だった。祖父は父に、楽に暮らしていけて、一般的な基準では〝金持ち〟といえるだけの財産を遺《のこ》すつもりだったが、当初の予定では、のちに実際に遺した額よりも桁違《けたちが》いに少ない額だった。祖父が慈善事業について、「寄付ほどたやすく害を及ぼす方法はほかにない」と述べたのは心の底からの発言で、それは特に自分の子どもたちにあてはまると感じていたようだ。

フレデリック・ゲイツは祖父宛《あ》ての覚え書きに、祖父の財産が「積み重なって」しまいに「雪崩《なだれ》」を引き起こし、「彼と子どもたちを葬《ほうむ》り去る」と書いている。祖父がスタンダード社を退職してずっと経《た》ってからも、財産価値は上昇し続けたので、祖父は資産額を知っていささか驚いたことだろう。息子はといえば、心の問題を解決し、世界の中に自分の居場所を見出《みいだ》そうと奮闘中で、すでに背負いきれないほどの責任の重みに押しつぶされている。それだから、息子に莫大な財産を投げ与えてもなんの解決にもならないという結論を出したのだろう。したがって、祖父は、一九一五年までは、財産の大部分を生きているうちか遺言を介して慈善事業に寄付するつもりだったと考えられる。祖父の気持ちを変えたのはラドローだった。

ラドロー

歴史書で〝ラドローの虐殺《ぎやくさつ》〟と呼ばれるようになったこの事件は、アメリカ労働史上、よくも悪くも最も名高い出来事だ。また、わが一族の歴史においても大きな意味を持つ出来事のひとつだ。

ラドローはコロラド州南部の炭鉱町だ。ここでは、祖父が株を四十パーセント近く所有するコロラド石油鉄鋼会社（CF&I）が、鉱山をはじめとする多数の施設を運営していた。すでに完全に引退していた祖父は、多くの企業の株を大量に保持していたが、それを有価証券の消極的投資と見なしており、日々の管理にはあまり注意を払っていなかった。父はCF&I社の重役だったが、経営会議はニューヨークで開かれていたので、コロラド州の会社の事業を視察したこともなかった。

一九一三年九月、鉱業労働者連盟に属する九千人以上の鉱夫が、コロラド州南部の鉱山の全鉱業経営者にストライキ宣言を行ない、賃金、労働時間、安全対策、労働組合の承認などを含む数々の要求を突きつけた。数カ月にわたって、ストライキ参加者と、会社が雇った保安要員とのあいだで突発的な暴力事件が起こっていたので、コロラド州知事は、やむをえず州兵軍を出動させた。冬のあいだに状況は悪化し、一九一四年四月二十日、野戦が勃発《ぼっぱつ》した。ストライキ参加者と州兵の激戦のさなか、十一人の女性および子どもたちが、炎上するテントの下の狭い空間で窒息死した。この事件に続く数日間で、どちらの側にも大勢の死傷者が出たので、結局、ウッドロウ・ウィルソン大統領は、連邦軍を派遣して、不安定な休戦状態にせざるを得なかった。

恐ろしい悲劇だった。ロックフェラーの名が、強い感情的な反発を引き起こしたため、祖父と父は争いの真ん中に引きずり込まれた。マンハッタンの西五十四丁目の自宅の外では、ロックフェラー一族をラドローの〝犯罪〟で糾弾するデモまで起こった。

父は、いくつもの議会委員会がラドローの悲劇前後のコロラド州の状況を調査する前に、現地に乗り込んだ。最初はストライキ参加者に対して強硬な立場を取っていたが、これは疑いなくゲイツの影響だ。ゲイツは、ストライキ参加者など無政府主義者とさして変わらないと考えていた。ラドロー事件ののち、父はゲイツの立場の正当性に疑問をいだき始めた。父は嫌われ者のＣＦ＆Ｉ社長を解任して、アイヴィー・リーを雇った。彼は、労働問題の専門家を雇って問題解決を助けてもらうよう提案した。単なるイメージメーカーよりもはるかに重要な存在となったリーは、鉱夫の不満の根本原因に対処するべきだと、父を説得した。

そこで、父は、のちにカナダ首相となるウィリアム・ライアン・マッケンジー・キングを雇った。キング氏は父の親友となった。彼の薦めに従って、父はＣＦ＆Ｉ社で〝代表交渉〟を実施したが、これは労使関係における画期的な出来事となった。父はキングを伴ってコロラド州に行き、数日かけて鉱夫たちと話し合い、その妻たちとスクエアダンスまで踊った。

父の目標は、労働者の苦情に対処し、企業側を説得して労働者に対する責任の拡大を認めさせて、アメリカにおける労使関係を改善することだった。そのため、父の労働問題への関与はラドローにとどまらず、終生にわたってのテーマとなった。一九二〇年代初期、父は企業に労使関係について助言をする目的で労使関係相談所という会社を設立した。反応は良好で、スタンダード・オイル・グループ内の数社も含めて数々のアメリカの大企業がそのサービスを利用した。

ラドローは父にとっての通過儀礼だったのだ。実業家としての才能や素地には欠けるが、父は力量と勇気を証明した。祖父が最も感銘を受けたのは、非常に苦しい状況下における父の決断力と気骨だ。さらに、父がこうした資質を見せたのは、個人的な悲劇が集中した時期だった。一九一五年三月に最愛の母ローラが長い闘病生活の末に亡《な》くなり、そのひと月後に義父のオールドリッチ上院議員が重度の脳溢血《のういっけつ》で亡くなったのだ。短期間にたて続けにこれらの出来事が起こったあと、一九一五年六月十二日にわたしが生まれた。当時は、わたしの両親にとってのトラウマ期だった。

ラドロー事件とその結果から、祖父は、自分の息子が、巨額の遺産管理という重荷に耐える資質をじゅうぶん備えていると確信したようだ。一九一七年の初めに、祖父は残りの資産を父に譲渡し始めた。一度に約五億ドルずつの譲渡で、これは現在の約百億ドルに相当する。巨万の富によりもたらされた責任に対処するべく、父は即座に人生の立て直しに取りかかった。本質的には、父の目標は、ロックフェラー財団のモットーが示す目標と同じく、〝世界人類の幸福〟を推進することだ。それはすなわち、ロックフェラー医学研究所、一般教育委員会、ロックフェラー財団など、祖父が設立した機関に積極的に関与し続けることを意味した。父はそれらの機関ですでに、統率者としての責任を負っていた。しかし、新しい資産は父にとって自分自身の事業を興《おこ》す機会にもなった。宗教から科学、環境、政治、文化まで、事実上、人間活動の全分野にまたがる事業を。

第3章　子ども時代

　わたしは一九一五年六月十二日、西五十四丁目十番地の両親の家で生まれた。両親の家は、ヴァンダービルト家や他の五番街の家のように小塔や銃眼模様の壁や広大な舞踏場を備えた城ではないが、まったく質素というわけでもなかった。当時のニューヨーク市の私邸としては最も高い九階建てで、屋上には囲い付きの遊技場、階下には、スカッシュ・コート、屋内体操場、専属診療所があった。その診療所がわたしの生まれた場所であり、はしかやおたふく風邪などの伝染病にかかった家族はそこで診察を受けた。二階の音楽室には、パイプオルガンや大きなピアノが備えられている。両親はここで、イグナツィ・ヤン・パデレフスキやルクレツィア・ボーリなどの著名な芸術家たちのリサイタルを主催した。

芸術品に囲まれて

その家は、世界各地の芸術品であふれかえっていた。作品の形式や年代には、父母のまったく異なる趣味や性格が反映されていた。母の趣味は、古代の芸術品から欧米の現代作品まで、多方面にわたっていた。母が現代アメリカの芸術家に興味を持ちだしたのは、一九二〇年代のことだ。ダウンタウン画廊のイーディス・ハルパートの指南を受けて、シーラー、ホッパー、デムース、バーチフィールド、アーサー・デイヴィスの作品を手に入れた。リリー・ブリスやメアリー・クイン・サリヴァンと知り合ったのもこのころで、三人は近代美術から受ける刺激を分かち合った。三人の懸念《けねん》は、才能ある芸術家が存命中に（死後もだが）美術館に作品を展示してもらえる見込みが少ないことだった。そこで、三人は近代美術のための美術館を設立しようと決めた。三人の主導により、一九二九年後半にニューヨーク近代美術館（ＭｏＭＡ）が生まれた。

父は、母が個人的に要する資金はたっぷり与えていたが、母には高価な芸術作品を購入するだけの独自の資産がなかった。モネ、マネ、ドガ、マチスの油絵などは、母の財力では手が届かない。そこで、母はそれらの画家のうち何人かの版画やスケッチを入手して、最終的には、驚くべきコレクションを作りあげた。その大部分は、のちにＭｏＭＡに寄贈された。

父は近代美術をきらっていた。「真に迫っていない」し、醜悪でいかがわしいと考え、家の中でも自分がよく立ち入る場所には現代美術作品を飾らせなかった。父の見解を尊重しながらも、母はくじけることなく関心を持ち続けた。一九三〇年、母はドナルド・デスキーを雇って、十番地七階の子どもの遊び部屋だったところを画廊に改装した。このデスキーは、のちにラジオシティ・ミュージックホールの装飾を指揮したデザイナーだ。

家のほかの場所は、より伝統的な父の趣味が色濃く出ていたが、それでも、母の影響と趣味のよさもはっきりと感じられた。実際に、母は、ルネサンスやポスト・ルネサンス時代の芸術だけでなく、古代芸術や古典芸術も、父とともにきちんと鑑賞した。母は出所がどこであれ美を愛したが、父の好みは、伝統を踏まえた写実的な芸術形式に限られていた。

十番地の家を建てた直後、大型で貴重な入手作品を置くスペースが足りなくなったので、両親は隣りの家を買った。十番地の家と隣家では、三フロアの壁をぶち抜いて連絡ドアが作られた。ここに父は気に入った作品を何点か展示した。もともとはルイ十四世のために織られたという、十八世紀の十枚組みゴブラン織タペストリー『ルカの月暦図』。そして、有名な『一角獣狩り』。これは十五世紀初頭フランスのゴシック様式の連作タペストリーだ。

わたしは一角獣のタペストリーが気に入って、しばしば訪問客を連れて作品を掛けてある部屋をまわり、一枚一枚順を追って一角獣狩りの物語を説明した。姉の結婚式の招待客としてわが家を訪れたニューヨーク州知事アル・スミスもそのひとりだ。州知事はわたしの長話に辛抱強く耳を傾け、あとから感謝のしるしとして、自分の写真に「わが友デイヴへ、アル・スミスより」とサインして送ってきてくれた。一九三〇年代後半、父は連作タペストリーを両方ともメトロポリタン美術館に寄贈した。一角獣のタペストリーは今もなお、クロイスター美術館の目玉作品だ。クロイスターはメトロポリタンの分館で、マンハッタン島北端付近のトライオン要塞《ようさい》公園に建っている。

父の自慢の種は、明朝《みんちょう》や康熙帝《こうきてい》時代に作られた中国製磁器の広範囲にわたるコレクションだ。一九一三年にJ・P・モルガンの膨大なコレクションをかなりの部分手に入れてからというもの、これらの美しい作品に対する強い興味は生涯尽きることがなかった。康熙帝時代の作品の多くは巨大な瓶《かめ》で、少年時代のわたしには見上げるような高さだった。作品は特製の台に載せられ、十番地二階の数部屋に目立つように展示された。とても印象的で、そして圧倒的だった。小さな作品も多数購入しており、なかには、きめ細かな彩色と美しい装飾を施した、架空の動物像や人物像もあった。購入を検討している磁器に虫眼鏡を近づけて、欠けたり修復したりした箇所がないか確認している父の姿が、今でもわたしの記憶に残っている。

母もアジア美術を愛好していたが、中国と韓国の初期王朝時代の陶磁器や彫像に加えて、その他アジア地域の仏教美術を好んだ。母は十二番地に〝仏陀《ブッダ》の間〟という部屋を作り、多くの仏陀像や観音像を並べた。そこでは、照明はつねに薄暗く、お香が焚《た》かれて、濃密な匂《にお》いが漂っていた。

母の蒐集《しゅうしゅう》仲間はもうひとりいた。姉のルーシーだ。ルーシー伯母さんは子どものころからほとんど耳が聞こえないので、こちらの言うことを理解してもらうには、間近に立って耳元で大声を出さなければならない。そういう障害にもかかわらず、伯母は恐れを知らぬ旅行家で、一九二〇年代から一九三〇年代にかけて、特に未婚女性にとっては旅行がずっと危険だった時代に、世界中を放浪して多くの僻地《へきち》を訪れた。一九二三年、北京《ペキン》と上海《シャンハイ》を結ぶ上海特急で旅行中、乗っていた列車が盗賊に襲われて、数人が殺され、伯母は誘拐された。驢馬《ろば》の背に乗せられて山中に連れ去られたのだ。伯母を人質にして、身代金《みのしろきん》を要求する計画だったらしい。しかし、政府軍に緊急追跡されていることを知ると、盗賊はあっけなく伯母を放り出した。ルーシー伯母さんは真夜中に自力で、壁をめぐらした村にたどりついた。そこで立ち入りを拒否された伯母は、門の外の犬小屋でひと晩過ごし、朝になってからやっと入村を許された。伯母はその日のうちに救助された。

ルーシー伯母さんは旅行先の各地で――たいていは辺鄙《へんぴ》な場所で、ほどほどの価格の――美術品を買い求めた。母のために作品を買って、大きな木箱に詰め、ニューヨークのわが家に送ってくることもめずらしくなかった。さいわい、ルーシー伯母さんは審美眼に優れていた。伯母は、日本で珍重されている、江戸時代（一六〇三～一八六七）の花鳥版画と能装束に強い興味を抱くようになり、四十年かけて、両方とも相当数を入手した。さらに、欧州および英国のアンティーク磁器の一流コレクションも蒐集していた。その中には、ヨハン・ケンドラーの造形による、十八世紀のマイセン磁器『猿の楽団』一式も含まれている。一九五五年に亡《な》くなる前に、伯母はコレクションのほとんどを、ロードアイランド・デザイン学校に寄贈した。母もまた、北斎、広重、歌麿《うたまろ》などの偉大な芸術家が十八世紀から十九世紀にかけて制作した日本版画の大切なコレクションを、同校に寄贈した。

学生時代

わが家では、平日はまったく変化のない型どおりの生活を送っていた。早起きして朝食を取るが、その前にまずは父の書斎で朝のお祈りの時間。父はわたしたちに聖書から選んだ詩句を覚えさせ、暗唱するよう求める。それから、わたしたちはひとりずつ順番に詩篇か聖書の一節を読みあげる。締めくくりはお祈り。厳格だが優しい父は、わたしたちが読みあげる言葉の意味を説明してくれる。冗談や悪ふざけは厳しくとがめられた。お祈りは十分から十五分続く。母も姉のバブス（アビー）も姿を現わさなかった。

わたしたちはジョン以外全員、ハーレムに近い百二十三丁目とモーニングサイド・ドライブの間に建つリンカーン・スクールに通った。父は男の子には運動が大切だと考えていたので、わたしたちは毎朝、正面玄関でローラースケート靴を履き、セントラルパークに沿って五番街を北に走り抜けた。幼いころには、ウィンスロップとわたしがまだ七十二丁目なのに、ネルソンとローランスは九十六丁目に到達しているということもしょっちゅうだった。アイルランド系のコンカノン三兄弟のうちの誰かひとりが、いつも後ろからナッシュ・セダンでついてきて、わたしたちが力尽きると車に乗せてくれた。三人とも本来は御者としてわが家で働き、全員が自動車の運転を習っていた。技術習得の度合はさまざまだが、三人とも車の運転席に坐《すわ》ることになかなか慣れず、わが家の電気自動車をいちばん愛好していた。ヘンリー・フォードのT型車が出現する前に人気のあったこの車では、運転手が、一頭立て辻馬車《つじばしゃ》の御者のように車の上部に腰掛けるからだ。

リンカーン・スクールは、男子のためのブラウニングやセントバーナード、女子のためのチェーピンやブリアリーなど、裕福な家の子どもたちが通う典型的な私立学校とは違っていた。授業料が非常に安かったので、あらゆる生い立ちの子どもたちが競い合える素地が整っていた。男女共学で、学生全体がニューヨーク市の民族的多様性の標本だった。わたしのクラスでは、裕福な実業家や銀行家一族の子どもは少数で、クラスメートのほとんどが、教育関係か芸術関係の親を持つ中流階級の子だった。

そのなかのひとり、テッシム・ゾラックの父親は、有名な彫刻家ウィリアム・ゾラックで、母親のマルグリットも画家でありタペストリーの織り手であった。少数ながら、亡命してきたばかりの家庭の子もおり、ひとりは白系ロシア人だった。同級生はみんなとても頭がよく、わたしと同様、スポーツ以外の活動に興味を持っていた。

リンカーン・スクールと、当時のニューヨークに存在した他の学校との違いは、カリキュラムと教授法だ。父はジョン・デューイの教育法と学校改革活動の熱烈かつ気前のよい支援者だった。父をはじめとするリンカーン・スクールの創立者たちは、現代の学校は、事実と公式を記憶して一語一語暗唱するだけの場であってはならないと考えていた。学校とは、ひとりひとりが自力で物事を考え、問題を解決する方法を学ぶ場所であるべきだというのだ。コロンビア大学の教員養成大学院により運営されていたリンカーン・スクールは、デューイの哲学の実践を試みる実験校として、最初の数年間は一般教育委員会から相当額の財政援助を受けていた。

　リンカーン・スクールは、子どもたちが学ぶ自由と、自分自身の教育に積極的に関わる自由を持つことを強調した。大半の科目では、宿題として教科書を精読するのではなく、図書館に行って情報を探すよう指示される。基本的には、頭にたたきこんだ事実を単純に繰り返させられるかわりに、自分で学ぶ方法を教わった。しかし、難点もいくつかあった。わたしの場合、読みかたと綴《つづ》りに手を焼いたが、〝進歩的な〟教育理論を信奉する教師たちは、そんなことは重要視しない。単に読むのが遅いだけで、いずれは自分のペースで伸びていくだろうと信じていたのだ。実は、わたしは失読症なのだが、診断も治療も受けたことがなかった。その結果、進級しても、わたしの読解力と綴り能力は、少ししか向上しなかった。バブスとジョン以外のきょうだい全員が、多少なりとも失読症に悩まされていた。

その一方で、リンカーン・スクールでは非常によい教師に恵まれた。わたしが生涯にわたって歴史への興味を抱き続けたのは、六年生のときにエルミナ・リュッケ先生が、過去の出来事を生き生きとよみがえらせてくれたおかげだ。リンカーン・スクールのせいで準備不足になった面もあるかもしれないが、それでも、わたしは十七歳でハーヴァード大学に入学し、まずまずの成績を収めることができた。

ポカンティコ

冬の週末は、家族みんなでウェストチェスター郡のポカンティコ・ヒルズの屋敷で過ごした。そこは現在ハドソン川に架かるタッパンジー橋の真北にあたる一角だ。目的地まではクレインシンプレックス・セダンに乗っていく。車の屋根は高く、平均的な身長の人間なら車内でまっすぐ立てるぐらいだ。折りたたみ式のサイドシートもついており、運転手も含めて七名を楽々と収容できる。とはいえ、子どもにとっては終わりなき旅に思えた。近代的な幹線道路がないので、マンハッタンからはおよそ一時間半かかった。おまけに、今でもはっきりと覚えているが、ビロード張りのシートの臭《にお》いのせいで、わたしはいつも軽い乗り物酔いに悩まされた。

祖父は一八九〇年代の初めに、ハドソン川沿いにある弟ウィリアムの屋敷に近いポカンティコで地所の買収を始めた。ウェストチェスター郡南西部は、当時はまだ非常に田舎じみており、森林地帯、湖、野原、小川が広がり、あらゆる場所に野生動物があふれかえっていた。結局、ロックフェラー家はポカンティコ・ヒルズの小さな村とその周囲をほぼ全部含む約十四平方キロの土地を買い占めた。ここの居住者のほとんどはロックフェラー一族のために働き、祖父の所有する家で生活していた。

一九〇二年に、祖父母が住んでいた木造家屋が焼け落ちた。建て直しはせず、ふたりは単に丘を下り、前より小さな家に移った。ケント・ハウスと呼ばれるその場所で、ふたりはじゅうぶん満足していた。さんざん父にせっつかれたあとでやっと、祖父母は、元の建物があった場所に近い丘の頂上に、大きくて頑丈な家を建てた。祖父は一九一二年から一九三七年にこの世を去るまで、そのカイカット邸に住んでいた。その後、父と母がそこに移り住んだ。

〝公園〟内にある両親の最初の家、アベイトン・ロッジは、だだっ広くてやたらとあちこちに張り出した木造建築物で、カイカットから丘を下った場所に建っていた。アベイトンの気持ちのよい屋内は、オーク材の鏡板と床板で埋め尽くされており、温かく心地よい雰囲気が漂っている。薄い色で仕上げられた幅の広いオーク材の階段が玄関広間から二階まで続いており、大きなオーク材のテーブルが玄関ホールのほぼ全体を占領している。そのテーブルで、一九二九年の株価大暴落の日に、ニューヨーク・ヘラルドトリビューン紙の第一面を見たのを思い出す。いくつかの寝室を含めた多くの部屋に暖炉が備えつけられていた。寒い日にはいつも居間の暖炉に火が入れられ、温かくて感じのよい雰囲気作りに役立っていた。壁には一面にガラス戸付きの本棚が並び、よく知られた作家の全集が収められている。その中には、『カントリーライフ』や『セント・ニコラス』といった雑誌もあれば、チャールズ・ディケンズやロバート・ルイス・スティーヴンソンの著作もある。どちらも、ヴィクトリア朝風アメリカの名残りだ。この家の中でただ一幅、芸術的な香気を放つ絵は、ジョージ・イネスの大きな風景画だった。

居間と食堂を結ぶ長い廊下の壁には、大きな猛獣の首がずらりと並んでいた。この狩りの獲物の出所は見当もつかない。父がアフリカへ狩猟旅行に行ったことなどないのは確かだが、テディ・ルーズヴェルトの時代がさほど遠くない昔だった当時は、戦利品としての剝製《はくせい》動物の展示が大流行していた。正面玄関には皇帝ペンギンの剝製も立っていた。これはリチャード・バード海軍少将が、極地探検の財政支援に対する感謝のしるしとして父に贈ってくれたものだ。当時、バード少将はたびたびわが家を訪れ、初の南極探検の際には、リトルアメリカ基地から電報を送ってきて、中継野営地にわたしの名を付けたと知らせてくれた。十三歳の少年にとってはわくわくする出来事だった。バードはロス海の付近で山脈をいくつか発見し、そのひとつをロックフェラー山脈と名づけた。その名は今も使われている。有名な訪問客といえばチャールズ・リンドバーグもいて、一九二七年の大西洋単独横断飛行の直後には、週末をともに過ごした。

ニューヨーク・セントラル鉄道の支線、パトナム区間が、祖父の所有地の真ん中を突っ切っており、正面門のすぐ外に小さな駅があった。夜にはベッドの中で、汽笛や、蒸気機関の立てるポッポッという音を聞いていたのを思い出す。寝室の窓の外に大きな楓《かえで》の木が立っていて、秋になるとあざやかに紅葉した。落ち葉の舞うころには、見上げれば、ゴルフコースの芝生の生えた斜面を羊が草を食《は》みながら通り過ぎるようすや——草の繁茂を抑えるためにスコットランド人の羊飼いが所有地のまわりに羊の群れを集めていたのだ——丘の頂上にあるカイカットに至る道をすべて見通すことができた。

ある夏、メーン州でヘンリー・フォード二世といっしょに自然史の講義に出席したことから、わたしは自然研究、とりわけ甲虫《かぶとむし》の採集に熱烈な興味を抱くようになった。暖かな春の夜には、寝室から抜け出して、ポーチの漆喰《しっくい》の壁にリネンのシーツを吊《つ》るし、その前で明かりをともす。すると、甲虫をはじめとする昆虫の大群が明かりをめがけて飛んでくるので、短時間のうちにシーツは虫だらけになる。ひと晩で簡単に三十種類以上の甲虫を採集できた。痛ましいことに、今日では、殺虫剤の多用が原因で同じ結果は得られなくなった。子どものころは、蟋蟀《きりぎりす》や蟬《せみ》などの昆虫のオーケストラが奏《かな》でる甲高い音色のせいで、夜も眠れなかったものだ。今でも、夏の終わりごろに、時折数少ない蟋蟀の鳴き声が聞こえるが、それもごくたまにしかない。悲しいことに、レイチェル・カーソンの『沈黙の春』は、殺虫剤が世界中に及ぼす影響についてはいやになるほど正確だ。

屋敷には電気技師がふたり住んでいた。名前はいみじくも、電話とその呼び出し音を意味するミスター・ベルとミスター・バズウェル。ミスター・バズウェルの娘ルイスが、わたしとちょうど同い年だったことから、わたしは五歳のころ、ふたりは結婚する運命にあると固く信じていた。雪が降り、カイカットを取り巻く果てしない芝生の斜面がそり滑りにおあつらえむきの状態になると、ルイスとわたしはよく、競ってそりで丘を滑り降りた。ルイスと数少ない屋敷の雇い人の子どもたち以外は、あまり仲間付き合いがなかった。時折、週末に友だちを連れてきたりもしたが、ひとりで過ごすことのほうが多かった。

とはいえ、この屋敷は子どもの楽園と呼んでもよかった。十代の初めごろ、父がアベイトン・ロッジから少し丘を上ったところに大きなプレイハウスを建ててくれた。そこには、ジム、屋内プール、ボウリング場、スカッシュ・コートに加えてキッチンも備えられており、のちにわたしは、そこで祖父のためにチキン料理のディナーを用意した。十年後に、父は屋内テニスコートを増築した。コートは巨大なガラス屋根越しの光に照らされ、見物者のための座席と、冬に体をあたためるための暖炉もある。遊ぶ場所は無数にあったが、わたしの記憶では、遊ぶときはいつも、ひとりぼっちか、週末に来てくれる個人教師とふたりきりだった。

シールハーバーの夏

夏はいつも、メーン州マウントデザート島南東岸のバーハーバーにほど近いシールハーバーのアイリー邸で過ごした。七月八日にポカンティコで祖父の誕生日を祝い、翌日、北に向かうのだ。一家全員の移動となると、運搬作業も複雑をきわめ、準備には数週間を要する。物置から大きなトランクやスーツケースを引きずり出し、三カ月近い滞在で必要になりそうなものをすべて詰める。出発の日には、作業員が荷物といっしょに、列車に乗る子どもたちのために、ウォーカー・ゴードン研究所製の殺菌牛乳を入れたアイスボックスをトラックに積み込む。それから、すべての荷物がペンシルヴェニア駅に送り届けられ、列車に積み込まれる。わたしたちが、本にゲームに運動用具と、自分の持っていくべきものを大急ぎでかき集めてまわるので、アベイトン・ロッジは楽しげなざわめきと期待感であふれかえる。

決まって蒸し暑い夏の昼下がりに、わたしたちはポカンティコを発《た》って、ニューヨークへ向かう。家族と使用人だけで寝台車一両が満員になった。父母と六人の子どもたちのほかに、看護師、家庭教師、個人秘書、父の従者、給仕婦、台所女中、客間女中、部屋女中――それぞれ別個の職業だ――も、アイリー邸でおよそ百はある部屋の面倒を見るためについてくるのだ。両親は一九〇八年にアイリー邸を購入後、大幅に増築した。寝台車に加えて、父は馬匹《ばひつ》輸送用貨車を列車につなぎ、いつも夏に帯同する馬と自家用四輪馬車を載せた。馬丁がそこで寝泊まりして、十六時間の列車旅行のあいだに事故が起こらないよう見張っていた。

バーハーバー急行はワシントン始発で、ボルティモア、フィラデルフィア、ニューヨークに停車してから寝台車をつなげる。わたしたちは午後五時ごろに乗車して、ニューイングランド地方を縦断する夜の旅に出る。翌朝には、魔法のように、ごつごつした岩だらけのメーン海岸に沿って、蒼《あお》くきらめく大海原のそばを走っている。フレンチマンズベイ突端のマウントデザート桟橋に着くと、わたしたちは大はしゃぎで下車して、バルサム樅《もみ》の香りを吸い込み、遠くにそびえ立つキャデラック・マウンテンに目を向ける。父はトランク、手荷物、馬、人々の降車を監督する。わたしたち男子はそれぞれ、小荷物を外輪船ノルンベガ号の渡し場に運び下ろす手伝いをする。この船がわたしたちを島へ運んでくれるのだ。

すべてを無事に船に積み込むと、ノルンベガ号がゆっくりと桟橋を離れ、シールハーバーまでの四時間の航海が始まる。連絡船が最初に立ち寄るバーハーバーで、同船者の多くが、船旅用トランクなど多くの所持品を携えて下船する。それから、ノルンベガ号は岬を回ってシールハーバーへと航行を続け、午後の中ごろにとうとう波止場に着く。ほぼ二十四時間の旅を終えて、やっと到着したわたしたちの目の前には、楽しい楽しいひと夏が広がっている。

この旅とは対照的に、今では、ウェストチェスターから飛行機を使えば、シールハーバーにあるわたしの別荘リンギング・ポイント邸まで、二時間足らずでたどり着ける。飛行機のほうがずっと速いが、それでも、わたしは列車や連絡船の外観や物音に、そしてメーン州の終わりなき夏への甘い期待感に郷愁をかきたてられる。

ごく幼いころの記憶のひとつに、シールハーバーでの出来事がある。鯨の死体が島の近くの岸に打ち上げられたという報告があった。父はボートを手配し、家族を連れて死骸《しがい》の見物に出かけた。ところが、やっと三歳になったばかりのわたしは、幼すぎるので同伴させてもらえない。今でも覚えているが、みんなに置き去りにされたわたしは波止場で激しく泣きじゃくり、「ぼく、これまで鯨なんか見たことないのに」と女性家庭教師に不満をぶつけた。おそらく、これからもけっして見ることはないだろう。

一九〇〇年までに、バーハーバーは、ニューポートやロードアイランドと並んで、ニューイングランド地方で最も人気の高い避暑地となった。バーハーバーの側面に位置するフレンチマンズベイ沿いの起伏の多い海岸線には切妻屋根の大豪邸が立ち並び、港には仰々しい巨大なヨットがあふれかえっている。シールハーバーはそこから十四、五キロしか離れていないが、ずっと静かで地味な地域だ。両親は、バーハーバーは派手でけばけばしすぎると考えて、あまりそこでは過ごさなかった。ラジオ業界の名士アトウォーター・ケント家、キャンベルスープ社のドランス家、シカゴのポッター・パーマー家などの一族が、工夫を凝らしたパーティーを催し、所有地の岸辺に停泊したヨットの上で楽団に演奏をさせて、ひと晩中踊り明かす。招待客を乗せた高速モーターボートが行き交い、大人にも子どもにもシャンペンがふるまわれた。

わたしの両親は、そういう富を誇示するようなまねを快く思っていなかった。禁酒法時代なのにアルコールがふんだんに供されていたのだから、なおさらだ。バーハーバーの上流社会では多くの噂《うわさ》が飛びかっており、どこそこのケント氏が愛人を囲っているという話までささやかれていた！　むろん、わたしはまだ幼くて、噂の意味はほとんどわからなかったが、兄たちから話を聞かされた。

父は夏のあいだ、ほとんどの時間を、馬に乗ったり、馬車を走らせたりして、自分が建造した九十キロの車道を往復して過ごした。車道は、アカーディア国立公園内だけでなく私有地も突っ切っている。工学技術と綿密な計画の驚くべき成果であるこの車道からは、海、山、湖、森の壮大な眺めを楽しめる。

父はヨット遊びを好まなかったので、海に乗り出すことはめったになかった。陸上の野外活動のほうがお気に入りで、馬に乗ったり、馬車を走らせたり、森の中を延々と散歩したりしていた。ナラガンセット湾の船乗りの家で生まれ育った母は、これにはとても落胆した。結局、父は、明らかにわたしの兄たちに譲歩して、全長約十メートルの優美な競技用スループ型帆船で、〝水兵号《ジャックタール》〟と名づけられたR級ボートを購入した。末っ子のわたしは、その船でボート遊びをする機会はあまりなかったが、十七歳のときに、友人とともにパサマクォディ湾の気まぐれな海を越えて、約百六十キロ東のニューブランズウィック州セント・アンドリューズまで船を走らせた。ジャックタール号にはエンジンがないので、ふたりの未熟な船乗りがほんとうに窮状に陥ったときに備えて、長年わが家に仕えるオスカー・バルジャー船長が、ロブスター漁船で伴走してくれた。

　わたしは昔からずっとメーン州を愛していたが、今振り返ると、自分が夏のあいだ、ある種の孤独感を抱いていたことがよくわかる。わが家は使用人、個人教師、女性家庭教師を含む大所帯だったが、アイリー邸内で何もかも手に入るので、わたしは、ほかの子たちといっしょにテニスクラブでレッスンを受けたり、ノースイーストハーバー・ヨットクラブに通ったりしたことがない。親といっしょにバーハーバーで夏を過ごす子どもたちとは違って、集団の仲間入りをしたことがなかったのだ。当時のわたしが、自分がなぜ寂しいのか理解していたかどうかはわからない。父がわたしの話し相手として選んだ何人かのフランス語個人教師のことは好きだったし、教師たちもわたしを楽しませようと頑張ってくれたが、同い年の子どもの話し相手の代わりにはとうていなり得なかった。

わたしを庇護《ひご》してくれた乳母（というよりは女性家庭教師）たちを思い出すと、優しい気持ちに包まれる。ひとり目のアタ・アルバートソン――どういうわけかわたしは〝赤ちゃん《ベイブ》〟と呼んでいた――とは、十歳までいっしょに過ごした。ベイブは第一次大戦中にフィリピンで米陸軍の従軍看護師として働いたことがあり、はじめて会ったときに、おいしいマンゴーのことを話してくれたのを覚えている。数十年のち、はじめてアジアを旅した折に食べて以来、マンゴーはわたしのお気に入りの果物になった。ベイブの次がフローレンス・スケールズ。あだ名は〝猫ちゃん《プス》〟だ。想像し得るかぎり最高に親切でかわいらしい女性で、せっせと甲虫を採集するわたしの横で、本を読み聞かせてくれた。

姉の話し相手のレギーナ・デパルマントは、革命時に一家で亡命してきたロシア貴族で、黒い髪と瞳《ひとみ》を持つ美人だった。とても流暢《りゅうちょう》なフランス語を話したが、英語は日常会話がやっとだ。とても親切で、よくペガティというボードゲームで遊んでくれた。わたしはこのゲームがとても得意だった。といっても、そう思い込んでいただけかもしれない。レギーナはいつもわたしを勝たせてくれたから。

六つの異なる個性

わたしはきょうだいたちからは、幼すぎて遊び相手にならないと思われていた。わたしがバブスと呼んでいた長女のアビーは、十二歳も年上だ。わたしが幼い時分に、もう社交界デビューを果たし、毎晩早朝まで出歩いていた。一、二度、わたしがローラースケート靴を履いて、学校へ向かっている時間帯に帰宅したこともある。ジョンはバブスの二歳半年下で、次代の当主であり、もうおとなだった——文字どおり、兄弟全員が十三歳になるまでは膝丈《ひざたけ》の半ズボンに長靴下《イン・ロング・パンツ》という服装だった——ので、わたしはジョンを成人世界に足を踏み入れた人間とも見なしていた。ネルソンとローランスもだいぶ年上で、わたしとはそれぞれ七歳と五歳違い。いちばん年の近いウィンスロップでも、三歳年上だ。

同じ遺伝子を受け継ぎ、似たような環境で育ちながら、きょうだいがそれぞれ非常に異なった人間になるというのは、興味深いことだ。上のふたり、バブスとジョンは、父の厳格なしつけと頑固な性格の猛威をまともに受けた。

わたしが物心ついたときから、バブスはすでに反抗期に入っており、生涯の大半はなんらかの形でその状態が続いていた。父は明らかに、長女が敬虔《けいけん》なキリスト教徒となって、育ちのよい貴婦人らしくふるまうことを望んでいた。父は心からバブスを愛していたが、娘を謙遜《けんそん》と慈悲の手本にしたいという熱意から、しきりに礼節と富者の義務を説いて姉を悩ませた。バブスはまったく父を相手にしなかった。父が何かを望めば、拒否するか、反対のことをする。例えば、父はアルコールと煙草《たばこ》を毛嫌いし、わたしたちが二十一歳まで煙草を吸わなければ各自に二千五百ドルずつを、そして、二十五歳まで禁煙を通せばさらに二千五百ドルを与えてくれた。小遣いの額を思えば、どちらも、けっしてささやかなご褒美《ほうび》ではない。しかし、バブスはまったく心を動かされなかったようだ。両親の前で、なるたけ目立つように煙草を吸っていた。

バブスは慈善事業への寄付を断固拒否した。祖父と父は、わたしたち全員が先例に従うことを期待して、小遣いの十パーセントを教会や慈善活動などに寄付するよう勧めた。当初は非常に少額——月にわずか数ドル——だったが、父はその習慣を、わたしたちの道徳教育や市民教育に不可欠な要素と見なしていた。ところが、バブスは独立心を示すべく、一セントたりとも寄付しなかった。そのため、バブスは経済的に苦しむことになった。父が、五人の息子たちほどの経済的援助を与えなかったからだ。

この反抗はどちらにとっても幸せなものではなかった。父は娘の行動に苦しめられ、敵意を向けられて傷ついた。バブスにとっても、人生はきびしくなるばかりだった。二十代はじめごろのあるエピソードは、バブスに終生続く衝撃を与えた。コンバーティブル型のスタッツを運転中に、スピード違反のチケットを切られた姉は、見つかったら父にどんな小言を言われるかと恐れおののいた。そこで、弁護士だった婚約者のデイヴ・ミルトンが知り合いの判事を介して、姉の違反を見逃してもらおうとしたが、マスコミに嗅《か》ぎつけられ、その顚末《てんまつ》が数日間タブロイド紙の一面を飾ることになった。両親も狼狽《ろうばい》したが、姉はなおさらだった。結局、姉が心から苦しんでいるのを見て取った父は、その窮状を理解して、姉が恐れたような反応は示さなかった。しかし、姉は自分の殻にとじこもり、以前の快活でよく遊ぶパーティー好きな面が影をひそめた。

バブスは頭がよくて有能で美しかったが、その事件以後は、人生の歯車が狂ってしまったようだ。姉は旅行好きだったが、取るに足らない不都合や遅延に遭うと途方に暮れるようになった。浴槽の湯が適温でなかったり、食事が時間ちょうどに出てこなかったり、天候やディナーパーティーにぴったりの服を持っていなかったりすると、うろたえてしまうのだ。その結果、ほかのことは何も考えられなくなり、旅行全体を失敗とみなす。反抗心が内に向かっていくので、闘いは続き、永久に解決されない。

わたしが十歳のとき、姉は二十二歳でデイヴ・ミルトンと結婚した。デイヴの家族とわが家は、シールハーバーでもポカンティコでも家族ぐるみの付き合いをしていた。当初、姉は結婚を父からの逃避手段と見なしていた。一族の主な行事には出席するし、母とも親交は保っていたものの、実家とはかなり縁遠い生活をするようになった。


ジョンは、当然の成り行きとして、当主の名を受け継いだ。ジョン・ロックフェラー三世で、長男で、最も有力な後継者。子どもたち全員のなかで、いちばん父と性格が似ているのもジョンだ。勤勉で、良心的で、義理堅い。しかし、父の基準があまりに高度で厳格なので、ジョンは、最終的に完全に認められる望みなどまったくないと考えていた。どんな功績も成功も当然と見なされる――結局のところ、それがロックフェラー家のあるべき姿なのだから。それに加えて、うぬぼれや優越感を持たぬよう心がけなければならない。完全無欠が標準となっているのだから、ジョンには失敗者という道しか残されていない。はっきり口には出さなくても、父の反応はつねに、ジョンに力不足を思い知らせた。

ジョンが〝神経質〟になるのも無理はない。兄は極度な恥ずかしがり屋で、社交の場でも落ち着きがなく、自意識過剰で、自分の言ったことや考えたことを思い返しては何日も煩悶《はんもん》した。父と同様に、心気症の気もあり、昔から自分の健康を案じてばかりいた。子どものころは続けざまにアレルギーや病気に悩まされたが、どれも深刻な症状ではなかった。おそらく、ジョンは、父と非常に似ているがゆえに、バブスを別にすれば、最大の父子《おやこ》間の衝突を引き起こす運命にあったのだ。しかし、その衝突は長いあいだ明るみに出なかった。

ジョンとアビーの、父との関わりかたは正反対だった。アビーは反抗的で、あらゆる面で、できるかぎり父の意思に背こうとした。一方、ジョンは、若いころは特に、父を喜ばそうとして、求められることにはすべて応《こた》えて、父の望みどおり善良で従順で寛大な人間になろうとしていた。いろいろな意味で、それはむだな努力に終わった。プリンストン大学時代、ジョンが父に、卒業記念ダンスパーティーの週に車を貸してくれるよう頼んだことがある。父は兄の願いを受け入れたものの、大いに難色を示した。いかにも父らしく、息子から父への単純で典型的ともいえる――自家用車を使わせてほしいという――おねだりを、道徳的教訓を学ぶ機会にまで高めたのだ。父は自分自身が大学生のころは、ほかの男子学生とのあいだに格差ができるのがいやで馬を持たなかったと語り、「他人が車を持っていても自分は車なしでやっていくこと」により、ジョンが果たす貴重な「民主的」役割を強調した。ジョンは返事を書き送り、民主主義の精神を促進するためにロックフェラー家が犠牲的行為に義務感を抱くべきだとしても、ものには限度がある、と伝えた。ジョンが自分に許したかぎりでいちばんいやみに近い言葉だが、実のところ、その手紙は謝罪で締めくくられていた。

ジョンは、つねにすぐ背後まで追い上げてくるネルソンの存在についても、心穏やかではいられなかっただろう。ネルソンは、わたしの世代ではじめて、父の教えによるところの正しい子育て法の枠を破ることに成功した。

ジョンとネルソンの相違は実に劇的だ。ジョンが痛々しいまでに内気で自意識過剰なのに対して、ネルソンは社交性に富み、外交的で、注目の的になるのが大好きだった。ジョンを押しつぶした義務や責任も、ネルソンにとっては痛くもかゆくもないらしい。ネルソンはまるで、バブスとジョンを見て、父との関係で両者がそれぞれ犯したあやまちを繰り返すまいと心に決めたかのようだった。ロックフェラー家のイメージに対して、むだな反抗もしなければ、奴隷《どれい》的な服従もしない。バブスのように規則を破ったとしても、それは父を怒らせるためのこれみよがしの行為ではなく、自分が楽しんだり、急場を切り抜けたり、重大な結果をあげるための行為だった。また、ジヨンのように父を喜ばせようとする場合は、明確で周到な目的を持って――自分の望むものを手に入れるために――臨み、たいていは成功した。

　ネルソンは、母方の祖父ネルソン・オールドリッチ上院議員から名前をもらった。彼は、父方と母方の両祖父を敬愛していたが、ロックフェラー方の祖父の誕生日に生まれたことを重要視していた。この偶然の一致からネルソンが真のロックフェラー家当主だと推論する者がいても、あえて反論しない。しかし、彼の経歴はオールドリッチ方の祖父と非常によく似ている。本職の政治家だ。家庭内でも、ネルソンはいかなる場合も狡猾《こうかつ》な政治家で、悪賢い面さえあった。天性の指導者で、自信に満ちあふれている。父の定めた義務の重荷に押しつぶされることもなく、著名な家の一員であることを楽しんでいるふうだった。また、家庭内ではいたずらっ子でもあった。朝のお祈りの時間には、こっそりわたしたちに向かって輪ゴムを飛ばし、父に叱責《しっせき》されてもこれっぽっちも気にかけない。

　わたしはネルソンを偶像視していた。義務や束縛だらけの家庭のなかで、ネルソンは楽しく生きるすべを知っており、束縛など簡単に避けられるささいな障害でしかないようにふるまった。たいていの場合、この次兄は奇跡的に懲罰を逃れたし、たとえ罰を受けても、さほどこたえていないようだった。というのも、次兄の活発さと独立心を楽しんでいた母が、おそらくは内緒でそれとなく、そのやんちゃぶりを奨励していたからだろう。ごくたまに、ネルソンがわたしの存在を気に留めてくれたり、冒険に誘ってくれたりすると、わたしの人生はいっぺんに、壮大で素敵な胸躍るものに早変わりした。

ローランス（Laurance）――このめずらしい綴《つづ》りは祖母ローラ（Laura）から名前をもらったせいだ――は、学者肌で、創造性に富んでいる。ジョンと同様に物静かで、やや超然としたところがあるが、長兄ほど内気ではなく、もっと大胆だ。プリンストン大学で少し柄の悪い仲間と同居していたころは、何ごとも一度は試してみるべきだと言っていた。機敏で気がきくが、特に優等生というわけでもない。天性の魅力と気まぐれな言動で女性にもてはやされては、まめに対応していた。しかし、若いころは際限なく、自分の進むべき正しい道を探しまわっていた。後年は、投機資本家としても環境保護論者としても大きな成功を収めた。型にはまらないアイデアに対する興味は、けっして衰えることがなかった。

ネルソンとローランスは固い絆《きずな》で結ばれており、成人してからも、一族内に例を見ないほどの連帯感を保っていた。何か事を起こすときには決まって、弟より積極的で外交的なネルソンが首謀者となるが、兄より物静かで愛想のいいローランスは、自分なりにきちんと責任を果たす。ふたりはゼーン・グレーの西部小説がお気に入りで、物語の登場人物をまねて行動していた。そのため、ネルソンはローランスを〝ビル〟と呼ぶようになった。その名の響きがローランスよりも大西部にふさわしかったからだ。この呼び名は終生続いた。

幼いころでさえ、ローランスには、後年の優れた財務の才の徴候が見られた。ローランスとネルソンはロックフェラー財団からつがいの兎《うさぎ》を数組買い取り、ポカンティコで繁殖させてから、生まれた兎を売り戻して、かなりの利益を得た。数年後、ふたりは、ジョンにも手伝ってもらって、メーン州の母の庭園に近い森の中に丸太小屋を建てて秘密の隠れ家とした。建材の丸太は、自分たちで木を切り倒し、子馬で建築現場まで引きずって持っていったものだ。非常にすばらしいできばえだったが、わたしはおとなになるまでその小屋を見たことがなかった。ウィンとわたしはその近辺に行くことを禁じられたからだ。わたしは兄たちの警告におびえて、その後何年間も、小屋を探そうともしなかった。

ウィンスロップは、家族の中でもひと際苦《きわ》しい立場に立たされていた。ネルソンとローランスは結託してウィンスロップを寄せつけない。かといって、三歳年下のわたしとは結託したくない。兄たちから無慈悲ないじめを受けては、自分の負わされた苦悩をまるごとわたしにぶつけてきた。ウィンの子ども時代はあまり幸せなものではなかった。わたしと同様、太り気味で不恰好《ぶかっこう》だったので、ネルソンとローランスにさんざんばかにされて、〝ずんぐりむっくり〟というあだ名を付けられた。あるとき、ネルソンがウィンをおだててシーソーに乗せたことがある。彼が空中高く上がったところで、自分だけ飛び降りたので、哀れなウィンは地面に叩《たた》きつけられた。ウィンは熊手《くまで》を持ってネルソンを追い回した。父が止めに入らなければ、本気でネルソンを串刺《くしざ》しにしていたに違いない。

後年、ウィンが二期にわたってアーカンソー州知事を務め、慢性アルコール中毒に苦しめられたあとで、ネルソンが支援の動きを見せたことがあるが、ウィンはそれを、いいかげんであまりに遅すぎる対応だと見なした。ウィンはいつもネルソンに見下されていると感じて、ひどく憤慨していた。

末っ子のわたしは母から特別な扱いを受けたが、ウィンにはほとんどなんの埋め合わせもなかった。ウィンは指導者として並外れた素質を備えており、それが戦時中の名高い兵役時代や、後年のアーカンソー州での政治家時代にはっきり示された。しかし、社会的地位や知識階級が同等の者を相手にするときは、けっして心が休まらなかった。ウィンは、金と地位ゆえに自分を尊敬してくれる日和見《ひよりみ》主義の友人とばかりいっしょに過ごした。学校が大きらいだったので、実のところ、イェール大学を三年生で退学になったときは、少しほっとしたようだ。ウィンは落ち着きがなかったけれど、因習打破を唱え、活気に満ちていた。父に認めてほしくてたまらなかったようだが、学業で失敗し、両親が認めていない友人たちとともに節操のないふるまいを見せたので、願いどおり父から受け入れられることも、認められることも、めったになかった。

わたしたちは、子どものころから、自分が普通でないどころか例外的な一族に属していることを承知していたが、受けた影響はひとりひとり違う。重荷に感じる者もいれば、チャンスととらえる者もいる。母と父は、わたしたちひとりひとりを深く愛し、最善を尽くして、それぞれのやりかたで充実した人生の形を示そうとしてくれた。母は非凡な女性で、その上品な風采《ふうさい》と礼儀正しいふるまいで、万人に、とりわけ子どもたちによい影響を与えた。父は母よりもまじめで、疑いなくもっと強面《こわもて》だ。しかし、自分自身や一族の伝統についてわたしが得た知識の大部分は、父から来ている。父の努力によって、わたしは、ロックフェラーの家名に関わる特殊な労苦と、必然的に自分が受け継ぐことになる世界の現実にさらされて、多くを学んだ。父のおかげで、わたしはインスピレーションを得られたのだ。

第4章　旅行

ロックフェラー財団とロックフェラー研究所の会長を務め、ほかにも多くの活動に携わる多忙な父は、わたしやきょうだいにとって、どこか遠い人物だった。子どものころ、わたしたちは父に連れられて数々の忘れがたい旅を経験したが、実質的には、その旅先でしか父のくだけた面を見る機会はなかった。この幼少時の旅は、正規の教育と同じくらい、興味の対象を広げ、人格を形成するのに役立った。

わたしたちの旅――本章ではそのうちの四回について言及する――は、典型的な家族旅行とは違う。わたしたちは、ヴァージニア州ウィリアムズバーグのみすぼらしい町からワイオミング州に高くそびえるグランド・ティートン山へ、また、ヴェルサイユに建つ太陽王の華やかな宮殿からヌビア地域のナイル川上流岸へと旅をした。この尋常ならざる冒険旅行のおかげで、わたしは、父の慈善事業への寄付の動機となっている価値観を見ることができた。父はつねに壮大な計画の歯車として行動しているわけではなく、ときには、自発的に寄付を行なった。理由は単に、必要とされている物事を成し遂げる機会があったからだ。また、これらの旅行によって、わたし自身も、旅行や国際事情に対する後年の熱情の種を植えつけられた。

ペパーミントキャンディーとチョコレートバー

父は、子どもたちが、長い自動車旅行の際は特に、落ち着きをなくすことを知っていたので、決まってライフセイヴァーズのペパーミントキャンディーや、ハーシーのチョコバーなどの菓子を持ち歩き、道中ちょうどいいタイミングで分け与えてくれた。また、父はこれらの旅を利用して、旅行の手順を教えてくれた。きちんと荷造りをすれば、単純にごちゃごちゃと荷物を放り込んだときよりも、たくさんの衣類を詰められること。スーツの上着を折りたたみ、バッグから取り出したときしわにならないようにすること。また、父はわたしたちひとりひとりに仕事を割り当てた。例えば、ホテルに到着したら荷物が正しい部屋に運ばれるよう取り計らうとか、ポーターやドアマンなど、部屋に向かう途中手伝ってくれた人々にチップを渡すとか……。年長の子どもはホテル代の支払いをまかされた。

過去の復元：一九二六年春

一九二六年春、父母は、ネルソン、ローランス、ウィンスロップとわたしを連れ、フィラデルフィアからヴァージニア州へと旅をして、独立戦争や南北戦争の跡地を訪問した。父は、ヴァージニア州ハンプトンの有名な黒人大学、ハンプトン・インスティテュートでの講演も引き受けた。この大学はわが一族から多額の資金援助を受けているのだ。わたしたちは丸一日大学構内ですごし、学生たちとおしゃべりをしたり、礼拝に出たりした。

翌朝は車に乗り込み、リッチモンドへ足を延ばした。父はそこでハリー・F・バード州知事に会って、シェナンドア渓谷の自然保護事業について話し合った。父は以前から、ウィリアム・アンド・メアリー大学の本拠地であるウィリアムズバーグに立ち寄って、優等学生友愛会《ファイ・ベータ・カッパ》国立記念館を修理する作業を見学しようと決めていた。この友愛会の最初の支部が、ウィリアム・アンド・メアリー大学構内に置かれていたのだ。

父は、ブラウン大学の学生だったころ、この名誉ある全国的友愛会の会員に選出され、施設建造のための募金活動のリーダーを引き受けた。旅のあいだの短い見学の案内役は、W・A・R・グッドウィン博士。ブルートン教区教会主任牧師で、パートタイムで大学の運営委員も務めている。

グッドウィン博士とは、町に入る道路で待ち合わせた。うららかな春の日の早朝で、花水木と躑躅《つつじ》が咲き誇っていた。博士は記念館を案内してから、わたしたちを連れて活気のない町をめぐった。そこは、独立革命以前はヴァージニア州都だったが、革命後に州都がリッチモンドに移ってからは、町は長い時間をかけてゆっくりと衰退していった。総督公邸や下院議事堂を含む壮麗な公共建造物は、文字通り崩壊して廃墟《はいきょ》となった。グッドウィン博士は雄弁なツアー引率者で、なおかつ非常に優秀なセールスマンだった。ジョージ・ウィス邸と呼ばれる、立派だが荒廃したれんが造りの建物を訪ねた際には、すばらしい建築術を褒め称《たた》えたが、悲しげにその破損状態を指摘することも忘れなかった。父はその所見に理解を示し、のちに邸宅復元の必要資金の提供に同意した。

これが、父が行った最も意義深い事業である歴史建造物復元のささやかな始まりだった。この事業は、一生のうちに成し遂げたどの慈善活動にも負けないくらいの喜びを父に与えてくれた。三十年以上のあいだに、父は六千万ドルかけて、町の中心部を買い取り、正真正銘の植民地時代の状態を復元した。今日、ウィリアムズバーグは何百万人ものアメリカ人の巡礼地であり、合衆国大統領が誇らしげに訪米中の外国の国家元首を連れてきて、植民地時代のアメリカとその習慣や伝統の片鱗《へんりん》を見てもらう場所でもある。（＊）

（＊）グッドウィン博士とわたしはすぐに仲よくなった。父が復元事業への関与をできるだけ長く秘密にしておきたいと望んでいたので、グッドウィン博士と父は報道機関の追跡をかわすために、書簡では〝デイヴィッドの父〟というコード名を使っていた。

大西部探検：一九二六年夏

両親との初の長期旅行は、一九二六年夏のアメリカ西部への旅だ。わたしたちは私有寝台車両ボストン号で旅をした。ふだんはニューヨーク・セントラル鉄道の会長専用に使われている車両だった。わたしたちは道中さまざまな場所で退避線に車両を残して、自動車で国立公園や興味を持った観光地を見てまわった。母、父、ローランス、ウィンスロップとわたしのほかに、ロックフェラー研究所病院の若い医師と、フランス語の個人教師が同行した。この個人教師は、毎日フランスの婚約者宛《あ》てに、本人に言わせれば純粋に哲学的な長い手紙をしたためていた。二カ月間で、わたしたちは全行程約一万六千キロのアメリカ一周旅行を成し遂げた。

自然保護主義に傾倒していた父は、この西部旅行を利用して(西部旅行はほぼ毎年のことだったが)、国立公園のシステムについて学び、公園管理人に会った。特に影響を受けたのが、イエローストーン国立公園のホレス・オルブライトと、コロラド州南西部メサヴァード公園のジェシー・ヌスバウムだ。一九二六年の旅でこのふたりに出会ったことが、重要な結果を生むことになった。

最初の立ち寄り先のオハイオ州クリーヴランドでは、ロックフェラー方の祖母の墓参りをした。墓前に静かにたたずむ父を、残りの全員で遠くから見守った。その次は、ユークリッド街の旧ロックフェラー邸。父の生家で、少年時代を過ごしたところだ。父は少年時代の思い出を語り、電気と自動車が発明される前はどれほど状況が違っていたかを話してくれた。フォレストヒルも訪ねた。祖父が数年間、夏の別荘を所有していたところだ。当時、父は町を開発して、中流階級向けの郊外住宅地区を作ろうとしていた。父はニュージャージー州ラドバーンやニューヨーク州サニーサイドにも興味を持っていたので、同様にきちんと計画された都市をめざしたのだ。〝ロックフェラー団地〟は革新的な試みで、全国的にかなりの注目を集めたが、事業は経済的な成功を収めるには至らなかった。

父にとって、ここと同じくらい重要な訪問先が、〝ラドローの虐殺《ぎやくさつ》〟の現場となったコロラド州南部の炭鉱だった。わたしたちはプエブロ市で丸一日かけてコロラド石油鉄鋼会社の大きな製鋼工場をまわり、組合の代表者たちと面会した。父は多くの人たちの名前を呼んであいさつをしており、相手側も父に会えて喜んでいるようだった。今でも覚えているが、わたしはその出来事に少々驚いたものの、父の率直な態度と、労働者や家族との気楽な付き合いかたに感銘を受けた。それは幼い少年にとっては大切な教訓だった。

少なくともわたしの観《み》るところ、本当の休暇が始まったのは、アルバカーキに着いてからだ。米国南西部は信じられないほど神秘的で興味深く、ありとあらゆる風変わりな人種であふれかえっていた。インディアン、カウボーイ、牧場主、芸術家……。わたしたちはリオグランデ川沿いの有名なプエブロ（インディアン集落）をいくつも訪ね、サンイルデフォンソでは著名な陶工マリア・マルティネスに会って、黒釉《こくゆう》陶器を作るところを見せてもらった。その陶器はのちに非常に有名で貴重な品となった。わたしはタオスで十一歳の誕生日を祝い、その夜はタオス・プエブロで旅仲間全員といっしょに屋根の上に坐《すわ》って、伝統的な炎の舞の儀式を見物した。

優れた手工芸品の素朴な美しさに弱い母は、インディアン工芸品の芸術的価値に感銘を受けた。母と父は、ナヴァホ族の敷物と銀の装身具、プエブロ族の陶器、かご、ビーズの鞍袋《くらぶくろ》などの品々を、手当たりしだいに買い込んだ。母は、インディアン絵画や、数年前タオスの芸術村に住み着いたアメリカ人芸術家たちによる西洋風題材の絵画などにも、ひどく魅せられた。母と父はとりわけ、アンジャー・アーヴィング・コースとジョセフ・ヘンリー・シャープの非常に写実的な作品に夢中になり、このふたりの絵を多数購入した。（＊）

この旅の結果、父はインディアン芸術の保存と遺跡保護の必要性に気づき始めた。わたしたちはメサヴァード公園でジェシー・ヌスバウムとともに数日間過ごし、公園内のアナサジ岩窟《がんくつ》住居を案内してもらった。また、ヌスバウムは父に〝素人《しろうと》発掘家〟などの不心得者による略奪行為について語った。そういう輩《やから》が旧跡に侵入し、陶器のかけらを数片発掘するために史的記録をすっかりだいなしにしてしまうのだという。このこの旅の主な成果は、父がサンタフェの人類学研究所の創設を支援したことだ。この施設は、アメリカ研究学校の一部として今日まで残っている。

（＊）父母はシールハーバーのアイリー庭園に近い保養施設を、これらの多くの芸術作品で飾りつけた。建物も家具調度も、今日まで両親の配置どおりの形で残っている。現存する場所のうち、内装に対する母の興味と、南西部のインディアン芸術品に対する父の情熱の一体化が見られるのはここだけだ。

メサヴァードの次は、ペインテッド砂漠とグランド・キャニオン南端にあるホピ族の村落を訪ねてから、カリフォルニア州へ移動した。ロサンゼルスに数日滞在するあいだに、わたしははじめて太平洋を見た。そのあとは、ボストン号に乗り込み、いくつもの山脈を通り抜けてヨセミテ国立公園へ。ヨセミテでは一週間近く過ごし、エルカピタン山、ブライダルベール滝、グレーシャーポイント展望台を見て回った。父はここでも、いつものように国立公園の職員たちと話をした。職員たちは父の関心を資金不足に向けさせた。公園内の公共交通手段を改善し、地所をさらに買い取ってスギ科の高木セコイアデンドロンを伐採から守るためには、資金が必要だったのだ。

サンフランシスコに立ち寄ったあとは、南下してサンタバーバラに向かった。その町で、はじめて地震を経験した。それから、ふたたび北に戻り、モンテレー半島に数日滞在してからサンフランシスコ北部に向かい、太平洋沿岸にある広大なセコイア（学名はセコイア・センペルビレンス）林を見物した。その前年、父は〃セコイアを救う会〃に百万ドルの匿名《とくめい》寄付を約束していた。その団体が、ダイアーヴィル平原周辺に最後に残された未開拓のセコイア林のひとつを購入するためだ。七十年以上経《た》った今でも、ユリーカ市に近い林の中に、背の高い番人のように立っていたセコイアの木々を思い出す。

七月十三日、わたしたち一行はとうとうイエローストーン国立公園に到着した。一カ月以上も各地を回り、移動の連続だったので疲れがたまりつつあった。イエローストーンはそんなわたしたちの心を癒《いや》してくれた。

ホレス・オルブライトはイエローストーンの管理者で、国立公園システムの貴重な人材だ。オールドフェイスフル間欠泉など、公園内の数々の名所に連れていってくれた。当時は、その多くが馬でしか行けないところにあった。オルブライトがイエローストーンのすぐ南にあるジャクソンホールを訪ねるよう父に勧めたので、わたしたちはオルブライトを同乗させて、はじめてグランド・ティートン山を観光した。おそらくロッキー山脈のなかで最も壮麗な山だが、ごく最近になってやっと国立公園として保護されるようになった。しかし、オルブライトが指摘したように、ジャクソンホールをドライブすると、ティートン山脈の最高の景観が、見苦しい看板や今にもつぶれそうな露店のせいで損なわれているのがわかった。

父も母も、オルブライトの言いたいことを理解した。父はのちに、公園拡張と美観保護のために、山のふもとを流れるスネーク川沿いの山艾《やまよもぎ》に覆《おお》われた氾濫《はんらん》原《げん》を、名前を伏せて買収した。数年間にわたって、百二十平方キロ以上の土地を購入し、その土地と、林野部や土地管理局の管轄《かんかつ》する区画とを公園に含めてくれるよう、連邦政府に申し入れた。しかし、最終的にルーズヴェルト政権がこの贈り物を完全に受け入れたのは、二十年近くあとになってからだった。

スネーク川周辺の土地購入による付随的な利点は、ＪＹ牧場が手に入ったことだ。この美しい観光牧場は、ティートン山脈のふもと、フェルプス湖の東端に位置している。一九二六年にＪＹ牧場で昼食を取って以来、わたしたち家族はその場所が気に入り、その後も毎年訪れるようになった。

七月下旬に帰途についたわたしたちは、最後にシカゴに立ち寄り、ノースミシガン街の豪壮な邸宅に住むイーディス・ロックフェラー・マコーミック伯母さんに会った。イーディス伯母さんはとても派手な女性で、長年連れ添った夫と離婚したばかりだった。元夫のハロルド・ファウラー・マコーミックは、インターナショナル・ハーヴェスター社の創立者サイラス・マコーミックの息子だ。伯母はシカゴオペラ歌劇団の献身的な後援者で、多年にわたってカール・ユングの精神分析も受けていた。明らかに、伯母はシカゴ社交界の女性第一人者という地位を楽しんでいた。正式な午餐会《ごさんかい》でわたしたちをもてなしてくれた際には、ひとりひとりの椅子《いす》のうしろにタイツを身につけたお仕着せ姿の従僕が控えていたくらいだ。

フランスと王政復古：一九二七年夏

両親は、わが子にまずは自国についての知識を深めてほしいと考えていたが、同様にヨーロッパの文化や文明について学ぶことも重要だと信じていた。そこで、一九二七年に、ふたりはウィンスロップとわたしをフランスに連れていった。その四年前、父はフランス政府に対して、名所旧跡を修復するために百万ドルの資金を提供した。このおかげで、ランス大聖堂のドイツ軍砲撃による損傷部分が修理され、フォンテンブロー宮殿とヴェルサイユ宮殿が部分的に修復された。ヴェルサイユ宮殿では、鉛屋根の雨漏りのせいで、石灰石の壁の安全がおびやかされ、第一次大戦終結条約の調印が行なわれた有名な鏡の間も使用に耐えない状態になっていたのだ。

フランスはなおも世界大戦による大量の人命損失と物理的破壊による動揺から抜けきれておらず、フランス政府もフランスの富裕層も、これらのたぐいまれな建築美と歴史的な記念物を保護・復元するという責任を負える立場にはなかった。

フランス政府が申し出を受け入れると、父は旧友でボーザール（美術学校）出身の建築家ウィリアム・ウェルズ・ボズワースを雇って、修復作業を監督させた。それから の十年間、父はこれらの事業に二百万ドル以上つぎ込んだ。

一九二七年の旅行では、その時点までに完了した作業を点検する機会があった。ヴェルサイユでは美しく古風なトリアノンパレス・ホテルに一週間滞在したので、父はボズワースやフランス人建築家たちといっしょに、進行中の作業の詳細を検討して過ごすことができた。ウィンスロップとわたしは、ヴェルサイユの管理員に特別な許可証をもらって、公園で自転車を乗り回したり、宮殿の巨大な鉛屋根によじ登ったりしていた。

ウィンスロップとわたしは、マリー・アントワネットの〝田舎屋《ル・アモー》〟に特に興味をそそられた。それは十八世紀の農村の正確な複製で、ミニチュアの家屋や納屋《なや》や搾乳《さくにゅう》場《じょう》がぎっしり並んでいる。マリー・アントワネットは偉大なロマン主義の哲学家ジャン＝ジャック・ルソーの著書の熱烈な信奉者で、少なくともたまには、自然に還《かえ》れという箴言《しんげん》を気に留めることもあったようだ。アントワネットが建造したのは牧歌的な夢の世界だった。そこでは、少数の友人たちといっしょに、羊飼い娘の衣装を身にまとい、羊の群れの番をして、宮廷生活や王室内の権謀術数のストレスから逃れることができる。とはいえ、アントワネット王妃は宮廷生活の安楽さからあまり遠ざかりたくなかったのか、小さな歌劇場も建造している。収容人数が百名に満たないこの歌劇場で、王妃は偉大な音楽家や歌手の芸を楽しんだ。また、王妃は羊の臭《にお》いをきらっていたので、到着時間を予告して羊に香水をつけさせておいたという。

旅の残り期間中、わたしたちは制服を着た運転手を伴って大型のスペイン製リムジン、イスパノ・スイザ二台で旅をして、ロワール渓谷の古城《シャトーカントリー》めぐりにモン・サン＝ミッシェル、それから、ブルターニュやノルマンディーなどのすばらしい海岸地方をめぐった。母はとりわけ、印象派の巨匠たちと関連のあるノルマンディーがお気に入りだった。

わたしは一九三六年に両親とともにふたたびフランスを訪れ、ランス大聖堂の再献堂式に列席した。レオン・ブルム人民戦線内閣のジャン・ゼイ文化大臣が父を称えてヴェルサイユ宮殿で祝宴を催し、父の援助に対するフランス政府の感謝の意を表明するとともに、ヴェルサイユの街路に父の名前を付けた。数日後には、アルベール・ルブラン大統領が、エリゼ宮に集まった大勢の著名人の前で、フランスの最高位勲章、レジオンドヌール大十字章を父に授けた。

六十四年後、フランス政府は寛大にも、パリのエリゼ宮で同じレジオンドヌール勲章をわたしにも授けてくれた。存命中のアメリカ人で同位の勲章を持つのはロナルド・レーガンだけだったのだから、じつに意義深い出来事だった。

ピラミッドに囲まれた三カ月間：一九二九年冬

父は、偉大な古代文明について多くを解明してくれる考古学者による発見に魅了されていた。若いころは、著名なエジプト学者ジェームズ・ヘンリー・ブレステッド博士率いるシカゴ大学オリエンタル・インスティテュート博物館の研究に特別な興味をいだいていた。何年ものあいだ、父は、ルクソールや、ナイル川西岸の王家の谷の真下に位置するメディネト・ハブ葬祭殿でのブレステッドの研究を支援した。

一九二八年後半、ブレステッド博士が、オリエンタル・インスティテュートの研究成果を見せるために、父母をエジプトの〝発掘現場〟に招待した。ふたりともその地域に足を踏み入れたことはなかったが、しばらく話し合ったのち、そろって快く招待に応じた。当時九年生だったわたしはすぐさま、両親に同行したいとはっきり伝えた。ほんの数年前にツタンカーメン王墳墓の発見について読んだばかりで、エジプト旅行がこの上なく刺激的な冒険に思えたのだ。旅行期間が三カ月を超えるので、学校を長期欠席させていいものかと父は案じていたが、最終的には、旅行経験によって多くを学べるはずだと理屈をつけて納得してもらった。父は学業に遅れが出ないよう家庭教師を付けるという条件で同意してくれた。これ以上ないよい話なので、わたしは喜んでその条件を呑《の》んだ。

一九二九年一月、わたしたちは汽船オーガスタス号でニューヨークから出航した。出発まぎわに、メアリ・トッドハンター・クラークも同行することになった。この女性はトッドと呼ばれており、ネルソンとは夏にシールハーバーで出会って以来の親友どうしだ。

カイロでは、優美で古風なセミラミス・ホテルに一週間滞在した。そこでは、色鮮やかな衣装を身にまとった通訳ガイド《ドラゴマン》の世話を受けた。わたしたちはスフィンクスを訪ね、駱駝《らくだ》でギザに向かい、そこで大ピラミッドに登った。ある晩には、アラブ人地区で旋舞教団の舞いを見物して、アラブ古来のアル＝アズハル大学のモスクを訪れた。何よりも楽しかったのがバザールで、わたしはできるだけ長い時間をそこで過ごした。黒いローブを身にまとい、つねにヴェールで顔を隠している女性たちの姿や、何百人もの小売商人が市場の狭い通り沿いのちっぽけな屋台で売る異国情緒豊かな品々にうっとりした。香辛料店のつんとくる匂《にお》い、銅製の鍋《なべ》や碗《わん》をこしらえるために槌《つち》を打つ音、色とりどりに並ぶ敷物や織物などが気に入ったわたしは、すぐにどんな商品でも値切ることを覚えて、興味のあるものを買うときは、いつも表示額のほんの一部しか支払わなかった。市場は、どこもかしこも蠅《はえ》だらけで、新鮮な精肉が肉屋の店頭に鉤《かぎ》で吊《つ》るされ、物乞《ものご》いが群れをなす。物乞いの多くは結膜炎を患《わずら》う子どもたちで、その乳白色の眼からは涙が流れ出ていた。

カイロの次は、大型のダハビヤ（客船）でナイル川上流に向かい、ルクソールにいるブレステッド博士の発掘隊と合流した。わたしは今でも、絵のように美しいフェラッカ船（訳注：地中海で用いられる二本またはは三本マストの小型沿岸航行帆船）でのナイル川の船旅を思い出す。川岸では、農夫たちが畑に水を引くために根気よくシャドゥーフ（はねつるべ）で水を汲《く》み上げている。

1929年の春、ナイル川下りのあとメギド付近の砂漠の休憩場所で。右から３人目がシカゴ大学の有名な考古学者ブレステッド博士。その左に父と母。翌年ネルソンと結婚したメアリ・トッドハンター・クラークは、旅のために流行のクローシュ帽に毛皮のコート、ハイヒールといういでたちだ！
わたしは左から３人目。（シカゴ大学の好意により転載）

ナイル川が、何世紀にもわたって砂漠をものともせずに何百万もの人々を養ってきたのだ。道中には、多くの重要な古代遺跡があった。毎晩、川岸に船を繋《つな》ぎ止めたあとで、ブレステッド博士が翌日見られる遺跡についてスライドを使って講義してくれた。

ルクソールとカルナックをあとにしたわたしたちは、スーダン最初の町ワディハルファの第二瀑布《ばくふ》まで旅を続けた。途中、美しいフィラエ神殿を通過した。この神殿は、一九六〇年代のアスワンハイダム建築後から今に至るまで、ナセル湖に沈んだままだ（訳注：現在はユネスコの協力によりアギルキア島に移築）。また、アブシンベルの壮麗なラムセス二世葬祭殿と、そこの崖《がけ》の表面に彫られた四体の巨大なファラオ像も見た。半世紀後にふたたびアブシンベルを訪れたときには、アスワンハイダムの向こうのナイル川の増水から遺跡を保護するために、巨像を含む葬祭殿全体が崖から切り離されて、水圧ジャッキで崖の頂上に移設されたあとだった（訳注：水圧ジャッキで神殿を押し上げるという案も有力視されたが、最終的に却下された。実際には、神殿を小さなブロックに切断して運ぶという案が採用された）。人工の崖の前の新たな場所に再設置された葬祭殿は、一九二九年に初めて見たときと同様、とても印象的だった。

わたしは甲虫《かぶとむし》採集の趣味を追求し続けており、黄金虫《こがねむし》を見つけたことさえあった。黄金虫は甲虫の一種で、丸めた糞《ふん》に卵を産みつけ、それを砂に埋める。古代エジプト人は黄金虫をあがめ、この虫が、生者と、死者の住む黄泉《よみ》の国との仲介役だと信じていた。トッドがわたしの趣味を茶化したので、わたしは安い結婚指輪を買って両親やみんなの前で手渡し、ネルソンの代理で結婚を申し込むと宣言した。トッドがそれを強く望んでいるのは周知のことで、本人はとてもおもしろがっていた。実際、わたしたちが旅行から戻った直後にネルソンがプロポーズをして、翌年ふたりは結婚した。

カイロ考古学博物館も訪ねたが、そこではぞっとするようなありさまを目にした。石棺は泥だらけ、美しい装飾品はむきだしの棚に置かれ、照明は乏しく、鑑定は不適切。一九二五年にブレステッド博士の勧めにより、父は、この世界一の古代遺物コレクションの環境を改善するため、博物館の改築費用として一千万ドルの資金提供を申し出た。ところが、不可解なことにエジプト政府に拒絶された。父は常々、拒絶の原因は英国政府の圧力ではないかと疑っていた。英国政府はたとえ文化面においても、アメリカの影響力が介入するのを好ましく思っていなかったからだ。

わたしたちは車でナイル川の三角州を抜け、海岸沿いにパレスチナへと向かった。エルサレムでは聖地をめぐり、ジェリコまで旅を続けて、塩度の高い海抜マイナス約四百メートルの死海で泳いだ。そこから、ヨルダン渓谷を抜けてガリラヤ湖沿いに北上し、ベイルートへ。この地域は、聖書や、イエス・キリストの聖役に関わりがあるので、旅のこの部分は、父にとっても、そして白状すればわたしにとっても非常に意義深いものとなった。

カイロに新たな博物館を建設するという父の提案は、国際政治という名の暗礁《あんしょう》に乗り上げて沈没したが、エルサレムでは同様のアイデアが成功した。〝悲しみの道〟を歩き回り、ベツレヘム、ゲッセマネの園、岩のドーム、第二神殿跡の〝嘆きの壁〟を訪ねた父は、こう確信した。オスマントルコが何世紀も放置していた聖地の古代遺物を保護するために、なんらかの行動を起こす必要がある。父はふたたび、ブレステッド博士に奨《すす》められて、これら古代遺物の収蔵場所と学者の研究施設を備えた考古博物館を建設するための資金提供を申し出た。パレスチナの委任統治権を握っていた英国政府は、今回は父の提案に心から賛成した。エルサレム東部に現存するパレスチナ考古博物館は、今日ではしばしばロックフェラー博物館とも呼ばれ、死海写本をはじめとするすばらしい品々を収蔵している。

当時を振り返るにつけ、教育に関して両親から受けた恩を実感する。リンカーン・スクールも立派な、きちんとした教育を施してくれたが、両親はそれ以上のものを与えてくれた。ふたりはその時代に最も世間の関心を集めている人物を何人も自宅に連れてきたし、多くの旅行や遠足では、わたしたちの興味を広げ、好奇心を刺激して、自然や人物や歴史に目覚めさせてくれた。両親のおかげで、わたしたちは目の前に開かれた機会に胸を躍らせ、多方面にわたる一族の役割を認識するようになった。これらの経験は、公式の勉学以上のことを教えてくれた。

第5章　ロックフェラー・センター

わたしの子ども時代から十代の終わりごろにかけて、父はニューヨーク市内や近辺で数々の大事業に携わった。公園創設、自然景観保護、博物館や教会の建設から、市の人口急増に見合うお手ごろ価格の適切な住宅供給まで、父はあらゆることに手を出しているようだった。父の構想の多く（パリセード州間パークウェイ、クロイスター美術館とトライオン要塞《ようさい》公園、リヴァーサイド教会など）が実現し、市内のすばらしい景観に加わった。しかし皮肉なことに、父の名がこの先も世間の記憶に残るとすれば、それはもともと引き受けるつもりのなかったある事業のおかげだろう。その事業は、父が思いがけず大手不動産開発業者にのしあがるきっかけとなった。

新たな歌劇場

父の最も重要な事業は、むろん、ロックフェラー・センターだ。最も目につきやすいこの試みは、ニューヨークと世界中の都市設計に恒久的な影響を与えた。事業の始まりは非常に地味だったが、やがて巨大な冒険的事業であることが明らかになり、父は財政面での見返りもなしに、深刻な危機にさらされた。しかし、逆説的になるが、ロックフェラー・センターは、スタンダード社を別格にすれば、家族を最も緊密に結びつけてくれた冒険的事業だった。またのちほどロックフェラー・センターの話に戻るが、まずは事の起こりから始めよう。

一九三〇年、母は前途有望な青年画家ステファン・ハーシュに、西五十四丁目十番地、五階にあるわたしの寝室の窓から見える景色を描くよう依頼した。ハーシュの描いた都市の風景画『ミッドタウンの街並』には、白く輝くクライスラー・ビルとエンパイア・ステート・ビルが遠くに威風堂々とそびえ立ち、中景としてセント・パトリック大聖堂の優美な尖塔《せんとう》がぽつんと描かれている。前景はわが家のすぐ南の区域だ。その大部分はコロンビア大学の所有地であり、平坦《へいたん》で単調で、これといった特徴もない。

現実はもっとひどかった。二十世紀最初の十年間で、商業活動が急速に北へ広がって、古くからの住宅地域はどんどんつぶされ改造された。五番街と六番街のあいだの四十八丁目から五十一丁目はすべてコロンビア大学の所有地で、ブラウンストーンと呼ばれる高級住宅でほぼ埋め尽くされていたが、その多くは小さな小売店に改装されたり、小さなアパートに分割されたりした。一九二〇年代半ばには、禁酒法時代の到来により、密造酒を売るナイトクラブやもぐり酒場も現われたうえに、売春宿も多数開店したという噂《うわさ》が流れた。かつてはヴァンダービルト家やアスター家の独占領域だった近隣地区が、品のないみすぼらしい一帯に変わってしまったのだ。そのすぐ北にかなりの土地を所有していた父は、資産価値の下落に頭を悩ませていた。

一九二〇年代半ばまでに、近隣地区が再開発の最有力候補地になった。コロンビア大学はその土地からわずかな収益しか得ていないうえに、ほとんどの賃貸借契約が一九二八年から一九三一年にかけて満了する予定だったので、大学評議会で、全区画まとめて開発を行なえる建築業者を探すことが決定した。そして、そこに登場したのがメトロポリタン歌劇場だ。

当時のメトロポリタン歌劇場はガーメント地区の中心地、ブロードウェイと三十九丁目の角に位置していた。この近辺は、そのころも今もさほど変わっていない。一八八〇年代初期に建てられたこの歌劇場は、歌劇団のニーズに対応できなくなってきた。とりわけ問題なのは、舞台裏部分の混雑と、客席からの見通しの悪さだった。メトロポリタン歌劇場の理事たちは、長いあいだ新たな歌劇場の建設地を探していた。そんなわけで、一九二六年の初め、メトロポリタンの理事長オットー・カーンは、コロンビア大学がミッドタウンの不動産を改良したがっていると知って、歌劇場のためにその可能性を探ろうと決めた。

一九二八年初めの時点で、父が事態に関与することになった。父は、コロンビア大学の強い願望と歌劇場の新設計画が、コロンビア大学の地所を商業用および住宅用に開発するための綿密な計画の中心になると考えた。地域の格を上げ、自分自身の所有地を保護するには、まさにおあつらえに思えたのだ。

父は一カ月かけて不動産の専門家、建築家、実業家と相談したのち、大学および歌劇場との入念な交渉を経て、一九二八年十月一日、コロンビア大学との最終的な賃貸借契約書に署名して、同大学の土地四万八千平方メートルを賃借りし、最初の二十四年間は賃料として平均三百六十万ドルを毎年支払うことに同意した。大学との契約により、父は二千五百万ドルで中央ブロックを購入する選択権を与えられた。ただし、その権利を行使できるのは歌劇場の建設が確約された場合に限るという条件付きだ。歌劇場計画が実現に至らなければ、土地はふたたびコロンビア大学のものとなるので、自由にそのブロックを組み入れて賃貸対象を広げられる。父は持株会社のメトロポリタン・スクエア社に賃借権を譲渡したが、なおも「契約書に含まれるすべての契約条項および約束に対して、保証人ではなく本人として責任を負って」いた。この致命的な一節によると、開発が実現しようがしまいが、父は関連する財政的な義務について個人で責任を取らなければならない。

関係者全員が、この事業をメトロポリタン・スクエアと呼ぶことに同意した。メトロポリタン歌劇場が〝アンカー・テナント〟の役割を果たすからだ。最初の配置図では、歌劇場は四十九丁目と五十丁目のあいだの中央ブロック西側部分（今ではロックフェラー・プラザ三十番地ビルが建っている場所）に位置していた。父は、五番街に面したブロック東側部分を開発して、広場のある小さな公園を作り、歌劇場にふさわしい環境を整えて、後日公園を市に寄付しようと提案した。メトロポリタンとコロンビアのリーダーも父に賛成した。この最初の計画では、歌劇場に隣接する二ブロックにアパート、デパート、ホテルが建設される構想があった。開発者に敷地を又貸しして、それぞれに自社ビル建設の資金調達と建設を任せる予定だったのだ。

父が賃貸借契約書に署名した一九二八年当時は、誰もが当初の構想どおりに計画が進むと信じていた。歌劇場は古い劇場を売却する。父はコロンビア大学から土地を購入して、メトロポリタンに権利を譲渡し、用地費と経費を返済してもらう。それから、メトロポリタンが新施設の建設資金を調達し、父はこの中央ブロックに対する財政的責任を免れる。

要するに、父はその事業における自分の役割は進行係だと見なしていた。不動産投資でも寄贈でもない。取り決めによって金を稼ぐ気はまったくなかったが、かといって、何かを失うつもりもなかった。一九二八年に賃貸借契約が有効になってから、その区域の開発が完了するまでのあいだは、維持費が発生するだろうが、又貸しの交渉しだいでは、損得なしになるだろうと考えていた。ところが、そううまくはいかなかった。

孤独な闘い

コロンビア大学との賃貸借契約書に署名してから一年後、株式市場の暴落によって状況は一変した。ドミノ倒しの始まりはメトロポリタン歌劇場だ。理事会が旧歌劇場の売却は不可能だと考えて、交渉余地のない提案を突きつけてきた。父が無条件で歌劇場に土地を寄贈し、さらに新歌劇場建設のための資金調達を援助しなければ、事業から手を引くというのだ。父は憤慨し、即座に提案をつっぱねた。

歌劇場を失うだけでも事態はすこぶる悪化するのに、不況が深刻になって、以前は他ブロックのビルに興味を示していた個人や企業までが退却し始めた。スタンダード・オイル・オブ・ニュージャージー社とて例外ではない。父にとっては、最悪中の最悪の筋書きだ。コロンビア大学は、賃貸借契約の再交渉はむろんのこと、契約内容の大幅修正さえも拒否した。土地の賃借は避けられないのに、テナントがいない。コロンビア大学にとっては、むろん、この取引はぼろ儲《もう》けで、賃貸料がその後五十年間の主要な収入源となった。コロンビア大学は父を窮地に陥《おとしい》れ、しごくご満悦の体でそのまま放置した。

一九三〇年最初の月に父が直面した状況は、ぞっとするものだったに違いない。不動産改良にまったく手をつけなければ、年間約五百万ドル（賃借料、土地税、諸経費の合計額）を失うことになり、二十四年間の賃借では総額およそ一億二千万ドルの損失だ。一方、テナントを確保せずに土地を開発すれば、さらに大きなリスクにさらされる。この種の事業では建設費が巨額なうえ、当時の景気を考えれば、ビルが完成してもテナントが見つかる保証はなかった。

後年、父は事業を推し進めた勇気を賞賛されることになる。あるとき、父は友人にこう漏らした。「走りたいのに目的地が見つからないという状況に陥るのはよくあることだ。そんなときは、自分の前に開けているただ一本の道を先へ進むしかない。人はそれを勇気と呼ぶ」。もっともかもしれないが、それでも、父が目の前に突きつけられたリスクや不確実性と向き合うには、かなりの勇気が必要だ。特別な興味も適性もないのに、ふいにビジネスの世界に押し戻された父は、またしても、割り当てられた役割をこなせないかもしれず、義務を果たすこともできそうにないという見通しに直面せざるを得なかった。しかし、ラドローで追い詰められたとき身をもって示したように、今回も難局に立ち向かい、やるべきことをやるために臆《おく》することなく前進した。

父はもともと事業をいっしょに進めていた複数の著名な建築技師や建設業者に相談して、迅速に代替案をひねり出した。元のプランとは対照的に、新たなプラン（現在ロックフェラー・センターと呼ばれている場所の開発プラン第二弾）では、完全な商業的開発が構想された。（＊）

事業に出資するため、父はメトロポリタン生命保険会社から六千五百万ドルの貸付を受ける取り決めをした。当時の保険会社としては史上最大の協定だ。父は四・五パーセントという金利に怒り狂い、メトロポリタン生命のフレッド・エッカー会長から法外な掛け金の支払いを強いられたとこぼしてまわった。とはいえ、それは可能な範囲内で最善の取引であり、高金利がそのまま事業の危険性を示していた。また、メトロポリタン生命は、貸付の個人保証を求め、父をコロンビア大学に対する賃貸借契約と貸付の両方の最終的な保証人とした。

メトロポリタン生命の貸付金のおかげで資金繰りの問題は解決したが、事業に対する父自身の財政的義務は軽減されない。一九三〇年代には、五年以上にわたる主要建設期間中に、年間一千万ドルから千三百万ドルをロックフェラー・センターに費やした。資金源は、父の個人所得や、石油株の売却金だったが、場合によっては売値が予定を大きく下回った。一九二九年から一九三九年までに、建設費、税費用、賃借料、事業の諸経費などの支出は合計一億二千五百万ドルに及んだ。現在なら十五億ドル以上に相当する額だ。驚かれるかもしれないが、父は一九六〇年まで生きていたが、この巨額の投資からなんの収益も受けられず、投下資本も半分以下しか取り戻せなかった。

しかし、ロックフェラー・センター建設のため父が支払った代価は、金額だけでは計れない。父は万事においてその調子なのだが、この仕事にもひたすらのめり込んだ。些細《ささい》なことを気に病み、建築技師や建設業者の仕事ぶりをこまめに監督する。心配事の連続に、父はすっかり参ってしまった。偏頭痛を患《わずら》うようになり、神経の衰弱した状態で仕事場から帰宅して、ソファーで横になり、そのまま夕食まで一時間以上誰とも顔を合わさず過ごすこともしばしばだった。スウェーデン式マッサージを受けるといくらか症状が和らぐらしく、よくサービスを利用していた。気管支炎などの発作にもたびたび悩まされた。おそらく、ストレスに耐えかねて症状が悪化したのだろう。そのころはほとんどずっと、肉体的にも疲れきっていたので、毎年冬になると、母といっしょにシチリア島のタオルミーナかアリゾナ州のトゥーソンで数週間過ごし、苦難から逃れてゆっくり休養を取ろうとしていた。

それでもなお、父は最後までがんばり通し、その過程で、大恐慌《だいきょうこう》時代のうちでも最悪の期間に、何千人ものニューヨーク市民に仕事を提供した。労組の指導者たちは声高に父を賞賛したし、建築業に携わるわたしの友人たち――ハリー・ヴァン・アルステデールやピーター・ブレナンなど――は何年もあとまで、父の勇気と寛大さに対する謝意を口にしていた。

（＊）建築技師の中には、若き日のウォレス・K・ハリソンも含まれていた。また、主たる建設業者で、本当の意味でロックフェラー・センターを建てたのがジョン・R・トッド。元ニュージャージー州知事クリスティーン・トッド・ホイットマンの祖父だ。

事業の救済

この事業を経済的に自立させるには、テナントが必要だった。転機が訪れたのは一九三〇年夏、事業が救済されたのは間違いなくそのときからだった。その夏、ラジオ・コーポレーション・オブ・アメリカ（ＲＣＡ）社のデイヴィッド・サーノフ会長と、ゼネラル・エレクトリック社のオーエン・Ｄ・ヤング会長が契約に同意した。ゼネラル・エレクトリック社は、ＲＣＡ社の経営の実権を握っており、さらに、大手映画制作会社で全国的な映画館チェーンのラジオ・キース・オルフェウム（ＲＫＯ）社も所有している。ＲＣＡ社とゼネラル・エレクトリック社の契約は、百万平方フィート（約九万平方メートル）のオフィスとこの事業の目玉であるビルを、一平方フィートあたり二ドル七十五セントで賃借したうえ、この地所に建設される劇場四館に対して年間百五十万ドルの賃借料を支払うというものだ。有力なテナントを得たおかげで、敷地の大部分について建築計画を前に進められるようになった。同様に重要なのは、この不動産開発事業が、ラジオや映画と結びついたことだ。当時としては最もめざましい新技術を駆使したこのふたつの成長産業が結びつくことによって、メトロポリタン歌劇場ではありえない興奮と名声が生み出された。この取引が公表されると、デイヴィッド・サーノフは〝ラジオシティ〟建設について熱心に語り、その呼び名がまたたく間に世間に広まった。(＊)

メイン・ビルディングの主要テナントとしてNBC社を確保できたのは決定的だったが、ほかの敷地は空いたままだ。しかし、ロックフェラー・センターのスペースを利用する企業の輸入品は免税扱いにするという特別法が国会で可決されると、多数の外国企業が小さなビルの長期賃借契約に踏み切った。これにより、四十九丁目と五十丁目のあいだで、ブリティッシュ・エンパイア・ビルとラ・メゾン・フランセーズという二棟の低いビルの建設が進められることになった。マスコミはすぐさま、そのふたつのビルに挟まれた庭園を、英仏海峡《チャンネル》にちなんでチャンネル・ガーデンと命名した。

ロックフェラー・センターは広大な空きスペースを抱えていたので、テナントをめぐって、都心部や郊外の他の不動産貸主とは苛烈《かれつ》な競争になった。一九三〇年代初めに完成したクライスラー・ビルとエンパイア・ステート・ビルは、距離の近さ、すばらしい建築術、近代的な便利さなどの理由で特に強敵だった。エンパイア・ステート・ビルに至っては、飛行船用の係留柱まで備えていたのだから！

完成間近のロックフェラー・センター（1932年）。父にとって、祖父に委ねられた財産を賭けた大博打だった。背後にクライスラー・ビルの優美な尖塔が見える。（ロックフェラー文書館の好意により転載）

ロックフェラー・センターが完成に近づいたころ、なおもスタンダード・オイル・オブ・ニュージャージー社最大の個人株主だった父は、この会社を説得して本来の敷地に建設される最後のビルを丸ごと賃借することになった。このほかに、父が強い共感を抱く企業や機関も賃貸借契約を受け入れてくれた。例えば、チェース・マンハッタン銀行は、数年にわたるセンター全体の銀行業独占権を条件に、支店開設に同意した。また、ロックフェラー財団、スペルマン基金、労働関係調査会――どれも父が会長を務める団体だ――も、センター内の小さなスペースを賃借することになった。

当初の困難な状況にもかかわらず、ロックフェラー・センターは万人に賞賛される不動産となった。大胆かつすっきりとした印象の強い近代的外観とアール・デコ調の装飾に、地下のショッピングモール、開放的な広場、屋上庭園が加わって、簡素な美しさ、気品、創造的な雰囲気が生まれ、きびしい批評家さえ黙らせてしまったのだ。また、単に建築の面で成功しただけでなく、ロックフェラー・センターは都市計画の範例となった。なにしろ、高水準の安全性と清潔さを保つとともに、創造的なデザインと審美的な魅力が全面に打ち出されている。さまざまな点で、建てられた直後の十年間よりも、現在のほうが都市設計の手本として有名になり、敬意を集めるようになった。

（＊）皮肉な出来事だらけの事業においても、この件はかなり興味深い部類に入る。父は大衆娯楽を非難していた。この数年前には、ラジオを買うか否《いな》かで家庭内がちょっとした危機に陥ったほどだ。父は購入に断固反対したが、最終的には同意してくれた。ただし、音量を落として静かに聴き、西五十四丁目にある自宅の中央の居間には置かないという条件付きだった。

賃貸借契約の人質に

美学的にも建築学的にも成功を収めた一方で、ロックフェラー・センターの経済的な持続性については長年のあいだ不確かなままだった。少なくともいったん世界大恐慌が緩和され、経済の分野が通常の状態に戻ってからは、コロンビア大学との賃貸借契約が最大の問題となった。

簡単に言えば、父（後年は兄たちとわたし）が建築物を所有し、大学側が土地を所有している。賃貸借契約のおかげで、コロンビア大学は、幅広い日常業務（ロックフェラー・センターに配置する店の種類や、賃貸料の請求額など）について絶大なる支配力を持っている。最も重要なのは、賃貸借契約の禁止事項だ。父は、建物の一部またはすべてを売却したり、外部投資家に所有権を分与したり、賃貸借契約自体をコロンビア大学の事前同意なしに個人や法人に譲渡したりすることを禁じられていた。父はこれらの制限を修正してもらおうとしたが、決まって大学側に要求を拒絶された。実情は、父も次世代の一族も賃貸借契約の人質なのだ。もともとの賃貸借契約の有効期間は一九五二年までの二十四年間で、そこに選択権付き取引期間が二十一年間ずつ三回加わるので、期間満了まで百年弱かかる可能性も秘められている。しかし、賃貸借契約の特定条項および金額は、更新の際に再交渉が可能だ。

一族にとって最大の財政的負担は、テナント収入に関係なく賃借料を支払う義務があること。そして、財政的な脅威となるのが、父の賃貸借契約の個人保証だ。この債務は、第二次世界大戦後、ロックフェラー・センターの普通株を購入したときに、兄たちとわたしに引き渡された。さらに、わずらわしい約款《やっかん》がいくつもあった。ある約款では、父は三年ぶんの賃借料と同額のエスクロー（第三者委託取引）資金を維持するよう義務づけられている。その資金は非常に利回りの低い米長期国債に投資しなければならない。また別の約款では、ロックフェラー・センターに関わる債務の元金を完済するまで株の配当金の支払いが制限されていた。完済には一九七〇年までかかった。

つまるところ、父がこの事業に身も心も——そして、かなりの財産も——捧《ささ》げたにもかかわらず、ロックフェラー・センター草創の五十年間は、事実上、わが一族は収益をまったく受け取っていない。

物議をかもす壁画

ロックフェラー・センター初期の歴史には、壁画にまつわる興味深い裏話がある。あるとき、RCAビルのエントランス・ロビーを飾るために壁画が注文された。そのころは、ロックフェラー・センターを見た目に心地よい場所にするという計画の一環として、多数の芸術家が依頼を受けて、ビルや広場を飾り立てていた。ポール・マンシップの黄金色のプロメテウス像は、今もなお眼下の広場を静かに見渡している。この像も当時の作品のひとつで、ロックフェラー・センターの目印となっている。ところが、もうひとつの人選に関しては、父はあまりついていなかった。

一九二〇年代後半、母はディエゴ・リベラの作品を高く評価するようになった。リベラは才能あふれるメキシコ人の画家であり、壁画家でもあった。第一次世界大戦の前から戦時中までパリで学び、マチス率いる芸術家グループに属していた。同世代の多くの芸術家と同様、リベラは政治的には左翼で、一時はメキシコ共産党員だったことさえある。

母がリベラに注目するようになったきっかけは、近代美術館の若き館長アルフレッド・バールだ。バールは、一九二八年にモスクワで少しのあいだリベラと同じ下宿屋に住んだことがあり、このメキシコ人の才能と個性に感銘を受けた。一九三一年にバールが近代美術館でリベラの個展を開催しようと提案すると、母もネルソンも乗り気になった。母はリベラに何枚も絵を注文し、一九二七年にモスクワで仕上げた水彩画も購入した。その代金で、リベラははじめてニューヨークを訪れることができた。

母とネルソンはリベラとの親交を深めていった。リベラはたびたびわが家を訪れたので、わたしも何度か顔を合わせた。非常に堂々としたカリスマ的な容姿で、かなり長身で体重は百四十キロ近い。英語はほとんどできないが、スペイン語に加えて完璧《かんぺき》なフランス語を話す。一、二度、妻のフリーダ・カーロを連れてきたことがある。魅惑的で風変わりな若い女性で、夫に匹敵する芸術的才能を備えていた。現在、ニューヨークの競売場では、フリーダの作品にディエゴよりも高い値がつく。

一九三一年十二月、近代美術館の個展によって、アメリカでのリベラの評判が確立された。完成間近のRCAビル正面ロビーの壁画を誰に依頼するか決める段になって、母とネルソンはリベラを強く推した。参考のためにスケッチを提出してもらい、建築技師とマネージャーで画家としての技量についてさんざん議論を重ねた末、提案は承認された。下絵にもとづいて、契約書が作成され、関係者全員が署名した。リベラはこのプロジェクトが約三カ月で完成すると見積もって、二万千五百ドルという報酬額に同意した。

一九三三年初頭、ニューヨークに着いたリベラはフレスコ画にとりかかった。リベラはその前に、デトロイト美術館で非常に苦い経験をしていた。完成させたばかりの壁画が、有名な『ラジオ司祭』、チャールズ・コグリン神父をはじめとする多くの人たちに、反キリスト的かつ反米的だと酷評されたのだ。

リベラは、ロックフェラー・センターの壁画を利用して強硬な政治声明を出そうと決意したのだろう。『岐路に立つ人類』と題された作品は、マルクス主義の基準から生まれた対照的なイメージにあふれていた。階級闘争、圧制、戦争がフレスコ画の〝資本主義者〟側のテーマで、平和、協力、人類の連帯が〝共産主義者〟側。少なくともリベラの観点では、これらの不調和の解決は、科学と技術を万人のために利用するところから始まる。自分の論点を強調するために、リベラはフレスコ画に顕微鏡、望遠鏡、映写幕、巨大な歯車や梃子《てこ》をつめこんだ。完了間近になってから、リベラは紛れもないレーニンの肖像を目立つ位置に描き加えた。壁画の中のレーニンは世界中の労働者と手をつないでいる。素朴でやや空想的なグループ分けにのっとり、これと対をなす〝資本主義者〟側には、身なりのよい男女がダンスを踊り、トランプ遊びに興じ、マティーニを飲むようすが巧みに描かれている。すべてを見下ろす位置に顕微鏡があり、〝社会〟病のウイルスでいっぱいのスライドを検査している。その背景には、労働者を殴る警官と、それを満足げに観察するカトリック司祭とプロテスタント牧師。

実にみごとな出来栄《できば》えだったが、RCAビルのエントランス・ロビーにはふさわしくない。ネルソンはリベラを説得して、せめてレーニンの肖像だけでも消してもらおうとした。しかし、この画家はどんなに小さな変更も拒否して、この傑作に傷をつけるくらいなら、壁画を丸ごと破壊するほうがましだと答えたのだ！　ネルソンはこう指摘した。自分は共産主義の宣伝活動を依頼したわけではないし、原画が挑発的要素のかなり少ないスケッチであったことを踏まえれば、最終的な完成品を受け入れなければならない理由はまったくない、と。結局、妥協には至らず、リベラは報酬を全額受け取ったうえで解雇された。フレスコ画を取り外して保存しようという試みもなされたが、実行は不可能だとわかったので、この芸術作品は破壊せざるを得なかった。

一九三〇年代後半、リベラはいくつか装飾を加えて壁画を再現した。そこには、厚化粧の売春婦の集団とともにマティーニを飲む父の肖像も含まれている。この壁画は、メキシコシティにあるベジャス・アルテス宮殿の中央階段に、目につきやすいように飾られた。リベラの壁画を破壊した直後は、ニューヨークやメキシコをはじめとするさまざまなところから怒りの声があがった。わたしたち一族は、芸術を冒瀆《ぼうとく》し、リベラの表現の自由を侵害したかどで非難された。一般論として、芸術家と自由主義者の観点では、芸術家がうそつきで、けちで、友として成功のあと押しをしてくれた一族を公然と侮辱するという罪を犯したとしても、まったく問題にならないらしい。（＊）

（＊）おそらくこの議論に最終的な断を下したのはダニエル・パトリック・モイニハン上院議員だろう。議員はソ連崩壊直後にワシントンの晩餐会《ばんさんかい》で、壁画が破壊されたのは恥ずべきことだと言及した。なぜなら、ソ連と東側ブロック全域で共産党指導者の記念物がほぼ完全に根絶されたので、その壁画が世界で唯一《ゆいいつ》のレーニン像だったかもしれないからだ！

英国自転車旅行

十代のころのわたしは、ロックフェラー・センターに関わる父の気苦労を知りながらも、別のことに興味や関心を持っていた。一九三二年六月にリンカーン・スクールを卒業したわたしへの卒業の贈り物は、イギリス諸島の自転車旅行だった。同行者は学友のウィンストン・ガースと、フランス人神学生で家庭教師のオズワルド・ゴクラー。父がわたしと同い年のころイギリスで同じような旅をして、その体験談をくわしく語ってくれたことが、この旅のきっかけとなった。

わたしたちはキュナード社定期船のツーリスト・クラスでサウサンプトンまで行き、そこから列車でロンドンに向かった。ホテルに着いたとたん電話が鳴り、まさに英国風の声がクルー侯爵《こうしやく》夫人と名乗った。侯爵夫妻はニューヨークから戻ったばかりで、わたしの両親といっしょにロックフェラー・センターのブリティッシュ・エンパイア・ビルの落成式に参加してきたという。両親から自転車旅行の予定を聞いて電話をよこした夫人は、まさにその日の晩、ヨーク公（のちのジョージ六世）が、セント・ジェームズ宮殿で開催する大きなダンスパーティーに、いっしょに出席しようと誘ってくれた。これは、兄弟である皇太子――当然、それから数年のうちにエドワード八世として王位を継いだが、のちに退位した――をはじめとする王室メンバーのための行事だ。晩餐は八時半からで、白の蝶《ちよう》ネクタイと燕尾服《えんびふく》を着用のこと。八時には夫人を迎えに行かなければならない。

わたしが肝をつぶして、夜会服を持ってきていないので出席は無理だとおそるおそる伝えると、これは王室の招待なので断ることはできない、という重々しい言葉が返ってきた。わたしは善処するというようなことをもごもごつぶやいて電話を切り、すっかり困って、招待を受けていない友人のウィンストンを見つめた。

さいわい、伯母のルーシーがこの地にいたので、すがる思いで電話をかけた。またとない機会だから、行くべきだというのが伯母の意見だった。まずは、ホテルの接客係に電話して、夜会服の貸し出しについて確かめること。それから、制服を着た運転手付きのダイムラーをホテルに呼んでもらい、その車でクルー夫人を迎えに行くこと。その日の予定は台なしだったが、わたしは指示に従った。わたしは時間どおりに車で侯爵夫人を迎えに行ったが、メイフェアの豪壮なクルー邸に着くと、夫人のロールスロイスに同乗するよう言われた。わたしのダイムラーはあとからついてくるように、と。

セント・ジェームズ宮殿は、セント・ジェームズ街の突き当たりに建つ十六世紀の石造建築物で、グリーン・パークとペルメル街に面している。何世紀にもわたって、王室の年長者の住居として使われてきた。到着すると、赤い上着と長い筒型のビーバー帽を身につけた直立不動の近衛兵《このえへい》からあいさつを受けた。これがその晩の印象的な幕あけだった。

わたしたちは宮殿に足を踏み入れて、暗色の板を張った長い廊下を進んだ。頭上の壁からスチュアート王朝とハノーヴァー王朝の王や女王の視線を受けながら、ゆっくり歩いて広い応接室に着くと、主催者に引き合わされた。

ヨーク公夫妻はとても丁寧な態度で迎え入れて、本気でわたしをくつろがせようと努めてくれた。とはいえ、十七歳のアメリカ人青年と雑談をするのは簡単ではなかっただろうし、こちらもうまく会話をつなぐことができない。クルー侯爵夫人は、その晩居合わせたほかの〝王室〟メンバーに加えて、公爵、伯爵、伯爵夫人など、途方に暮れてしまうほどさまざまな肩書きの人たちを紹介してくれた。わたし以外のアメリカ人出席者は、ウォルドーフ・アスター卿《きょう》の妻で、自身も子爵であるナンシー・アスター夫人ただひとり。史上初の女性下院議員である夫人は、おそろしいほどの知識人だった。夫人を中心とするクリヴデン一派には多少悪評が立っており、のちに親ドイツ思想の共鳴者として非難も受けた。夫人もまた、わたしの緊張をほぐそうとがんばってくれたが、何度か間の悪い沈黙が続いたあとで、クルー夫人がさっとわたしを連れ出して、弟のローズベリー卿に引き合わせた。この姉弟の父親は一八九〇年代に首相だった人物だ。

宮殿から――レンタルしたダイムラーにひとりで乗って――辞去する前に、ローズベリー卿がわたしと友人ふたりを、イングランド北部の城に泊まりがけで招待してくれた。この訪問の際に、わたしは英国の田舎屋敷の因襲と、ジーヴズ（訳注：P・G・ウッドハウスの一連の小説に登場する機略縦横の執事）ばりの万能な執事を最上位とする使用人階層を初めて目《ま》の当たりにした。この執事は、汚れ物を詰め込んだサドルバッグの中身を取り出すときも、わたしたちを英国王族のように扱った。

自転車旅行は大冒険で、入国当初に予期せずして垣間見《かいまみ》た王族の世界とは、まったくの別ものだった。わたしたちは南西部のコーンウォールからスコットランド北部のハイランドまで、イギリスのかなりの部分を踏破し、たいていは道中の小さな宿に泊まった。自転車を数日間走らせるごとに列車の旅を挟みながら、次の訪問予定地に向かう。簡単にそんなことができたのは、当時は列車の運営があまり形式張っていなかったからだ。自分用と自転車用に一枚ずつ乗車券を買っておき、列車が来たら、貨物車に自転車を放り込んで、客車で席を探すだけのことだ。わずらわしい手続きは不要だし、自転車の盗難など思いも寄らなかった。

紹介状は持っていなかったので、ガイドブックを頼りに手ごろな価格の宿泊所を探しまわった。ただし、スコットランドでは、リンカーン・スクールの同級生ドナルド・バローを訪ねた。ドナルドの父は、スコットランド北端に近いアンドリュー・カーネギーの屋敷、スキボ城を管理している。わたしたちをもてなしてくれたのは、両親の友人で未亡人のカーネギー夫人だ。その夫は、偉大なる実業家であり慈善家でもあった人物で、わたしの祖父とも親しかった。

全部で千キロ近い距離を自転車で走り、列車ではまわれない場所もたくさん訪れた。この旅行では——ロックフェラー・センターや父の苦境から遠く離れて——すばらしい経験を得た。わたしの心には英国に対する永続的な愛情が残り、ハーヴァード大学一年目に向けての心構えと準備が整った。

第６章　ハーヴァード大学

母はわたしの大学選択に強い影響を与えた。父のほうは、どの息子に対してもわざと口出しを避けた。子どもたちがひとりで決めるべきだと信じて、少しでも判断に影響を与えないようにしていたのだ。その結果、父にとっては残念なことに、父の母校であるブラウン大学には誰も通わなかった。それに反して、母は誰かをハーヴァード大学に進学させたがった。かわいがっている弟のウィンスロップ・オールドリッチがハーヴァード出身なので、子どもたちのうちひとりは同じ道を歩んでほしいと望んでいたのだ。兄たちはほかの大学に通ったので、わたしが最後の希望となった。あからさまにプレッシャーをかけられたわけではないが、わたしは母の無言の説得に大きな影響を受けた。

わたしが十七歳で大学に入れたのは、成績が優秀だったからではない。五歳で――たいていの子どもより一年早く――リンカーン・スクールに入学したおかげだ。入学の理由は、兄たちが全員学校に通いだしたので、ひとりで家に取り残されるのがいやだったからだ。リンカーン・スクールの教育では、個性の発達が重視されていたので、わたしでも落ちこぼれずに十六歳で卒業できた。しかし、リンカーン・スクールでは、規則正しい勉強の習慣は身につかなかったし、わたしの失読症もたしかに原因の一端とはいえ、読解、綴《つづ》り、文法の教えかたもお粗末だった。そのため、ハーヴァード一年目は少しつらかったが、こつこつと勉強に精を出したおかげで、平均Bという成績を収められた。学業面では、一年目は深刻な問題はなかった。

社会的な不器用さ

社会的な面では、自分が不適格者に思えた。ほとんどの同級生よりも一歳年下だったが、わたしは周囲に守られて育ち、世間知らずで、同世代といっしょにいると落ち着かない。兄たちには無視されることが多かったので、わたしの交流相手はたいていおとなだった。事実、同い年の相手といるよりも、名士や有名画家と話すほうがずっと気楽だった。

ハーヴァードには千百人の学生といっしょに入学したが、リンカーン・スクール時代の同級生はたったふたりで、どちらも親しい友ではなかった。わたしはハーヴァード・ヤード（大学構内の緑地帯）で最も古い新入生寄宿舎セア寮の四階のひとり部屋に住み、学生会館で食事を取った。学生会館からプリンプトン通りを挟んだ向かい側には、ワイドナー図書館がある。構内をぶらぶらしたり、授業に出たり、学生会館で食事をしたりするうちに、グロトン、セント・マーク、セント・ポールなどのエリート私立校出身の青年たちにたくさん出会った。誰もがわたしとは正反対だ。ハンサムで、運動が得意で、自信に満ちあふれ、ハリスツイードのジャケットとグレーのフランネルのズボンをさらりと着こなしている。わたしは遠くから見とれた。みんな洗練されていて、いかにも大学生らしかったが、話しかけようにもなかなか言葉が見つからないし、向こうもさほど話したがってはいないようだった。かわりに、最も親しくなったのはセア寮のほかの住人たちだ。クラスで唯一《ゆいいつ》のアフリカ系アメリカ人、ウォルター・テイラーもそのひとり。ウォルターも学校になじめず、少々自信をなくしているらしく、わたしとの共通点がたくさんあった。しかし、残念ながら、理由はわからないが、彼は一年目を終えたあとはハーヴァードに戻らなかった。

今ならわかるが、富裕な親を持つ多くの学生たちと同じように、わたしも全寮制の高校を卒業していれば、自分がひそかにうらやみながら居心地の悪さを覚えたグループに加わっていただろうし、ハーヴァードの暮らしにもすぐ満足して、ずいぶん違う学生生活を送れたはずだ。とはいえ、七十年近く経《た》ってからよくよく考えてみても、今後の人生には、あのころほど興味深く発展的な時期はもう訪れないだろう。ハーヴァード入学当初の不安感に対処し、優秀な成績を挙げて社会的にも受け入れられるために一生懸命努力したおかげで、わたしは以前より心の広い寛容な人間になれた。

オールドリッチ家

一年生のあいだに寂しさを感じる瞬間はあったものの、ふたつの状況があったおかげで、わたしは基本的に満足のいく楽しい大学生活を送れるようになった。

ひとつ目は、ボストン近辺に母の親戚《しんせき》が数人住んでいたこと。母のいちばん下の妹エルシー・オールドリッチ・キャンベルは、ケンブリッジからほんの数キロのブルックラインに、家族といっしょに住んでいた。この叔母はわたしを食事に招待して、大学の友人も連れてくるよう勧め、いつでも温かく迎えてくれた。かなりの年数が経ってから、同じ寮の住人でキャンベル家をたびたび訪れていたベンジー・フランクリンが、エルシー叔母さんの娘ヘレナと結婚した。

また、わたしは何度となくプロヴィデンスまで旅をして、ルーシー・オールドリッチ伯母さんの家を訪ねた。このベネヴォレント通り百十番地の家は、伯母や母やそのきょうだいたちが生まれ育った場所だ。歯に衣《きぬ》着せない物言いの陽気な伯母は、活気に満ちあふれ、大いに人生を楽しんでいた。

ベンジーとディック

一年生のときの重大事は、ジョージ・S・フランクリン・ジュニア（当然のごとくベンジーと呼ばれていた）とリチャード（愛称はディック）・ワトソン・ギルダーとの出会いだ。ベンジーは、ニューヨーク市の著名な弁護士の息子でふたつ年上。頭脳明晰《めいせき》な優等生だった。まじめな性格で、何をやらせても秀《ひい》でていた。テニスはじょうずだし、ヨットレースでも成績優秀。ロングアイランド島のコールドスプリングハーバーヨットクラブで開催される夏の大西洋級ヨット選手権では、九年連続で優勝した。ディック・ギルダーはベンジーよりのんきだが、負けず劣らず頭脳明晰だった。センチュリー・マガジン誌の創始者の孫であり、名前は祖父からもらったという。また、ティファニー商会を創立した偉大な芸術家ルイス・カムフォート・ティファニーの孫でもある。鍛え抜かれた運動選手で、スカッシュのハーヴァード大学代表チームで活躍中。おまけに、とてもハンサムだったので、女の子たちにとってはたまらなく魅力的だった。また、議論が大好きで、政治問題でも経済問題でも、たいていは世間一般の通念と正反対の強硬な立場を取った。

私立校卒業生のベンジーとディックは、ハーヴァードに多くの友人がいた。ふたりがわたしを仲間に入れてくれたおかげで、わたしの孤独感はなくなった。二年目からの三年間は、エリオット・ハウス寮で同居するようになり、ほかの友人数名ともごく近しくなった。実のところ、四年生になるころには、わたしたちの続き部屋——四つの寝室とふたつの居間がある——は、〝金魚鉢〟と呼ばれるようになった。正確なところはわからないが、たぶん、わたしたち全員が著名な一族の出で、構内でもある程度注目されており、金魚鉢の中の金魚のように人目にさらされていたからだろう。

R・H・メイシー一族のオリヴァー・シュトラウスも、三年で中退するまでは同じ続き部屋に住んでいた。そのあとがまに坐《すわ》ったのが、ウォルター・ローゼン・ジュニアだ。ウォルターは、ニューヨークの著名な個人銀行、ラーデンブルク・テールマンの頭取の息子だった。母親はテルミンの演奏者だという。テルミンとは、電磁場を持つ黒い箱だ。演奏するときは、箱のそばで不可思議なけだるいしぐさで手を振る。すると、電磁場が変化して、どこかSF映画の音楽にも似た霊妙な音が生み出される。わたしたちの誰もがひどくおもしろおかしい音楽だと思っていたが、一時は、まじめに彼女の音楽を崇拝するグループもあった。

四年生になると、わたしたちは三つめの続き部屋をつなげた。そこにはふたりの友人が住んでいた。ドイツの実業家の息子エルンスト・テーヴェスと、シンシナティでフライス盤製作会社を興《おこ》した一族の出であるポール・ガイアーだ。

わたしは一年生のころ、サッカーを少しやったが、競技スポーツの経験も才能もなかったので、すぐにいやになった。そこで、種目を切り替えて、冬はスカッシュ、秋と春はゴルフをやることにした。学内紙の『デイリー・クリムゾン』で事務長補佐の仕事を短期間割り振られたことがあるが、その経験がなければ、学内のほとんどの組織的活動には関わらないままだっただろう。わたしの社交生活は、ボストンのお披露目パーティーと、その地域の親戚宅や友人宅の訪問が中心だった。三年生になると、〝印章の会〟というランチクラブに誘われた。多くの魅力的な教職員たちが定期的に学部生とランチをともにしてくれるので、とても楽しかった。そのなかのひとり、ハーヴァード・ロースクールのフィーリクス・フランクファーター教授は、その後まもなく、最高裁判所判事に任命された。

やりがいある学習

父は、わたしが、のちのちまで役立つ、有意義でやりがいのある科目を取ることを期待していた。これまでも、息子たち全員に同じような期待をかけてきたのだ。父はブラウン大学では成績優秀で、優等学生友愛会の会員に選ばれた。けっして口には出さなかったが、息子たちにはせめて自分と同程度のことを成し遂げてほしいと願っていたはずだ。結局のところ、いちばん期待に応《こた》えたのはネルソンで、わたしよりひどい失読症だったにもかかわらず、ダートマス大学で優等学生友愛会の会員に選ばれた。

新入生は全員、一年間の入門コースをふたつ以上取らなければならない。最も記憶に残っているのが「歴史（一）近代ヨーロッパ史」で、担当者はエリオット・ハウス寮長としても異彩を放つロジャー・メリマン教授だった。すこぶる人気の高い興味深いコースで、ヨーロッパの中世から第一次大戦勃発《ぼっぱつ》までの政治的・経済的発展を扱っていた。メリマンは力みなぎる講師で、歴史を生き生きと蘇《よみが》えらせた。

わたしは、甲虫《かぶとむし》をはじめとする昆虫に長いあいだ興味を持っていたので、一年生の後期に院生レベルの昆虫学コースを取ることができた。蟻《あり》の社会生活に関する最高権威者ウィリアム・マートン・ホイーラー教授が担当するこのコースで、わたしはA⁻を取得した。四年間の学生生活でそれが唯一のAだった！

昆虫学に対する興味から、わたしはハーヴァード一年次に、もうひとつ別の課外活動に参加した。ハーヴァードの支援を受けて学生のボランティア活動を促進しているフィリップス・ブルックス・ハウスという組織を介して、週一回、ボストン南部の社会福祉施設リンカーン・ハウスで十代の若者たちのグループに自然研究を教えることになったのだ。毎年春になると、生徒たちを郊外に連れ出して、昆虫採集をさせたり、樹木や野草について教えたりした。

なかでも、スペイン人石工の息子フレッド・ソラーナは、ほかの生徒たちよりもずっと強い興味と素質を示した。そこで、わたしはハーヴァードまで持ってきていた甲虫コレクションの管理を手伝ってくれるよう頼んだ。それからの三年間、わたしはフレッドに目録作成や標本管理のアルバイトをしてもらった。また、ささやかながら、ボストン大学に進学したフレッドの学費も援助した。戦後、フレッドはチェース・ナショナル銀行に就職して輝かしいキャリアを築いたが、甲虫への興味を失うことはなかった。二十五年間、毎週土曜にハドソン・パインズ邸にやってきては、コレクションの手入れをしてくれた。わたしの子どもたちは、地下室で作業をするフレッドのそばにすわるのがお気に入りで、大の仲よしになった。

ヒトラー時代のドイツの夏

ハーヴァード大学で語学の必要条件を満たすのは、ほんとうに困難だった。リンカーン・スクールでは古典語を勉強しなかった——デューイの哲学では、ギリシア語とラテン語は現代世界には無関係と見なされていた——から、ハーヴァードの卒業規則にのっとってふたつの現代語で実力を示す必要があった。フランス語の実力はじゅうぶんだったので、二年生で上級仏文学コースに対処できた。講師は有名なアンドレ・モーリス教授で、授業はフランス語で実施された。

ドイツ語となると、話は別だ。入門コースについていくのもむずかしくて、前期の終わりで受講をやめた。残された道は読解試験に合格することだったので、その準備のために、一九三三年の夏はミュンヘンでドイツ語を勉強して過ごすことにした。

わたしはハンス・デフレガー夫妻の経営する賄《まかな》い付き下宿屋に住み、毎日バーマン夫人のドイツ語レッスンを受けた。夫人は非常に有能な教師で、その徹底的な集中訓練計画が功を奏した。夏の終わりまでに、ゲーテを翻訳するレベルにこそ達しなかったが、秋にハーヴァードに戻ると、読解試験に合格したのだ！

デフレガー一族はバイエルンの美術界ではよく知られている。下宿の主人の父親にあたるフランツ・フォン・デフレガーは、評判の高い十九世紀ロマン派の画家で、ミュンヘンの新絵画館《ノイエ・ピナコテーク》を代表する絵を描いている。デフレガー夫人は泊まり客にとても興味を持ち、週末には車でわたしたちを連れ出してくれた。行く先はたいていバイエルン州内の近隣地区だが、遠方まで足を延ばすこともあった。夫人はドイツの芸術や歴史に精通していたので、わたしたちは多くの史跡に連れていってもらい、ヴィース巡礼教会など、バイエルン州南部の豪華絢爛《けんらん》なロココ様式の教会も訪ねた。小旅行のあいだに、夫人のおかげでアルブレヒト・デューラー、ルーカス・クラナハ、ティルマン・リーメンシュナイダーのすばらしい作品をはじめて知った。デフレガー夫人は、ニンフェンブルク宮殿の建築上の謎《なぞ》や、ローテンブルクやニュルンベルクなどの美しい中世の街の発展について説明してくれた。

わたしは、バイエルン人の遊び好きでゆったりとした生きかたに好意を持つようになり、驚くべき芸術作品を生み出したドイツの歴史と、そのすばらしい文化への理解を深めた。夜になると有名な巨大ビヤホール〈ホフブロイハウス〉にしばしば行き、大きな陶製ジョッキでビールを飲んでは、大勢の客たちと声を合わせて歌い騒いだ。

わたしは同時に、ヒトラーがもたらしつつあった新生ドイツも目にして、わずかに垣間見たそのありかたに懸念《けねん》と不快感を覚えた。デフレガー夫妻はわたしに、ヒトラーの親友エルンスト（プッツィ）・ハンフシュテングルを紹介した。一九二〇年代から一九三〇年代にかけてヒトラー総統が権力を握るまでのあいだ、広報を担当していた人物だ。背が高く、もじゃもじゃ頭で、おおらかな芸術家肌のプッツィは、アメリカ人の血が混じっており、ハーヴァード大学を卒業している。プッツィに対する周囲のうやうやしい態度からは、当時でさえ、鉄の意志を持つドイツの新指導者側近に対して、国民が抱いていた危惧《きぐ》がうかがえた。のちに、この人物はヒトラーと決裂してアメリカに逃れた。

ヒトラーが権力を握ってからたった数カ月で、すでに人々はゲシュタポについてひそかにささやき交わしていたし、新政権の政敵が送り込まれる〝強制収容所〟の噂《うわさ》も流れていた。ドイツの政府機関からユダヤ人およびユダヤ系官僚を追放する最初の法律もすでに実施されていた。わたしは、最悪の部類に属する反ユダヤの罵《のの》り言葉が公然と許容されていることに個人的な不快感を覚えた。親しくいっしょに勉強していたバーマン夫人がユダヤ人だったのだから、なおさらだ。また、かなり多くの人々が、ドイツの経済問題はすべてユダヤ人の責任であり、罰則を与えるに値するというナチスの主張を、ろくに考えもせず受け入れたことにも憤慨した。

忘れがたい三人の教授

大学のあるケンブリッジに戻ったわたしは、その秋、研究分野を絞り込む必要に迫られて、英国史と英文学を選択した。また、〝優等学位〟をめざす道を選んだので、指導教官を持つ権利を与えられた。指導教官は、事実上の相談係で、コース選択を手伝ったり、分野外の必読書を推薦したりする。優等学位をめざす学生は、一カ月に二、三回指導教官に会って、学業の進展や、さらにはもっと個人的な事柄についても話し合うのが慣例だった。

わたしのひとり目の指導教官はF・O・マシスンといって、きわめて知性的な英文学の教授だった。しかし、あいにく、わたしと教授にはほとんど共通点がなかった。教授といると居心地が悪かったし、向こうも同じように感じていただろう。わたしの側に、教授の明敏で洗練された知性を活用する準備が整っていなかっただけのことだ。

そこで、最後の二年間は、指導教官をジョン・ポッター教授に替えてもらった。歴史学者のポッター教授は、のちのエリオット・ハウス寮長で、マシスン教授よりは付き合いやすい人物だった。

創造的思考と強力な新しいアイデアを進んで取り入れるよう仕向けてくれた三人の人物の下で学べたのも幸運だった。三人の講座のテーマは、現代では視野が狭く杓子《しゃくし》定規に聞こえるかもしれないが、その講義のおかげで、それまでおぼろげにしか理解していなかった新たな世界への扉がひらかれた。

チャールズ・マクルウェイン教授は、マグナカルタ（大憲章）の時代から十六世紀までの憲法史を教えてくれた。著名な法律学者のマクルウェインは、英国の政治的進化について、封建制度の発生から、法の支配が重要度を増す中央集権国家に至るまでの道のりをたどってみせた。教授は、大憲章の本文を手始めに、法律や歴史の文献を使って論点を説明したが、そのほこりまみれの文献に生気を吹き込み、背景にある歴史や人物もいっしょに見せてくれた。あらゆる社会において民主主義と法の支配が重要な意味を持つ理由と、その達成が困難な理由が、わたしにもわかり始めた。

同じ年に、ジョン・リヴィングストン・ローズ教授による、サミュエル・テイラー・コールリッジとウィリアム・ワーズワースの詩のコースも受講した。最も刺激的だったのは、『老水夫行』と『クブラ・カン』というコールリッジの傑作詩二編を扱ったときだった。この授業ではローズ教授の著書『ザナドゥへの道』を使った。この書物では、コールリッジが二編の名作を執筆する際に受けた影響が丹念に分析されていた。ローズは、コールリッジが書いたものだけでなく、読んだものもすべて読破して、この偉大なロマン派詩人が叙事詩を執筆する際にインスピレーションの源となった個人や文学の影響を割り出した。また、わたしは、良質な文章――明快かつ簡潔にアイデアを伝える文章――が、さまざまな要素の組み合わせの結果生まれることも学んだ。まずはインスピレーションから始まるが、そのほかにも、個人的経験、正規の学習、徹底的な研究、勤勉な努力などの要素が含まれるのだ。

アボット・ペイソン・アッシャーによる、一七五〇年から一八六〇年の英国経済史は、別種の啓示を与えてくれた。アッシャーは講師としてはおもしろくなかったが、学者としては几帳面《きちようめん》で、経済変化の見えざる過程を解き明かしてくれた。耕作、施肥、改良種使用に関する発明や改変が相次いだおかげで、イギリスの農業生産がいかに激変したかを示してくれたのだ。これと同じ時期に、単気筒の蒸気機関の出現と、鉄や織物などの工業製品に関わる多くの発明がいっしょになって、イギリスの一般庶民の生活が一変した。これらの事実は目新しくはないが、アッシャーはその相互関係を明《めい》瞭《りょう》さのお手本のようなやりかたで説明した。それは歴史に命を吹き込み、現実味を感じさせてくれた。後年、ラテンアメリカの経済発展と社会変化に関わる難問に取り組んだとき、わたしはしばしばアッシャー教授が歴史をひもとく際に用いた複雑な過程の分析方法を思い起こした。

教育を受けていて何度となく気づいたことだが、学習意欲を与える教師は、当の題材とはほとんど関係ないところで、思考に刺激を与えてくれるものだ。わたしはこれからもずっと、論理的な思考法を教えてくれたマクルウェイン教授、ローズ教授、アッシャー教授に感謝の念を持ち続けるだろう。

故国と外国での夏の出来事

二年生修了後の夏、ポール・ガイアーとわたしは、アメリカ自然史博物館が企画した、グランド・キャニオンの昆虫調査旅行に参加した。調査旅行の引率者は自然史博物館昆虫部門の部長フランク・Ｅ・ルッツ博士だ。わたしは子どものころ、ニューヨーク州タキシードパークの近くにある昆虫研究所で、博士といっしょに二度の夏を過ごした。一九三四年の調査旅行の目的は、グランド・キャニオンの底から、近くにあるサンフランシスコ山塊の頂上まで、標高ごとに昆虫種の変化を研究することだった。当時はあまり使われていなかった用語だが、〝生態学〟の研究だ。その結果、グランド・キャニオンの底の昆虫種がメキシコと共通していること、その一方で、距離は数キロしか離れていないが三千メートル以上高い場所に位置するサンフランシスコ山塊頂上の種は、アラスカに固有のものだということが明らかになった。要するに、昆虫種分布の確定には、標高と、それに伴う温度の変化が、緯度と同じくらい重要な役割を果たすのだ。その夏、わたしはかつてないほど明確に、自然界の根源的な秩序を理解した。

夏の終わりには、父が一週間いっしょに過ごしてくれた。わたしにはうれしい驚きだったが、まったく予定外のできごとで、父が二日間の汽車の旅に耐えてまでわたしに会おうと決めた理由はよくわからなかった。衝動的に行動を起こすなど、まったく父らしくないからだ。わたしたちは、一週間かけて、ペインテッド砂漠のホピ村、アリゾナ州北部のモニュメント・ヴァレー、キャニオン・ド・シェイ国定公園のアナサジ遺跡を訪ねた。

十九歳にもなって、ほんのわずかでも父とふたりきりで過ごすのは、ほんとうにこれがはじめてだった。ふたりともすっかりくつろぎ、父は自分自身や子ども時代のことを包み隠さず話してくれた。これが、父とともに過ごした最良の時間となった。

一九三五年の春、ディック・ギルダーとわたしは、夏にヨーロッパを車で回ろうと決めた。旅行の動機の一端は、わたしたちが選択したふたつの美術コースと、ヨーロッパ美術の傑作をじかに見たいという欲求にあった。実際に、わたしたちは六カ国でおよそ三十もの美術館を訪ねることができた。しかし、それと同時に、わたしたちはドイツの不吉な政治状況に取り囲まれていき、将来のことを深く考えるようになった。

わたしたちは〝オリンピック号〟の最も安いツーリスト・クラス船室を利用し、在学中使うようにと父から与えられていたA型フォードの幌《ほろ》式自動車を船倉に積んで、海を渡った。北海沿岸の低地帯を車で横断し、パリに数日滞在してからドイツに向かい、そこで二週間過ごした。

ドイツは明らかに第三帝国に変貌《へんぼう》していた。国内をまわっていると、ユダヤ人をドイツの〝破滅の原因〟として糾弾する宣伝ポスターを、公共の広場で見かけた。人口の半数が、一、二種類の軍服に身を包んでいるように思えた。ある晩、ディックとわたしがシュヴァルツヴァルト森林地帯のはずれにある居酒屋にいたとき、兵士の集団がやってきて、近くのテーブルに座り、話しかけてきた。兵士たちはアメリカについて知りたがり、とても話し好きで、夜がふけるまで身の上話を語り続けた。この上もなく友好的だったが、そこへ、シュヴァルツヴァルト森林地帯をハイキングしていたふたり連れの男女が店に入ってきた。店内に暗い緊張が走った。兵士たちがわざと目立つように新来者に背を向けて、ユダヤ人と、そのドイツに対する脅威を大声で話し始めたとき、わたしたちははじめて、何が起こっているのかを知った。ふたり連れが立ち去るとき、ひとりの兵士がそちらを向き、右腕を上げて、「ハイル・ヒトラー」と言った。ドイツで強制されているあいさつだ。女性が非常に礼儀正しく、自分はその公式なあいさつは使わないが、なんにせよお休みなさい、と応じた。そして、ふたりは外へ出ていった。わたしたちはひどく不快になって、すぐにその場をあとにした。

ディックとわたしは、夜になるとよくラジオを聴いた。ヒトラーの毒気に満ちた演説が放送されると、わたしはできるかぎり通訳した。すべての言葉は理解できなくても、ヒトラーがドイツ国民をがっちりと支配しているのが感じられた。日常生活の統制がきびしさを増したことからも、その支配力がわかった。ヒトラーの熱弁の韻律と劇的な演出を耳にするだけで、ディックは義憤と恐怖を感じ、演説が終わるころには、怒りの涙を目に浮かべていた。のちにディックが語ったところによると、あの血の凍るような放送を聞いて、いつかは自分たちがナチスと戦うことになると確信したという。あんなふうに人を動かし、強い影響を与える催眠能力を備えた人物が、国家を指導するのは危険きわまりないことだ、と。

パデレフスキとフロイトとの出会い

わたしたちは車でシュヴァルツヴァルト森林地帯からスイスにはいり、ライン川を渡って、ジュネーヴへと旅を続けた。その途上でモルジュに立ち寄ってイグナツィ・ヤン・パデレフスキを訪問した。パデレフスキは世界屈指の音楽家で、第一次世界大戦の終戦直後には短期間ポーランドの首相も務めた。その前年にニューヨークの実家でパデレフスキのコンサートが催されたときに知り合って、わたしはその演奏だけでなく、人柄にも魅力を感じた。もじゃもじゃの白髪を長く伸ばしたこの印象的な人物は、思いやりと熱意のこもった態度でわたしたちを迎え入れ、建物を案内してくれた。それから、わたしたちは数年前に父が国際連盟のために建てた図書館を訪ねた。

その後まもなく、義姉のトッドがこの旅行に少しだけ参加した。ネルソンがチェース・ナショナル銀行ロンドン支店に転勤になったので、その夏、トッドとネルソンはイギリスに住んでいた。ニューヨークを発《た》つ前に、ディックとわたしは一週間だけいっしょに旅行しようとトッドを誘ったが、望みは薄いと思っていた。ほんとうに承諾して来てくれるとは、うれしい驚きだった。わたしたちはルツェルンで落ち合い、そこからスイスを抜けて、オーストリア・アルプスまで車を走らせた。A型フォードにはトランクがないので、車内はトッドと鞄《かばん》類でぎゅう詰めだったが、なんとかうまくやりくりして、気のおけない者どうしの楽しい時間を過ごした。この楽しい冒険旅行に、ルーシー伯母さんはすっかりあきれかえった。既婚の女性が付き添いもなしに若い男性ふたりと旅行するなど、とんでもないと考えたのだ。

実際は、まったくもって罪のない旅だった。トッドとわたしは六年前のエジプト旅行以来、仲よくしていたし、大学の休暇中にアベイトン・ロッジで主催したハウスパーティーでは、何度かトッドとネルソンに付き添い人を務めてもらったこともある。トッドは姉のような存在だったし、本人も大学生の男の子ふたりと浮かれ騒ぎに興じるのをとても楽しんでいたと思う。

アルプスを回ったあとは、オーストリアに入ってウィーンへ向かい、ジークムント・フロイトを訪ねた。この訪問を手配してくれたのはディックのおばで、彼女はフロイトの精神分析を受けて、話し相手としてフロイト一家のもとにとどまり、児童心理学に関する多くの著作をアンナ・フロイトと共同執筆した女性だ。当時、フロイトはかなりの高齢で、口腔癌《こうくうがん》を患《わずら》っていたが、明らかに苦痛を感じているにもかかわらず、とても愛想よく接してくれた。フロイト派心理学に関する論議よりも――いずれにせよ、わたしたちのほうは心理学については無知も同然だったが――自分の蒐集《しゅうしゅう》したエジプト、ギリシア、ローマの工芸品の話題に興味があるようだった。フロイトはわたしのエジプト旅行の経験に関心を抱き、わたしが見たものや学んだことについてことこまかに尋ねてきた。

のちに知ったことだが、フロイトは系統学の思想、とりわけ自我の歴史的発達にとりつかれ、それ以外のことはほとんど何も考えない状態だったという。わたしたちはアンナ・フロイトともしばらくいっしょに過ごし、心理学をもっと聞き慣れた側面から論じ合った。この女性に説得力があったことは確かだ。なにしろ、わたしは両親に、「フロイトの学説が生半可な批評家によってはなはだしく捻《ね》じ曲げられたのは間違いありません。わたしたちがアンナから聞いた説はしごくまっとうでした」と、わざわざ知らせたぐらいだから。

ロックフェラー家の遺産

一九三四年の秋は、結果として、わたしにとっても、一族の未来にとっても重要な時期となった。一九三四年十二月、父は母と六人の子どもたちそれぞれのために、当初価格およそ六千万ドルの撤回不能信託（訳注：信託としての効力が発生したあと設定者が撤回や修正を行なえない信託）を設けることにした。一族内ではこれを〝一九三四年信託〟と呼んだ。この信託により、父は少なくともロックフェラー家の財産の一部を、相続税抜きで三世代先まで譲り渡せることになった。今日では、一族の財産の大部分がこの信託に守られている。これなしでは、ロックフェラー家の資産はほとんど、政府への税金か寄付金に消えていただろう。

　奇妙に思えるかもしれないが、わたしは自分が巨万の富を相続するのを当然だと考えたことなどない。もちろん、父が非常に裕福なことは知っていたが、大恐慌《だいきょうこう》によって世間の人たちと同様、父の財産も大きな打撃をこうむったはずだ。大学一年のときに父からもらった手紙のことはよく覚えている。手紙のなかで、父は当時の状況を説明して、十中八九わたしが〝生活のために働く〟ことを余儀なくされるだろうと述べていた。当時、それは大多数の若者にとってあたりまえの宣告だったが、アメリカ有数の大富豪からそういう言葉が出てくるのは、さすがに意外な気がした。

父は、広範な慈善事業への関与、ロックフェラー・センターに対する財政的義務、家族のための備蓄などによる、数々の競合する要求や、ときには矛盾することさえある要求のバランスを取っていた。そして、わたしたちにはある程度の経済的自立が必要であり、自分がそれを助けなければならないことも理解していた。しかし、父はわたしたちが全員、専門家の監督や指導なしに多額の金を扱うには若すぎるし、未熟すぎると信じていた。結局のところ、父の父も、息子が四十代になるまでは、まとまった金額を譲り渡そうとしなかったのだ。前述のように、おそらく、祖父は当初、自分の財産の大部分を父に残すつもりなどまったくなかったのだから……。わたしの推測では、父は何年か待ってから、自分の財産の分配法を決めたかったのだろう。

皮肉なことに、父が行動を起こすきっかけとなったのは、富裕層を対象としたフランクリン・D・ルーズヴェルトの税政だった。一九三四年に贈与税と相続税の税率がともに大きく引き上げられたので、わたしたちに独立の手段を提供するためには、もう選択の余地はないと判断したのだ。しかし、父は未熟で経験の浅いわたしたちを本気で心配していたので、その信託は、受益者が収益に手を出したり、信託財産の本体を取り崩したりする権利をきびしく制限していた。

父はもともと、子どもたちひとりひとりに、三十歳に達するまでは、少額だが徐々に増えていく収入を与えるつもりだった。信託はその目的を達成するために設けられた。三十歳に達するまでは、信託収入がわたしたちへの支払額を上回った場合、再投資されるのではなく、指定されたいくつかの慈善施設に分配された。分配の対象には、ロックフェラー研究所やリヴァーサイド教会も含まれていた。

一九三五年、九一年信託が運営された初めての年にわたしが受け取ったのは、多額の収益のほんの一部で、わずか二千四百ドルだった。この額で、生活費と、授業料以外に大学で必要になる費用をすべて賄《まかな》うのだ。それに加えて、大学の残り期間中は、父が年間四百ドルを払い続けてくれた。時折、いつの間にか現金が少し足りなくなって、父に前借りを頼むはめになることもあった。父はいつも、わたしの頼みを、知恵と指導を授ける機会と見なした。一九三五年に送られてきたある手紙では、父は次のように不満を示した。

「きみは一定期間内に、予想された収入を上回る額を遣ってしまった。きみが自分で言うように、資金繰りがへたで、間違いを犯したわけだ……むろん、想像はついているだろうが、またもや財政困難に陥るとは、きみにはいささか失望した。年間の収入が千五百ドルだったころは、まったく問題がなかったというのに……。収入が増えるほど、問題も大きくなるようだ。懐《ふところ》が温かくなればおつむは寒くなる、という格言は的を射ている。今後は、この格言がきみにあてはまるなどと思われぬよう、財政計画を練ってほしい。きょう、きみの銀行口座に四百ドル送金しておく」

一九三四年に信託を作ったとき、父はローランスとウィンスロップとわたしに、この三人の信託財産は、母と姉と兄たちよりもずっと少ないと知らせてきた。父は手紙で理由を説明してくれた。その手紙を読むと、若さとお金という危険な組み合わせに対する父の感じかたがよくわかる。「最初にこの問題を話し合ったときは、年下のきみたち三人にも年上の子どもたちと同じ金額の信託を設ける心積もりでいた。しかし、その後よく考えた末、金額を同じにすることはきみたちに対して不公平だという結論に達した……第一の理由は、重く、比較的新しい義務を突然負わされたせいで、きみたちが当惑し、準備不足にあわてるはめになりかねないからだ……第二の理由は、人格形成時期に父親の義務として与えている現在の指導や助言の機会が、大幅に削られてしまうからだ」

しかし、一九三五年に連邦議会が贈与税と相続税の税率を引き上げたので、父は方針を変更せざるを得なかった。父はいやいやながら、年下の三人の子どもたちのために信託を増額するなら、今が最後の機会だという結論に達した。父が信託金を追加した結果、すべての信託金額が等しく約千六百万ドルになった。しかし、数年後まで、わたしは信託金額を教えてもらえなかった。

一九三五年六月中旬、ディックとわたしがヨーロッパへ旅出つ直前に父が手紙をよこした。

「わたしとしては、いまこのような処置を取るのは気が進まないが、状況から判断してこうするしかなさそうだ。財産を管理し、賢く処理するための知識は、徐々に経験を増やしながら身につけるのがいちばんだ。わたしとしては、この考えかたが、これまできみのために与えたなかで最上の贈り物だ……わたしはきみに大きな信頼を寄せている。きみはわたしを後悔させるようなまねはけっしてしないはずだと信じている。

父より」

職業の選択

四年生の一年間は、フェビアン社会主義についての卒業論文〝フェビアンの目を通して見た窮乏〟の執筆に追われていた。この論文では、貧困に対するヨーロッパの伝統的なアプローチが、貧しい人々に施しをすることで罪滅ぼしをするというキリスト教の戒律にもとづいているという事実を指摘した。ひとりひとりが困っている人たちに援助の手を差しのべる社会的義務を負っているという概念よりも、あの世での寄付者の利益のほうに主眼が置かれているのだ。

ベアトリス・ウェッブとシドニー・ウェッブの指導のもとで、フェビアン社会主義者たちは反対の見かたをした。すべての人に対する最低限の生活水準の保障が、全国民の基本的権利であり政府が本来持つべき責任であると見なしたのだ。

ウェッブ夫妻をはじめとするフェビアン協会員が唱えた概念によって、ウィリアム・ビヴァリッジ卿《きょう》、つまりロンドン・スクール・オブ・エコノミクス（LSE）学部長の研究の基盤が構築された。わたしはその後まもなく、このLSEで学ぶことになる。ウィリアム卿（のちのビヴァリッジ上院議員）は、福祉国家の主要な考案者のひとりだ。この福祉国家案は、イギリスで一九三〇年代半ばに受け入れられるようになった。

大学卒業の日が近づいていたが、わたしには、自分が人生に何を望んでいるのかも、卒業後すぐに何をしたいのかさえも、はっきりわからなかった。ただ、国際的な分野で何かを追求したいと思うようになり、すでに兄三人が勤めているファミリー・オフィスからは独立する方向に気持ちが傾いていた。大学院で経営や経済を学ぶのも、ある程度は魅力的だが、それは明確な目標にはならない。わたしは、尊敬できて、なおかつ人生で成功を収めた人物からの助言が必要だと感じた。

長年のあいだ、わたしはウィリアム・ライアン・マッケンジー・キングに心酔していた。ラドローのストライキの直後にいっしょに働いたことがきっかけで、父の親友になった人物だ。キング氏はのちにカナダ自由党の重鎮となり、一九三五年には三度目となる首相の座に就いた。ニューヨークに来るとよく両親のもとに滞在し、シールハーバーを訪れたこともある。いつも温かく親しみやすい態度で接してくれるので、言葉を交わすと気持ちが落ち着いた。カナダで後年、冷酷でよそよそしくて風変わりだという人物評を耳にしたが、わたしの知るマッケンジー・キングは、それとはまったくの別人だ。

父に相談したあとで、キング氏に手紙を書き、助言を求めるためにオタワを訪ねていいかと尋ねると、すぐに返事をよこして、一九三六年春にいっしょに週末を過ごそうと誘ってくれた。将来の選択肢と興味について長時間話し合ううちに、政府機関か国際銀行という進路が自分にはいちばんぴったりだということがはっきりしてきた。どちらにせよ、キング氏は経済学の博士号を取得することで大きな一歩が踏み出せると考えていた。それは、自分自身が何年も前に歩んできた道だという。博士号の取得は、政府機関と銀行の両方に役立つ知的領域でのよい訓練になるだけでなく、人々の信用を得るのにも役立つ。そうでもしなければ、わたしがどんな職業に就いても、世間はそれを一族の影響力によるものだと思うだろう。

キング氏の論は説得力があった。わたしは、ジョゼフ・A・シュンペーターのもとで経済学を勉強するために、院生として一年間ハーヴァードに残ろうと決めた。そのあとは、ロンドン・スクール・オブ・エコノミクスに通ってから、シカゴ大学で勉学を終える計画だ。そうすれば、可能なかぎり広範な基礎知識を得ることができる。三つの大学で学んだおかげで、わたしは多くの第一線の経済学者たちとともに研究をする機会に恵まれた。

第7章　偉大な経済学者に学ぶ

一九三六年九月中旬、ディック・ギルダーとわたしは、クリーヴランドの共和党大会に出席して、カンザス州知事アルフレッド・ランドンが、絶大な人気を誇るフランクリン・D・ルーズヴェルト大統領に対抗する決死隊員として大統領候補に指名されるのを見た。わたしの一族は一八五〇年代から共和党を支持している——祖父は一八六〇年にエイブラハム・リンカーンに投票したという——ので、わたしも自分は共和党支持者だと考えていた。共和党員はおおむね、自分たちの勝算に関して悲観的で、しかも進歩主義者と伝統主義者にはっきり二分されていた。進歩主義者は、ニューディール政策に反対するものの、国の経済生活には政府の役割が欠かせないと考えている。伝統主義者は、アメリカがボリシェヴィキ革命のさなかにあると信じ、十九世紀の自由放任主義の世界に戻りたがっている。

党大会が終わると、ディックとわたしはケンブリッジに戻り、ふたたびエリオット・ハウス寮の住み慣れた続き部屋を占有した。ディックはハーヴァード・ビジネススクールに進み、わたしはいくらか不安を覚えながらも、大学院のきびしい経済学研究課程に進んだ。

シュンペーターとケインズ

わたしはすぐに、自分の決断が正しかったことを確信した。大学院で学び始めたちょうどそのころ、国家の干渉が経済活動を活気づけるというジョン・メイナード・ケインズの思想が物議をかもし、専門家だけでなく、広く世間一般に激しい論争が巻き起こった。

その年にわたしが最も影響を受けたのは、ジョゼフ・A・シュンペーターだ。実際に、わたしの大学院生活の知的頂点のひとつが、シュンペーターの経済論基礎コースだった。シュンペーターはすでに世界屈指の優れた経済学者と見なされていた。オーストリアの政界で活躍したことがあり、一九一九年にはしばらくのあいだ財務大臣を務めた。また、一九二〇年代には、一時的にウィーンで個人銀行の経営もしていた。ハーヴァード大学にたどり着いたのは一九三二年で、わたしが一九三六年秋に会ったときは五十代半ばだった。

シュンペーターが最も興味を持っていたのは経済発展の過程における企業家の役割で、一九三〇年代半ばには、新古典派経済学の正統的な論客として頭角を現わした。といっても、シュンペーターは単なる旧秩序の擁護者ではない。世界大恐慌《だいきょうこう》による史上空前レベルの失業率と、そこから生まれた政治的不安と社会的不安に対処するのに、なんらかの手を打つべきだという点では、ケインズと同意見だ。しかしながら、政府の干渉がない資本主義経済は長期にわたる大規模な失業にさらされやすく、経済活動が縮小される、というケインズ理論の中心的要素については認めていない。シュンペーターは、ケインズ理論の信奉者が、健全な市場操作のかわりに、恒久的に政府統制を取り入れることを恐れた。また、これらの〝異端〟思想が、これまでにアメリカを含む数々の西洋諸国の財政、租税、通貨の政策に与えた影響に警報を発していた。

健康で、こぎれいで、身のこなしが貴族的なシュンペーターは、若いころは馬術の選手だったという。また、たいへんな女性崇拝者で、とびきり美しい愛人がたくさんいるという噂《うわさ》が流れていた。一度、授業中に人生の三大目標を語ったことがある。経済学者としても、恋人としても、馬術家としても、当世一になりたいというのだ。しかし、自分ではまだ野望を達成できていないと感じていた。少なくとも馬に関しては！　ほとんどのハーヴァード大教授とは違って、シュンペーターは仕立てのよいスーツを粋《いき》に着こなし、ジャケットのポケットからシルクのハンカチをのぞかせていた。いかにも大急ぎといったようすで教室に姿を現わし、コートを椅子《いす》の上に放り投げると、ポケットからすばやくハンカチを取り出し、学生たちに向かってさっとひと振り。それから、ハンカチをたたみ、額とはげかかった頭のてっぺんをぬぐって、強いドイツなまりで宣言する。「さあ、始めますよ、みなさん」

その学期には、のちに有名な経済学者へとのし上がるポール・サミュエルソンも、シュンペーターのクラスに在籍していた。ポールは経済学修士号を取得済みで、優秀な数学者でもあった。そのころからすでに経済学は数学的分析に傾きつつあったので、シュンペーターはしばしばポールに頼んで、黒板に複雑な経済学の公式を書かせた。たいていは、わたしには理解できない公式だった。わたしは計算法についてはほとんど知らぬまま大学院課程に入ったが、それはすでに経済分析には不可欠な知識となっていた。大学の卒業論文で経済学に近いテーマを扱ったものの、学部生のころは基礎経済学コースをふたつ取ったきりだったので、みんなに追いつくためにはやるべきことがたくさんあった。

ポールの経済学に関するおそるべき知識を目《ま》の当たりにすると、自分自身のお粗末な素養がいっそう気になった。しかし、前期の終わりに、教室の外の掲示板に貼《は》られた成績表を見に行ったときのことは今でも覚えている。予想よりずっと高評価のA−を取得したわたしは、ひどく驚きながらも、うれしくてならなかった。感激のあまり立ち尽くしているところに、ポールがやってきた。ポールの評価は正真正銘のA。ポールもとてもうれしそうだったが、真上に並んだわたしの評価に気づいたとたん、沈んだ面持ちになった。わたしのような初心者がA−を取得したとあっては、A評価も意味を失ってしまったに違いない。

ハーバラーとメイソン

わたしはゴットフリート・フォン・ハーバラー教授が担当する国際貿易コースにも大きな影響を受けた。教授はヨーロッパ風の礼儀正しい物腰が身についた魅力的な人物だ。その年の秋にハーヴァードに来たばかりだったが、筋金入りの自由貿易擁護者だという評判だった。一九三〇年代には、世界中の国々が〝保護貿易主義〟という魅惑の言葉の前にひれ伏して、教授の思想は無視されていた。しかし、第二次世界大戦後、国際貿易が広がり、世界経済が急激に成長すると、その思想が大きな影響力を持つようになった。

同様に興味深いエドワード・S・メイソン教授のコースでは、国際経済発展の発生期について扱っていた。メイソンは、のちのいわゆる〝発展途上国世界〟で広範囲の経済成長を促進するには、技術の導入が必要だと強調した。その先駆的な研究により、メイソンは、第二次世界大戦の数年後に海外経済援助の有力な提唱者となった。のちに仕事上でラテンアメリカとアフリカに関わるようになると、わたしはそのテーマに強く引きつけられた。

シュンペーター、ハーバラー、メイソンのコースは、超一流の経済学入門知識と、そのころ重大な時期にさしかかって発展中だった経済理論について、しっかりとした基礎知識を与えてくれた。また、わたしは自分がこの科目を楽しんでおり、才能すらあるかもしれないことに気づいた。

ロンドン・スクール・オブ・エコノミクス

修士課程一年目が順調だったので、わたしはロンドン・スクール・オブ・エコノミクス（ＬＳＥ）に進むことにした。さいわい、冒険をともにする陽気な仲間も見つかった。ハーヴァードの修士課程で知り合ったビル・ウォーターズだ。ビルはエリオット・ハウスの寮友で、父親はミネアポリスで製造会社を経営している。ビルも翌年はＬＳＥに通うつもりだという。わたしたちは親しくなり、ロンドンで同居することにした。

一九三七年九月後半、ニューヨークから船出する前の晩、数人の友人がジョヴァンニ・レストランで送別会を開いてくれた。幹事はベンジー・フランクリンとディック・ギルダー、それにマーガレット（ペギー）・マグラス。この女の子とは長いあいだいっしょに楽しく過ごしてきたが、まだよい友人どうしのつもりでいた。送別会ではビルがペギーのとなりに坐《すわ》り、すっかり心を奪われていた。蒸気船ブリタニック号の個室に腰を落ち着けたあとで、ビルが言った。「何をぐずぐずしてる？　なんでペギーと結婚しないんだよ？」。わたしは少なからず面食らったが、なんとなくその忠告が心に響いた。ロンドンに着いてからペギーに手紙を出すと、うれしいことにすぐ返事が来た。このささやかな始まりから、その後六十年間、わたしにとって何よりも重要なものとなる関係が生まれた。

　父がLSEにコネがあるおかげで（ローラ・スペルマン・ロックフェラー記念財団とロックフェラー財団は長年LSEに多額の資金援助をしていた）、ロンドンでの住居問題は解決した。父はLSE学部長のウィリアム・ビヴァリッジ卿《きょう》とも知り合いだ。卿は退職して、オックスフォード大学のユニバーシティ・カレッジ学寮長に就任することになっていた。父の提案で手紙を書くと、ウィリアム卿は、わたしたちにミドルテンプル法学院のエルムコート小路にあるフラットを貸そうと申し出てくれた。ミドルテンプル法学院は、かの有名な法曹学院を構成する団体のひとつで、ブラックフライアーズ橋とフリート街に挟まれたシティ・オブ・ロンドンの旧壁のちょうど内側に位置する。

　LSEから徒歩でたった十分というロンドンの中心地で生活し、一六六六年のロンドン大火を無事くぐり抜けた数少ないエリザベス朝様式の建物に住めるとは、めったにない好機だ。フラットはこぢんまりとしていたが、ベッドルームふたつに、ダイニングルーム、リビングルーム、キッチンが付いていた。何よりもよかったのは、ウィリアム卿が残していった洗濯女のレイリーだ。レイリーは、料理と部屋のかたづけを引き受けてくれた。そして、実際には、洗濯以外なんでもやってくれたのだ！　まさに逸材というべきレイリーのおかげで、ビルとわたしは来客のもてなしにも困らず、とても快適に暮らすことができた。

残念ながら、ウィリアム卿との親密なつながりのせいで困ったこともいくつかあった。わたしは両親に次のように書き送った。ウィリアム卿は「たしかに職員たちの多くに毛嫌いされる過去の体制に属しています……。ごたごたの多くは、つまらない妬《ねた》みや校内政治の駆け引きに基づいているように見えます。にもかかわらず、わたしが良友で居続けているために、わたしはいささか疑いの目を持って見られています」特権的ともやや問題ありとも言える交友関係のせいで疑惑を持たれるのは、これが最後ではなかった。

ハロルド・ラスキ：左翼の笛吹き男

当時のLSEは、広く一般に、社会主義と急進主義の温床だと見なされていた。LSEは一八九〇年代、より平等な富の配分にもとづく公平な社会を目的として、ウェッブ夫妻により創設された。その壁の内側にはつねに、正統派の限界を試す男女がかくまわれていた。一九二〇年代から一九三〇年代にかけての世評は、ハロルド・ラスキに負うところが多い。ラスキは非常に人気の高い政治学教授で、雄弁なマルクス風レトリックで教室に詰めかける学生たちを魅了した。

ラスキはLSEの政治学と社会学の授業を三十年間牛耳り、校内では断然目立ち、議論の的になる人物だった。その実体は、強力で攻撃的な思考を持つ鋭い目鼻立ちの小男だ。講義では、きちんと段落分けをして話し、段落の最後の単語や句で、ふいに驚くほど明快に自分の考えをまとめて言い表わした。ラスキは全学生のあいだで絶大の人気を誇っていたが、講義の知的内容は底が浅く、回りくどかったり紛らわしかったりすることもしばしばだった。教育というより、プロパガンダに近かった。ラスキはまさに笛吹き男だったのだ。

わたしはラスキと個人的に関わって、本当の性格の一端を垣間見《かいまみ》たことがある。ロンドンに来る前、わたしはハーヴァード大学の宗教学教授ウィリアム・E・ホッキングからラスキ宛《あ》ての紹介状をもらった。ふたりは、ラスキが一九一六年から一九二〇年にかけてハーヴァードで教鞭《きょうべん》を取ったときに出会った。一九一九年の悪名高きボストン警察ストライキの際、ラスキはストライキ中の警察を支持し、カルヴィン・クーリッジ知事も含めて当局を糾弾した。ハーヴァード大学では、ラスキは好ましからざる人物となった。ラスキと道ですれ違っても、みんな口もきこうとしない。しかし、ホッキングはラスキの味方になり、最も困っていた時期に自宅にも招いた。ホッキングはラスキの政治的意見にはまったく共鳴しなかったが、友人どうしになれたと考えていたようだ。

わたしがホッキングの紹介状を差し出すと、ラスキは中身にざっと目を通してから脇《わき》に放り投げ、うんざりしたような表情でこちらを見上げて言った。「ホッキングにはもう利用価値がない」。わたしはぞっとした！　父への手紙ではその出来事に触れなかったが——妙なことに、なんだか恥ずかしいような気がしたのだ——こう伝えた。ラスキの急進的一面は「貧しい人々に対するあわれみではなく、成功者へのねたみ」に由来するようだ、と。

国家を〝社会の基本的な道具〟と見なすラスキは、特にインド出身の学生に影響を及ぼした。ラスキのクラスに群がるインド人学生は、そのレトリックに魅せられているようだった。第二次世界大戦後、イギリス植民地だったインドとパキスタンが独立を達成した際、ラスキほど、両国の政治政策と経済政策に大きな影響を与えた個人はほかにいないというのが、おおかたの評価だ。例を挙げると、インドの多数党、国民会議派の主流を占めるのは、ラスキに服従して社会主義を学んだ者たちなので、ラスキのイデオロギーは何年ものあいだ強い影響力を発揮した。

ハイエクとロビンズ

ＬＳＥの経済学者たちは、学校内のほかの学者たちに比べてずっと保守的だった。実際のところ、イギリスでは、わが校の経済学者たちが、ケインズと、干渉主義経済を提唱するそのケンブリッジ学派への反対派の中心を占めていた。

その年の個人指導教官はフリードリヒ・フォン・ハイエクだった。名高いオーストリア人経済学者で、一九二〇年代から一九三〇年代にかけての通貨と景気循環と資本理論に関する業績により、一九七四年にノーベル賞を受賞した人物だ。ハイエクは、シュンペーターと同じように市場に信頼を置いていた。たとえ今は多くの不備があっても、時がたつにつれて、市場は、資源を効果的に配分し、健全な経済成長を確実にするうえで、最も信頼性の高い手段になると信じていたのだ。また、ハイエクは、政府が、経済上の資源の所有者や市場の判定者としてではなく、正しく公平な社会秩序の規制者や審判員や保証人として、重要な役割を担《にな》うべきだと考えていた。

はじめて会ったとき、ハイエクは三十代後半だった。議論の余地なく優秀だが、シュンペーターのようなひらめきやカリスマ性には欠ける。講師としては退屈で、いかにもオーストリア人らしく几帳面《きちょうめん》だった。ハイエクの書くものは冗長で、読み取るのは――たとえ読めたとしても、そのあいだ睡魔と闘うのは――不可能に近い。それにもかかわらず、わたしはいつのまにか、その基本的な経済哲学におおむね従うようになった。一個人としては親切な人で、とても尊敬していた。時折、ハイエクが札入れから隅の折れたしわくちゃの紙片を取り出していたことを思い出す。紙片には存命する〝自由主義経済学者〟の名が列挙されていた。ハイエクは悲しげに紙片を眺めてはため息をつく。老いた自由市場信奉者が次々と鬼籍に入り、若い経済学者のほとんどが新たなケインズ流に従うようになって、そのリストに残る人数が急速に減っていくのは避けられないと思っていたのだ。ハイエクは一九九二年に九十二歳で亡《な》くなったが、そのころにはかなり自信を取り戻していたに違いない。一九八〇年代には、ほとんどの経済学者と多くの政治指導者のあいだで、市場に対する信頼が復活していたからだ。残念ながら、そのことを話し合ったり、新たに長い一覧表を作ったのか確かめてみるチャンスはめぐってこなかった。

ＬＳＥで気に入った先生は、ライオネル・ロビンズ。のちの〝クレア・マーケットのロビンズ男爵《だんしゃく》〟で、わたしがやってきた年に経済学部長を引き継いだ人物だ。そのころのロビンズは確固とした市場擁護者で、熱心な政府介入反対論者だった。しかし、ロビンズは、当時わたしが出会ったほかの大多数の新古典派経済学者に比べると、押しつけがましいところがずっと少なく、視野が広かった。ロビンズは、流行《はや》りの計量経済学については、論理と、筋の通った論法を重視していた。また、しばしば、実体経済において実際に起こる出来事と、起こってほしい出来事とを区別するべきだと主張していた。

ロビンズは、一九三〇年代に、政治や経済に関わる数々の重大問題をめぐって、ラスキとケインズの両者と衝突した。ロビンズとケインズがはじめてぶつかり合ったのは、一九三一年、ふたりが政府諮問《しもん》委員を務め、失業問題について検討したときのことだ。ケインズは需要重視型の考え——公共事業、減税、赤字財政支出——を推進したが、ロビンズに反対されて実現に至らなかった。ところが、のちに、ロビンズは経済生活の管理における国家の役割増大を支持する集団に加わり、自分が以前ケインズに異議を唱えたのは〝わたしの専門家としての経歴のなかで最大の誤り〟だったと認めた。

ロビンズの英語は、書き言葉も話し言葉もとても優美で上品だ。戦後は、経済よりも美術への興味が勝るようになり、ナショナル・ギャラリーの館長と、ロイヤル・オペラハウスの理事に就任した。わたしの知るなかでも、最も視野が広く、教養ある人物のひとりなので、一九八四年に亡くなるまで、わたしはライオネルとの友情を大切にしていた。

ケネディ家との交流

ビルとわたしは、変化に富む楽しい一年を過ごした。大勢の興味深い人物と出会い、英国と英国民について多くのことを学んだ。週末には、愉快な相棒のビルといっしょに、田舎を自転車で回ったり、ゴルフをしたり、田舎家に住む新たな友人を訪ねたりした。ごくたまに、オックスフォードやケンブリッジまで出かけて、やはりイギリスで勉強しているハーヴァード時代の友人に会うこともあった。あるときは、ケンブリッジで、ジョン・ケネス・ガルブレイスと妻のキティを訪ねた。ケネスとは、向こうがハーヴァード大学で新米の農業経済学講師だったころからの知り合いだ。ケネスは大のケインズ卿崇拝者で、ケンブリッジに移った大きな理由は、その偉大な人物のもとで学べるからだった。経済や政治に対するわたしたちの見解はまったく異なるが、長年にわたる心温まる人間関係はけっして損なわれることがなかった。

あるとき、ウィンストン・チャーチルの息子、ランドルフ・チャーチルが訪ねてきた。その当時、イヴニング・スタンダード紙に寄稿していたランドルフは、イギリスに留学する〝ロックフェラー一族〟のインタビューにやってきたのだ。翌日のコラムには、わたしがイギリス人の花嫁を探すために渡英中だという記事が掲載された。この作り話の載った新聞が増刷されて、大英帝国中に出回った。数週間のあいだ、多数の花嫁候補から結婚申込みの手紙が殺到した。写真が添えられている場合も多く、ナイジェリアのような遠方からの手紙もあった。

一年も半分を過ぎたところで、ジョゼフ・P・ケネディが駐英大使に就任し、妻とたくさんの子どもを引き連れて渡英してきた。比較的短いあいだに、ケネディはイギリスでの人望をすっかり失った。理由の第一は、ナチス寄りの思想を持っているという噂が流れたこと、第二は、戦争の勃発《ぼっぱつ》後、イギリスとフランスへのアメリカの援助に反対したことだ。しかし、一九三八年初めの時点では、それはまだ未来の話。ケネディは政界や経済界の支配者層に好かれ、一目置かれていた。

大使はすぐにロンドンの社交界になじみ、ナイトクラブや、ケンジントンの祝宴会場で写真を撮られることもしばしばだった。また、ケネディ夫妻は、アメリカ大使館にも客を招いて、手厚くもてなした。娘のキャスリーンを社交界に紹介するために贅《ぜい》沢《たく》な舞踏会を催したときには、わたしも招待された。わたしはそこではじめて、ジョン・F・ケネディに会った。ジョンはこの舞踏会のためだけに、ハーヴァードからやってきたのだ。同時代にハーヴァードに在学したのに、それまでは会ったことがなかった。ジョンは魅力的で愛想のよい痩《や》せ型の青年で、ひどくもじゃもじゃな暗赤色の髪の持ち主だった。イギリスの政治状況に関するわたしの印象を、熱心に聞きたがっていた。

かわいくて活発なキャスリーンのロンドンでの社交界デビューは大成功を収めた。のちにウィリアム・キャベンディッシュ、つまり、ハーチントン侯爵と結婚したが、わたしたちが出会った年には彼女に決まった相手がいなかったので、何度かいっしょに楽しく過ごした。悲惨なことに、侯爵はノルマンディ作戦で戦死し、キャスリーンは、一九四八年に飛行機事故で亡くなった。

ペドロ・ベルトラン：未来のペルー首相

わたしはその年、ロンドンで何人もの永遠の友を得たが、最も印象深かったのは二十歳近く年上のペドロ・ジェラード・ベルトランだ。ペドロはペルーでは著名な地主一族の出身で、リマの有力紙、ラプレンサの所有者であり、発行者でもあった。二十年前にＬＳＥで学位を取得し、わたしが会ったときにはペルー中央銀行の頭取を務めていた。イギリスには家業の関係で滞在していたが、根っからの知識人なものだから、週に何日かはＬＳＥで興味を引かれた経済学コースを聴講していた。この魅力的で都会風な独身男性は、とびきりの美人を何人も紹介してくれた。おそらく、ペドロの紹介がなければ、そんな女性たちとはまったく無縁のままだったろう。

ペドロがとても印象的な人物だったので、わたしは兄のネルソン宛ての紹介状を渡した。ネルソンはちょうどラテンアメリカに強い興味を抱き始めたところだった。のちにこれが幸運な偶然だったことが示される。数年後、ルーズヴェルト大統領がネルソンを米州問題調整局の調停役に任命したとき、ペドロがペルーの駐米大使に就任していたのだ。

第三帝国への再訪

一九三七年のクリスマス休みに、ビルとわたしはドイツを旅した。その旅行で特によく覚えているのは、木材パルプを原料とした〝ウール〟の衣類だ。ほんもののウールは徴集されてしまったのだろう。

ミュンヘンでは、エーリヒ・ルーデンドルフ将軍の長い長い葬列を見かけた。第一次世界大戦中の実質的なドイツ軍指導者で、一九二三年のビヤホール一揆《いっき》でもヒトラーの僚友だった人物だ。ミュンヘンの目抜き通りであるルートヴィヒ街は、見たこともないほどの大群衆でごったがえしていた。通りの両側には、完全武装した親衛隊員たちが、身じろぎひとつせず気をつけの姿勢で立ち並ぶ。ビルといっしょに前へ押し出されたとき、通り過ぎていく葬列のなかにヒトラーの姿が見えた。脚を高く上げて行進する兵士たちの先頭に立っている。わたしはライカのカメラでヒトラーの写真を撮った。ふんぞりかえって歩き、腕をまっすぐ伸ばすナチス式敬礼と、とどろきわたる「勝利万歳《ジーク・ハイル》」の叫びに応《こた》えながら通り過ぎていく姿を。そのときの群衆の熱狂的な賛辞は、今までに見たことがないたぐいのものだったし、その賛辞の表現に対して覚えた圧倒的な不快感もはじめての経験だった。

　この身の毛もよだつ遭遇のあと、わたしは、ハーヴァード時代の親友エルンスト・テーヴェスと、その父親であるドイツの著名な実業家といっしょに、フランクフルトで休暇の残りを過ごした。パーティーにも何回か出席した。なかには手の込んだ仮装舞踏会もあり、そのときは、フランクフルト社交界が気も狂わんばかりに必死で楽しみを探しているように見えた。言葉を交わすうちにわかってきたが、多くの国民はドイツの領土奪回というヒトラーの攻撃的な要求が、必然的に戦争につながると確信しているにもかかわらず、誰も抗議をしたがらない。また、日常生活における統制強化、威圧的なナチスのイデオロギー、ユダヤ人などに対するひどい迫害によって、水面下では強い恐怖と不安が形成されているように思えた。人々は間違った言動を起こしてしまうことを恐れているようだった。誰も彼もが「ハイル・ヒトラー！」というあいさつを強制される。どこもかしこも鉤十字章《かぎじゅうじしょう》だらけだし、人々はナチス党員に出会うと、こびへつらい、相手に従う。出席したパーティーの陽気な雰囲気も、強制されたうわべだけのものに思えた。わたしは未来を憂《うれ》えながらイギリスに戻った。

ダルマチア沿岸とギリシア

一九三八年の春休み、ビルとわたしはハーヴァードの学友三人といっしょに、アドリア海を旅した。わたしたちはヴェネチアから出航するイタリアの貨物船の客室を借り切った。船室はこぢんまりしているが、清潔で居心地がいい。五日間の航海にかかる費用が、すべて込みでひとりたった五ポンド（つまり二十五ドル）。その割には、食事も驚くほどおいしかった。わたしたちは、トリエステ、ザーラ、スプリト、ユーゴスラヴィアのドゥブロヴニク、アルバニアのドゥラスに数時間ずつ立ち寄り、イタリアのバーリで船旅を終えた。

バーリからは飛行機でアテネに飛び、そこで車をレンタルして、ペロポネソス半島をまわり、スパルタとパルナッソス山を訪ねてから、コリントス湾づたいにデルフォイを通って引き返した。アテネでは、グランド・ブルターニュ・ホテルのバーで飲んでいるときに、カーサップ・レーク教授にばったり出会った。ハーヴァード大学で人気の高い聖書研究コースを担当していることで有名な教授だ。教授は、妻と継娘《ままむすめ》のシルヴィア・ノイといっしょに、夜行船でサロニカへ行こうと誘ってくれた。わたしと教授はサロニカからさらに小型船でアトス山の半島に足を延ばし、教授はそこにあるギリシア正教会修道院の図書館で写本を探すつもりだという。断るには惜しい魅力的な誘いだ。

船旅ではシルヴィア・ノイととても気が合い、アトス山での三日間は忘れられない思い出となった。毎晩違う修道院に、修道士の客として泊めてもらった。レーク教授は以前にも何度かこの地域を旅しており、修道士の多くはそのころからの知り合いだという。修道院は中世の建築物で、アトス山の斜面に位置しており、眼下には信じられないほど青いエーゲ海が広がっている。夜になると、修道士たちが胸にしみるほど美しい詠唱で静けさを破り、あたりにお香の匂《にお》いが立ち込める。ただし、修道院に立ち入りを許されるのは男性のみで——人間だろうが動物だろうが——女性は厳禁だったので、シルヴィアにとても惹《ひ》かれていたわたしはがっかりした。とはいえ、昆虫学者としては、交尾中の甲虫《かぶとむし》が何匹か見つかっておもしろかった。

もともとは、ローマでウィリアム・フィリップ大使とその魅力的な娘ベアトリスと数日間をともにする予定だったが、レーク教授との旅のせいで、旅程のその部分は切り詰めざるを得なかった。サロニカからローマに飛ぶ途中で、飛行機がアルバニアのティラナに不時着した。しかも、ホテルの部屋はどこも空いていない。わたしはそこで運よく、ロックフェラー財団のマラリア撲滅計画に携わる昆虫学者に出会い、小さな家だが、その晩は自宅に泊まっていくようにと勧められた。実に忘れがたい休暇だった。

シカゴ大学

ロンドンで一年間過ごしたのち、わたしはシカゴ大学で院生としての研究を終えたいと切望していた。シカゴ大学は世界屈指の優秀な経済学部を誇りとしており、フランク・ナイト、ジェイコブ・ヴァイナー、ジョージ・スティグラー、ヘンリー・シュルツ、ポール・ダグラスなどの著名人を擁していた。わたしはＬＳＥでナイトの講義を聴いて、経済に対する哲学的なアプローチに思わず引き込まれてしまった。ナイトをよく知るライオネル・ロビンズも、ナイトのもとで学ぶよう勧めてくれた。祖父がシカゴ大学の創設を援助した事実は、大学を選択するうえでは、さほど重要な意味は持たなかった。

シカゴ〝経済学派〟は、確固とした市場擁護と、マネタリズムへの強い支持により、過去五十年にわたって、おおいなる名声と少なからぬ悪評を得てきた。これらの思想はミルトン・フリードマンと密接に結びついている。今では、フリードマンの考えかたがシカゴ学派を象徴するようになっているほどだ。シカゴ学派のひどく独善的な主張によると、政府は市場とその自然な価格決定メカニズムにまったく干渉すべきではない。また、フリードマンは、ビジネスでは利益の最適化にのみ集中するべきで、〝社会的責任〟といった社外活動などに関わって脱線するべきではないと論じていた。

フリードマンはのちに経済学部でナイト教授やヴァイナー教授の同僚になったが、ふたりは今日のような狭義のシカゴ学派の一員として分類されることには抵抗を示したに違いない。ふたりとも、経済成長を支える手段としては、政府の干渉よりも〝市場の見えざる手〟を好んでいたが、企業の社会的責任を傲慢《ごうまん》にも放棄するフリードマンとは立場を異にしたはずだ。

ナイト、ヴァイナー、ランゲ

わたしは一九三八年秋にシカゴ大学に入り、ナイト教授とヴァイナー教授を口説き落として自分の論文審査委員会に加わってもらった。また、ポーランドの亡命学者オスカル・ランゲも、論文審査委員の役目を引き受けてくれた。すでに博士論文のテーマはだいたい決めていた――ロンドンでハイエク教授が経済的浪費という考えを提案してくれたのだ――が、わたしはもっと具体的な案を練るためにこの著名な経済学者たちの助力を仰いだ。

フランク・ナイトは世界中の経済学者の尊敬を集めていた。最も有名な著書『危険・不確実性および利潤』では、経済分析の過程に倫理上の配慮を組み込むべきだという主張が異彩を放っていた。著書でも講義でも、経済学の定説について倫理的な妥当性を吟味するべく徹底的に質問を投げかけては、さまざまな激しい議論を引き起こした。

ナイトは、政府の強制力の増強が自動的に国民の福利と安寧につながるというニューディール政策立案者の主張に疑いを持っていた。それと同時に、道徳問題から目をそらして資本主義の効率のみを語る者を批判し、重要な社会問題に取り組むうえで既存システムが犯した明らかな失敗を酷評した。

ジェイコブ・ヴァイナーは、国際貿易に関する理論的研究で最もよく知られている。ハーヴァード大学のハーバラーのように、ヴァイナーも、経済成長を生み出す手段として、自由貿易を擁護した。教師としては、教室での非情なまでのきびしいふるまいで知られていた。論理的で明敏なヴァイナーは、基準を満たせない学生には我慢がならない。二、三回続けて正しい答えを出せなかった学生を、クラスから放り出したのは有名な話だ。「きみはこのクラスについていけない。出ていきたまえ」とあっさり言い渡して、それでおしまい。とはいえ、わたしに対してはいつも好意的で、論文について相談すると快く助けてくれた。おそらく、教授の担当する正規の大学院ゼミには属さず、単なる指導学生だったことが幸いしたのだろう。

オスカル・ランゲは、経済学者としてはナイトやヴァイナーほど有名ではないが、わたしの論文に、また違った重要な視点を加えてくれた。ランゲは社会党員であり、市場社会主義の代表的な主唱者でもあった。著書『社会主義の経済理論』は、〝市場社会主義〟が矛盾をはらむ言葉ではなく、自由放任資本主義よりもずっと効率的になり得ることを論証するという趣旨の本だ。この見解が実生活で論証されていないのは明らかだが、ランゲは優雅に持論を展開することに成功している。

ランゲは一九三〇年代に、ロックフェラー財団の支援を受けて、ヨーロッパの政治上もしくは宗教上の迫害から逃れて渡米した大勢の亡命学者たちのひとりだ。数理統計学における能力とケインズ経済学の知識を買われてシカゴ大学に雇われ、一九四三年にはアメリカ国民となった。

ランゲは戦後、ポーランドの国籍を取り戻して国連大使になり、そのあともポーランドでさまざまな官職に就いた。そのころには、官職を占める共産主義者がますます増えていた。ランゲは、ラスキのような扇動家とは違って、親切で、優しくて、きわめて感じのいい人物だった。

中庸の人生

シカゴ大学には、さまざまな人々が集まり、魅力的な集団を形成していた。学長を筆頭として、その多くが強い個性と信念の持ち主だった。ロバート・メイナード・ハッチンズは大学を支配し、絶えず市の事業所を憤慨させていた。〝天才少年〟として知られていたハッチンズは、二十九歳でイェール大学法学部の学部長を辞任して、シカゴ大学学長の地位を受け入れた。この学長はすぐさま、アメリカンフットボールを廃止したり学士課程を再編成したりして、キャンパスを混乱に陥《おとしい》れた。ハッチンズは、〝名著〟カリキュラムを重視した、学部生向けの広範な一般教養課程を好んで取り入れた。この〝名著〟カリキュラムは学長の友人であるトマス主義哲学者モーティマー・アドラーが開発したものだ。

ハッチンズは改革によって多くの教職員を敵に回した。教職員たちも、学長の傲慢ぶりや独裁的なやりかたにうんざりしていたのだ。また、シカゴの実業家や政治家との争いも絶えることがなかった。ハッチンズは相手をさげすみ、視野が狭く偏狭的だと見なしていた。そのうえ、妻にまで足を引っ張られた。ハッチンズ夫人は重い心の問題を抱える芸術家で、まったく夫を支援しようとしなかった。それどころか、一九八三年には、自分で描いた娘の裸体画をクリスマスカードとして送ったので、夫人自身も人々の非難を招き、噂の種となった。

わたしの一族がシカゴ大学を創設し、初期の数年間経営を支えたにもかかわらず、シカゴに住んでいた一年間に、ハッチンズ邸の催しに招待されたことはない。しかし、ハッチンズは副学長のウィリアム・B・ベントンに、わたしの相手をするよう勧めたのではないかと思う。ベントンは広告会社ベントン・アンド・ボウルズの共同創立者のひとりで、大勢の興味深い人物を紹介してくれた。そのなかのひとりがビアズリー・ラムル。煙草《たばこ》好きの非常に大柄なハンガリー人で、ローラ・スペルマン・ロックフェラー記念財団を運営していた数年間は、顧問として父と親しくしていた。この記念財団は、アメリカの多くの大学で社会科学発展のために費用を負担した。ラムルは、わたしの父と同様、政府による改革の努力を強力に支援していた。汚職や収賄《しゅうわい》を排除するだけでなく、政府官庁を強化して、市や州の政府の管理体制を改善したのだ。

ラムルはわたしのためにシカゴの公共行政情報センターに連絡を取ってくれた。そのセンターはスペルマン基金（これもわが一族の所有する慈善財団だ）から高額な寄付を受けていた。この組織を通じて、わたしは政府があらゆるレベルで重要な役割を果たすべきだということを理解し始め、国家公務員を職業とする可能性を考えるようになった。

また、ベントンもウィスコンシン州知事フィリップ・ラ・フォレットとの面会を手配してくれたので、わたしは政界入りすべきかどうか、知事と話し合った。ロックフェラーの名を持つわたしが公職に当選するのは無理だというのが、ラ・フォレットの助言だった。ただ、アメリカ中西部に農場でも買って新たな人生と新たなイメージを確立するなら、話はべつだという。そこで、わたしは政治家の道について考えるのはやめた。猫をかぶり、自分を偽ってまで、政界をめざす気などさらさらなかった。そんなごまかしはすぐに世間に見破られてしまうだろう。

その年出席した社交的な集まりでは、しばしば居心地の悪い思いをした。招待客の多くが、ロバート・R・マコーミック大佐のシカゴ・トリビューン紙が毎日のように吹聴《ふいちょう》する孤立主義路線を奴隷《どれい》のように信奉し、遠慮のない〝アメリカ優先党〟支持者となって、よその国々とのあらゆる関わりに敵意をむき出しにしていたからだ。一九三九年の夏、ソルジャーズ・フィールド球技場でかの有名なアメリカ優先党の集会が開かれた。わたしの子ども時代の英雄チャールズ・リンドバーグの演説に群衆が声援を送り、大声で賛意を表わしたのを覚えている。リンドバーグは孤立主義運動の主唱者となっていた。

シカゴで過ごした一年は、知的部分では実りがあったが、わたしはもっと自分に合う環境に戻りたくてならなかった。必要な研究年数を満たし、一般教養資格試験にも合格したので（三時間のあいだ十五人の経済学者からいっせいに徹底的かつ専門的な質問を浴びせられるのは、たやすいことではなかった）、わたしはニューヨークに戻ってカイカット邸で博士論文を執筆することにした。

その決断にはもうひとつ、もっと重要な理由があった。ペギー・マグラスだ。ロンドンから戻って以来、わたしは以前よりずっと真剣にペギーを口説いており、もっと親しくなって、これからもふたりの関係を発展させたいと願っていた。

わたしはともに研究にいそしんだ非凡な経済学者たちから、知識面で大きな恩義を受けた。わたしのよき指導者たちは真理の探求者であり、経済学が人間の行動の重要な側面に光明を投じ、それが社会の改良に役立つと信じていた。全員、政治的には穏健で、どんなものごとについても、進んでその要因に耳を傾ける。自分ではその指導者たちを見習って生きてきたつもりだ。わたしは実用主義者で、最大限の経済成長を達成するには、健全な財政政策と通貨政策が必要だと承知している。しかし、いくら健全でも実際の人間の要求を無視した政策は受け入れがたいことも、人間社会では安全策がきわめて重要な位置を占めることもわかっている。とはいえ、わたしの現下の最大関心事は、振り子のように意見の定まらない人々が、大きく揺れ動いて安全網の範囲から出てしまったうえに、経済成長を促進する健全な政策にほとんど注意が払われていないことだ。

第8章　論文、結婚、就職

ニューヨークに戻るとほぼ同時に、第二次世界大戦が勃発《ぼっぱつ》した。結局、英仏宥和《ゆうわ》政策でも、ヒトラーをなだめたり、第三帝国を創建してドイツを今一度ヨーロッパの盟主の座に押し上げるという目標から気をそらせることはできなかった。わたしは新聞記事やラジオの報道で、ドイツの電撃的な集中攻撃によってポーランドが制圧され、不安が高まっていくようすを見聞きした。それは新しい形の戦争だったので、わたしは、自分自身と、ドイツ、フランス、イギリスに住む多くの友人たちを待ち受けている未来に思いをめぐらした。

その秋の最重要課題は、博士論文の完成だった。わたしはニューヨーク市にあふれる魅惑的な娯楽に気を散らされないよう、パークアヴェニューの両親宅ではなく、ポカンティコに住むことにした。カイカット邸での生活はいくつかの理由で順調に運んだ。とりわけ大きな理由は、ペギー・マグラスが近所にいたことだ。週末に両親が訪ねてくるとき以外は、わたしはひとりきりで暮らした。わたしはかつての祖父の寝室に隣り合う居間を書斎にした。食事中はミュージックロールを使って、パイプオルガンの自動演奏を楽しんだ。これは自動ピアノとまったく同じような仕組みだ。特に『蝶々《ちょうちょう》夫人』と『トリスタンとイゾルデ』のアリアが気に入った。知的探求の苦しみや〝白紙に対する恐怖症〟から逃れたくなると、ゴルフをしたり、乗馬をしたり、プレイハウスに泳ぎに行ったり、ハドソン川を見晴らす森の中を散歩したりする。実際、快適な生活だった。

わたしはいくぶんびくびくしながら、論文の作成に取りかかった。なにしろ、いままでにこれほど集中的な調査、思索、執筆を必要とする研究課題を手がけたことがなかったからだ。そのうえ、完全にひとりきりの作業で、指導を仰ぐ教授もいない。経済の意義というテーマについて、独創的な思考を示す文書を生み出さなければならないという意識は、痛いほどに強かった。

遊休とむだの〝反映〟

わたしのテーマは〝未開発資源と経済的なむだ〟で、非常に広範な問題の一面を扱った。広範な問題とは、大恐慌《だいきょうこう》の時代を特徴づける並々ならぬ失業者数と生産能力の不活用を是正するために、主として、市場と政府介入のどちらに頼るべきかというものだ。ハイエクや新古典派経済学者は市場に信頼を置いた。一方で、ケインズをはじめとする多くの学者たちは、根本的な経済改革に加えて、赤字財政策や〝呼び水政策〟を含む政府の介入がなければ、アメリカをはじめとする経済先進国が完全雇用と好景気を取り戻すことはできないと論じた。

この紛糾ずくめの論争のうちの、わたしが調査したごく狭い一面とは、工場の利用に関してだった。一九三〇年代まで、経済学者はこの問題にほとんど注意を払わなかった。ところが、そのころ、何千人もの労働者を雇う大企業（自動車工場や製鋼所など）が、アメリカ経済の勢力図で優位を占めるようになった。そして大恐慌の結果、これらの工場の多くは、活動を停止するか、低い稼働率《かどうりつ》で操業するはめになった。工場が利用されず、莫大《ばくだい》な数の人々が職を失い、苦難にあえぐようになったという意味では、大多数にとってはむだな状況だ。公共土木工事や失業者への救済金の直接支払といった形で、政府資金を経済に注入すれば、国民所得の水準が上がり、民間部門の活動が活気づく。そうすると、遊休設備が利用され、雇用が増大する、というのがおかたの意見だった。わたしが取り組んだ具体的な問題は、はたして遊休工場設備が、多くの経済学者が力説しているようにむだなのかどうかだ。

フーヴァーもルーズヴェルトも、深く考えずに年間財政赤字を通じて経済に資金を注入した。しかし、一九三〇年代に状況が徐々に改善されても、国内には大量の、そして再就職不能と思える失業者が残っており、かなりの割合の工場が遊休状態のままだった。経済学者たちはこの状況の原因を捜し求め、幅広い救済策を提示した。わたしは、その研究の多くが、用語の正確な定義を欠いており、結論についても、不適当で愚かな財政政策や規制策の正当化に終わっていると感じた。

例えば、ブルッキング研究所は、一九三〇年代半ばに一連の分析的研究を発表し、永久的な政府介入擁護論を支持した。ある巻では〝過少消費とは、現在の産業組織における固有の永久的な病弊〟であり、すべての資源を完全に利用できないのは、経済制度におけるむだであるだけでなく必然でもあると論じている。そこで提案されている解決法は、永久的な公共事業計画、融資と信用貸しの規制緩和、経済的生産計画における政府の役割拡大だった。

わたしにとって、さらに印象的だったのは、工場施設の完全かつ継続的な利用を達成できないことに対する説明だ。〝企業家の愚かさと先見性の欠如〟が原因だという。したがって、実業家が賢明な計画を立てられそうにない場合、ほかの者がその役目を引き受けなければならない。

このような発表がきっかけで、わたしはむだの経済的意義や道徳的意義、そして、使われていない工場設備が実際にむだになる状況を掘り下げてみた。これらの議論の中心には、遊休とむだを同義語と見なす、不健全な誤った前提がある。実際は、この二語は同義語ではない。例えば、需要の不足ではなく嗜好《しこう》や技術の変化によって工場が閉鎖に追い込まれた場合、再開はむだだろう。さらに重要なのは、これらの研究の大部分が、未使用の生産能力や遊休資源が生まれる主な理由——ひいては、景気のよいときも悪いときも失業率が高く賃金が低い理由——は、企業家や経営者の利己的な決断だと憶測していることだ。つまり、企業家や経営者が、価格を上げて大きな利益を得るために、生産量を低く抑えているというのだ。

そんな議論はばかげている。実業家が生産能力の利用可能部分を使わないと決める理由はたくさんあるのだ。原料の購入難、季節的変動、高い税金、過度の規制、あるいは市場自体の読み誤りという場合さえある。技術や消費者の嗜好が変化したせいで工場を閉鎖する場合は、経営を続けてもむだなので、工場を解体して新たに建設し直すほうがいいだろう。

わたしは、経済資源を使わないこと自体はむだの証拠にならないという結論を出した。実際的な政策用語で言えば、つまりは、遊休工場の存在を引き合いに出して介入主義政策を正当化すると、不適切な行動と望ましくない結果を招きかねないということだ。その一方で、わたしは、経済不況などの極限状況で総需要が激しく落ち込む場合、呼び水政策は弁明の余地があるだけでなく必要不可欠だということもはっきりと述べた。

実業家の決断の経緯と理由に関するわたしの考えは、大部分が研究をともにした経済学者たちによって形作られたが、今、博士論文を読み返してみると、シュンペーター、ハイエク、ナイトだけでなく、祖父にも強く影響を受けたことがはっきりわかる。

祖父のような実業家の行動について論じる際、わたしは企業家の動機が〝利潤の最大化〟のみだと信じる者は間違っていると指摘した。確かに金儲《かねもう》けの欲求もひとつの重要な動機だが、それだけではないし、しばしば同じくらい重要な動機もほかに存在する。わたしは博士論文で次のように論じた。「企業家としての活動は、人間の創造本能、権力追求、賭博《とばく》本能を一度に満たす機会を与えてくれる……多くの者がものごとを成し遂げる過程の楽しさ自体を目的としており、利益を多かれ少なかれ値打ちのある副産物と見なしているという事実を無視するのは、誤解を招きやすい単純化だ」

言い換えれば、ビジネスの喜びの一部は、自分の始めたことをやりとげ、重要な目標を達成し、無我夢中で永続的な価値のあるものを構築することにある。利益の追求と個人的な充足感に加えて、実業家は、貸借対照表と損益計算書だけでなく、労働者や広くは地域社会のニーズをもとにして決定を下すべきだ、というのがわたしの論だ。祖父なら、この案に同意したことだろう。利益の追求は業績をあげる訓練にはなるが、個々の目標はより大きな社会によって形成され、より広範な社会のニーズや目的を含むか映し出す場合に価値と意味を持つ。自分自身の社会人生活において、わたしはこれらの原理を実行に移そうと努力した。

わたしはおよそ六カ月間、この研究課題にほぼかかりきりになった末、一九四〇年四月に博士論文を仕上げた。完成原稿を封筒に入れて、ナイト教授、ヴァイナー教授、ランゲ教授に郵送したときのことは、今でも覚えている。書き手なら誰でもそうだろうが、わたしも読み手の反応が気になった。しかし、自分がうまくやりとげたという確信はあった。論文審査委員会の合意を得て、わたしは四カ月後に博士号を授与された。

ペギー

その年の秋と冬は過酷な知的労働にのみ打ち込んでいたわけではない。ペギー・マグラスと親密になるというとても楽しい気分転換があったし、結局、そのおかげでわたしは人生でいちばん重要な絆《きずな》を手に入れた。

ペギーとは何年も前からの知り合いだったが、まじめな気持ちでたびたび会うようになったのは、わたしがロンドンから戻ったあとだ。ペギーの父シムズ・マグラスは、ウォール街の著名な法律事務所〈カドワラダー、ウィッカーシャム・アンド・タフト〉の共同経営者。母のネヴァ・ヴァンザント・スミスは、ペンシルヴェニア鉄道の前社長の娘だ。マグラス一家は、大恐慌のあいだ財務上の損失に苦しんだものの、マウントキスコのナローズ街に建つ魅力的な白いコロニアル風邸宅で不自由なく暮らしていた。カイカット邸からは車でちょうど二十分。一九三九年から一九四〇年にかけての冬は、そこがお決まりのルートになった。

ペギーはウェストチェスター郡での静かな暮らしが気に入っていた。飼い馬のソルジャーが大好きで、自分で世話をしてやり、跳躍や狐狩《きつねが》りの訓練もしていた。マウントキスコ内や周辺にたくさん友人がいるので、乗馬中ふいに友人宅に立ち寄るのを楽しみにしており、しばしば夕食までごちそうになっていた。ペギーはとても陽気で冒険好きで、目新しく型破りな活動には、いつも真っ先に加わった。

子どものころからすでに、ペギーはいたずら好きだった。いっしょにマウントキスコのリッポワム校に通っていた旧友の思い出話によると、ある冬の金曜の午後、ペギーは、姉のアイリーンを含めた仲間といっしょに、暖房器の陰にリンブルガーチーズをひと切れ置いてから帰宅した。月曜には、学校当局は建物の換気作業に必死で、授業を中止せざるを得なかったという。

後年、ペギーはシップリー校で一年間過ごした。フィラデルフィア郊外にあるやや堅苦しい花嫁学校だ。そこでは〝変人マグラス〟という名で知られ、規則破りに喜びを感じていた。とりわけ、女の子を夜部屋に閉じ込めておく規則は、進んで破った。注意深い観察眼を駆使して、建物のどこにきしみやすい床板があるかすべて覚えていたので、音をたてずに動き回って友人を訪ねることができたのだ。

わたし自身もペギーのいたずらを何度も目撃した。あるときは、ベンジー・フランクリンの大事な新車のエンジンに細工をした。ベンジーが始動ボタンを押すと、轟音《ごうおん》が響きわたり、煙がもうもうと立ち込めた。ベンジーは恐怖の色を顔に浮かべて車から飛び出し、半狂乱の態《てい》でボンネットの中を点検してからやっと、わたしたちが笑い転げているのに気づいた。

ペギーは、父親の強い誠意を受け継ぎ、高い道徳基準を徹底的に固守した。母親からは多くのものごとに対するセンスのよさを、とりわけ、自分を引き立たせる魅力的な服を選んで着る能力を受け継いだ。スタイル抜群のペギーにとっては、その才能を生かすのはたやすいことだった。

ペギーは社交に明け暮れる都会の生活よりも田舎暮らしを好んでいたが、パーティーは大好きだった。実のところ、わたしたちがはじめて会ったのは、一九三〇年代初頭にロングアイランドで開かれたお披露目パーティーの席上で、大学時代には、舞踏会などいろいろなパーティーでよく顔を合わせた。ふたりともワルツが好きだったので、その共通の趣味のおかげでわたしたちは何度もいっしょに楽しい夕べを過ごした。セント・リージス・ルーフやレインボー・ルームがわたしたちのお気に入りの舞踏場で、ある晩には、レインボー・ルームのポルカ・コンテストで優勝したこともある。

ペギーをひと目見たときから、みんなとは違う吸引力を感じた。まだ恋に落ちてはいなかったが、パーティーではつい、ほかの女の子たちではなくペギーを探してしまう。ペギーは上品で話がおもしろく、ダンスがじょうずだ。そして、一九三九年の秋にニューヨークに戻ったとき、わたしの気持ちは大きく変化した。わたしはできるだけ長くペギーといっしょに過ごしたくてならず、ついつい一日に何度も電話をかけた。ペギーもたびたびカイカットに遊びに来てくれた。わたしたちは自動オルガンの演奏をいっしょに聴いたり、わが家の敷地内に何カ所かある美しい場所まで馬に乗って行き、ピクニックを楽しんだりした。長い時間かけて森の中を散歩しては、何時間もおしゃべりを続けた。そうするうちに、強い友情がもっとずっと情熱的な感情へと変化していった。

春の初めには、わたしはペギーへの求婚について真剣に思いめぐらしていたが、実際に勇気を奮い起こしたのは、六月になってからだ。ペギーは返事をくれた。二十四時間も待たされたが。

母に打ち明けると――わたしはそれまで、ペギーとの将来の可能性などまったく口にしなかった――母はさらりと、からかうように言った。「あら、デイヴィッド、それほど驚きはしないわ。だって、電話料金の請求書を見たら、マウントキスコとの通話記録がずいぶんたくさん残っていたもの」

婚約指輪を買うために、わたしは約四千ドルの貯金を全額引き出した。当時自由になるお金は、それで全部だった。ペギーへの求婚は人生最良の決断だった。わたしたちは五十五年ものすばらしい歳月をともに歩んだ。道中には苦難の時期もあったが、わたしたちの愛は年々深まっていった。

小さな花

論文が完成して博士号を手中に収めると、就職を考える時期が来た。何をしたいかはっきり決めていなかったが、ファミリー・オフィスには興味がなかった。そこでは、すでにジョン、ネルソン、ローランスが働いている。

シカゴにいたころ、わたしはビル・ベントンとビアズリー・ラムルからアンナ・ローゼンバーグのことを聞いていた。労務と広報のアドバイザーで、主要な政治指導者に有力なコネを持つ女性だという。そのコネには、ルーズヴェルト大統領、ニューヨーク州知事ハーバート・リーマン、ニューヨーク市長フィオレロ・ラガーディアも含まれる。ベントンはアンナに連絡して、わたしが公職に興味を持っていると伝えた。アンナに会うと、たまには論文執筆を数日休んで、ニューヨーク市政のさまざまな面を学ぶよう勧められた。アンナはいくつもの市の機関への訪問を手配してくれた。そのなかには、市営宿泊所や無料食堂も含まれていた。また別の機会に、少年裁判所で未成年犯罪事件の裁判を一日中傍聴したこともある。

こうした経験によって公職への興味をかきたてられたわたしは、ラガーディア市長のもとで働いてみてはどうかというアンナの提案にすぐさまとびついた。アンナが必要な手配をしてくれたので、一九四〇年五月一日、わたしはニューヨーク市庁舎に登庁し、〝年俸一ドル〟で市長の秘書として働き始めた。

わたしにあてがわれた大きな執務室から、ふたりの速記者が使う小部屋を挟んだ向こうに、きらびやかな市長室があった。わたしは職責上、一日十数回は市長室に出入りし、多くの会議やスタッフミーティングに同席した。会議場ではしばしば、喧嘩腰《けんかごし》の騒々しい議論が巻き起こった。また、わたしは毎日何十通も来る手紙への返事の草稿を書いた。それを速記者に口述してから、市長に渡して署名を入れてもらう。ラガーディアはわたしの仕事ぶりに満足していたようで、たいていは文案にまったく変更を加えず署名していた。

〝小さな花〟という呼び名で知られるラガーディアはかんしゃく持ちだったが、感情のスイッチを意のままに入れたり切ったりすることができた。わたしが執務室に坐《すわ》って、返信文を書いたり、店の前の街灯柱が高すぎるというブルックリンの商店主の苦情に応《こた》えていたりすると、ふいに市長室から物音が聞こえてくる。ラガーディアがデスクに何かを投げつけて、震えあがる部下をこんなふうにどなりつけているのだ。「この大ばか者。こんな無能な役人をかかえて、どうやって市政を動かしていけるんだ」。わめき声は数分間続き、まもなく、誰であれ激怒をくらった者は市長室からこそこそと逃げていく。

市庁内の各局を統轄《とうかつ》する長たちも、そうした扱いを免れることはできない。そのなかのひとりが市場局長ウィリアム・フェローズ・モーガン・ジュニア。ニューヨークの旧家の出で、市民としての義務感からラガーディアの求人に応じた人物だ。それでもラガーディアは、市場局に関する苦情を受けるたび、フェローズを市長室に呼び出して、ほかのみんなに対するときと同じように、口汚い言葉でこっぴどく叱《しか》りつけた。哀れなフェローズはただただすくみあがって坐り込み、羞恥《しゅうち》と怒りと恐怖の入り混じった感情に、文字どおり身を震わせていた。

ラガーディアは秘書に対しても容赦がない。秘書を務める女性たちは、信じられないほど長時間働きづめで、とことん市長に尽くしていた。しかし、午後遅く、手紙類のタイプミスを見つけようものなら、市長は無情にも大声でわめきたてて、相手を泣かせた。

欠点はさておき、ラガーディアはきわめて印象的な人物であり、非凡な政治家だ。

わたしが生涯見てきたなかで、間違いなく最高のニューヨーク市長だった——少なくとも、ルディ・ジュリアーニが登場するまでは。ラガーディアが短気で怒りっぽかったとしても、そうなる原因が多々あったことは認めざるを得ない。ラガーディアは汚職の代名詞だった市政を浄化したのだ。その数年前、悪名高いジェームズ・J（ジミー）・ウォーカーが収賄《しゅうわい》を許した結果、一見芸術的にすら見える、けばけばしく新しい時代が築かれることになった。ほとんどの市の職員が、適切な人物に金を払うだけで昇進できると考えていた。強盗、ゆすり、殺人、売春が横行する一方で、判事は金をもらって見て見ぬふりをする。

ラガーディアは強烈な個性と気骨で、ニューヨークを浄化した。誰かをどなりつけるのは、不正や非効率やいいかげんさが悪化したときなのだ。自分にきびしく、周囲の人間にも同じことを期待する。真夜中でもかまわず電話をかけて、時間指定で翌日締め切りの用事を言いつけることもあった。

また、演出効果を心得た人物でもあった。市長の巨大な七人乗りクライスラー・リムジンには、点滅灯、サイレン、警察無線が装備されており、市内全域の大規模な事故や火事について、つねに無線で情報がはいってくる。火事と聞くと、経路を変更して現場に駆けつけ、消防帽をかぶり、指図を始める。あまりに威勢がいいので、消防士たちも悪くは思わないし、ニューヨーク市民は――そして新聞は――大喜びだ。ラガーディアは英雄的でもあった。燃えさかる角材の下敷きになった消防士の救助を手伝ったこともある。ニューヨーク市のあらゆる面に、個人的に強い興味を抱いていた。ときには、スピード違反の車を停止させて、安全運転を心がけるよう説教することさえあった。

クライスラー車は動く執務室だった。わたしもよく、市庁舎を出がけの彼に連れ出され、車の中で通信文を訂正したり、市長が興味を持つ事業について論じ合ったりした。ふたりして、移動中は仕事に没頭する。スケジュールどおりに次の目的地に到着すると、市長は車から飛び出し、前準備なしに――現場に到着するまでは行く先も知らなかったのではないかと思うこともあった――聴衆に合わせて完璧《かんぺき》な演説を披露した。さらに、市長は誠実だった。それも、多くの政治家が常套《じょうとう》手段とする見せかけの誠実さとは違う。ラガーディアは信念の人で、それは行動に表われていた。

市長に同行して、ブルックリンのある場所で、連邦政府の資金供給によって建設された公衆衛生局新施設の開設に立ち合ったことがある。聴衆は地元の小学生たちだ。その日、市長が子どもたちに何を話すか考えていなかったことは確かだ。しかし、市長はまず、公共事業促進局の価値と、大恐慌の際に雇用創出のため局が果たした役割について説明し、次に、公衆衛生局と、市の運営における局の重要性について述べた。そこから、公衆衛生局が民主主義には不可欠の要素であるとして、民主主義礼賛《らいさん》へ、そしてアメリカそのものの礼賛へと如才なく話題を移す。子どもたちは魔法にかかったように聞き入った。すべての公衆衛生局員が、みずからを英雄のように思ったに違いない。演説が終わるころには、わたしの目にも涙が浮かんでいた。まったくの即興だが、ラガーディアの本領が発揮された非常に効果的な演説だった。

ラガーディアに位負けしなかった局長が、ロバート・モーゼスだ。モーゼスは生まれながらに権威を備えていた。アル・スミスのニューヨーク州議員時代に立法補佐官を務め、一九二〇年代にスミスが知事になったあとも密接に協力した。モーゼスはいちずな男で、ニューヨークのみごとな州立公園制度と、輸送交通網の大部分を創設するにあたって、陰の原動力となった。事実、モーゼスは五十年以上ものあいだ、市と州の権力者であり続けた。その期間中はさまざまな地位に就いたが、肩書きがなんであれ、つねに実行者であり、構築者だった。市のインフラ関係の事柄については、たいていモーゼスの支配する機関がひとつやふたつ関わってくる。わたしは戦後、モーゼスといっしょにモーニングサイド・ハイツとマンハッタン南端部の両地区を再開発したとき、それをじかに経験することになった。

モーゼスはイェール大学の卒業生で、多くの政治家たちと違って清廉《せいれん》潔白な人物だ。献身的な公僕で、公共事業をうまく設計、管理すればどれほど成果があがるか実証してみせたが、目標達成のために冷酷で横暴な面を見せることもしばしばだった。モーゼスは、知性といい気骨といい、あらゆる面でラガーディアに匹敵する人物だ。市長室にはいるときはいつも、穏やかで紳士的な物腰で、わたしにも気軽にあいさつをしてくれる。ところが、まもなく、ふたりのどなり合いが廊下の端まで響きわたるのだ。しかし、モーゼスが関わると、こうした議論によって違う結果が生まれる。ラガーディアはモーゼスに一目置いていたので、怒るときも、自分と同等な者として扱い、ほかの者に対するときのように相手に恥をかかせようとはしなかった。

市長と過ごした一年半のあいだに手がけた最大の事業は、一九三九年に開港されたラガーディア空港の商業スペースの賃貸だ。この空港は市長の誇りと喜びであり、経済的に自立させることを望んでいた。ところが、主要ターミナルは商業スペースを含まない設計になっており、この遺漏のせいで市長の目標達成はむずかしくなった。わたしは建築家のウィリアム・A・デラノといっしょに店と陳列ケースを置けるだけの場所を探し出し、商業スペースの賃借人探しに努めた。やがて、わたしが超一流のセールスマンだということが判明する。カルティエが、由がり階段上部の小さなエリアを宝石売り場として使うことになったのだ。また、わたしはそのほかのスペースも、花屋、銀行、紳士用服飾品店、仲買業者、美容院などに売り込んだ。

一九四〇年には飛行機はまだめずらしかったので、毎日何千人もの人々が、飛行機の離着陸を見るためだけに空港を訪れた。わたしたちは滑走路を見晴らす囲い付きバルコニーに展望台を設置して、ささやかな入場料を課した。この〝スカイウォーク〟はすぐに成功を収め、年間ほぼ十万ドルの収入を生み出した。

一九四〇年五月下旬、仕事を始めて一カ月後に、わたしは車中で市長とふたりきりになって結婚の予定を打ち明けた。ペギーが承諾してくれるものと決めてかかって、初秋に結婚するつもりだと伝え、新婚旅行のために休暇を願い出たのだ。市長は親身になって、成功を祈ってくれた。数週間後に、ペギーが求婚を受け入れてくれたことを伝えると、市長は、セントラルパークの〈タヴァーン・オン・ザ・グリーン〉レストランでのディナーと、市立大学グッゲンハイム競技場の野外コンサートにわたしたちを連れ出して、祝ってくれた。さらに新婚旅行のための休暇にも同意してくれたのだ！

わたしたちはグランド・ティートン山にあるＪＹ牧場でハネムーンを過ごした。ここは世界で最も美しい場所だ。わたしたちはバックパックを背負い、五日間かけてイエローストーン国有林を回り、それぞれ雄の箆鹿《へらじか》を一頭ずつ銃で仕留めた（後年はふたりとも狩りへの興味を失ったが、未開の地を回るバックパック旅行の趣味は続いた）。ペギーとわたしはおおむねふたりきりで過ごして、結婚生活最初の体験を楽しみ、将来の計画を練った。当時の思い出は今も心の奥に大切にしまってある。やがて、休暇はあっけなく終わり、わたしたちはニューヨークに戻った。

軍備

わたしが結婚後、ラガーディアのもとで仕事を続けていた一九四一年の晩夏には、アメリカが欧州戦争に加わるか、あるいは日本と敵対する可能性が、現実のものになりつつあった。フランス陥落後の一九四〇年の半ばには、自国の軍備を増強し、イギリスに（のちにはロシアにも）兵器をはじめとする物資を供給するために、国防費が劇的に増加した。

戦車からチョコバーまで、ありとあらゆる品目の政府請負仕事に刺激を受けて、国中で、古い工場が新たな利用法のために改造されたり、新たな工場が多数建設されたりした。すべてが急激に変化したので、数々の予期せぬ問題が生じた。医療施設の不備、戦時産業労働者の住宅難、地元の水や食料供給の負担、学区の混乱などだ。このほかにもたくさんある問題に対処するために、ルーズヴェルト政権は、当時多数存在した〝アルファベット機関〟に加えて、新たにまたひとつ、防衛厚生局を設立した。アメリカ全土にその支局が設けられ、アンナ・ローゼンバーグがルーズヴェルトにニューヨーク支局長を任せられた。

頻繁に市庁舎を訪問していたアンナは、ある日、わたしの執務室に立ち寄り、わたしにとって〝軍備〟の努力に関与し、防衛厚生局の副支局長として彼女と働くべき時機が来たのではないかと説いた。わたしには、絶好のタイミングに思えた。ラガーディアのもとで働くのは楽しかったし、市政について多くのことを学んだが、一年半も奉職すれば、もうじゅうぶんだ。アンナが提供してくれる仕事は給料制なので、ラガーディアのもとでは無縁だった事務管理も経験できるだろうと思った。

アンナはニューヨーク州北部地方の広いエリアをわたしに任せた。そこに工場を開設する企業は数々の問題に直面していたが、最も深刻なのは従業員の住宅問題だった。

大恐慌の末期になってもなお、人々はよい仕事口を見つけるためなら進んで長距離を移動したので、セント・ローレンス川とカナダ国境沿いの多くの小都市（ウォータータウン、マセナ、オグデンズバーグ）では、住宅供給が労働者の流入に追いつかなくなった。わたしはほとんどの時間を、短気な実業家や疲れきった地元の役人、住宅建設に必要な資金を管理する連邦官吏の仲裁に努めて過ごした。やがて、交渉をまとめ、日課として予期せぬ出来事を処理できるようになった。

この仕事に就いてから三カ月もたたないうちに、日本軍が真珠湾を爆撃した。わたしの人生は、今までとまったく違う章に突入しようとしていた。

第9章　戦争

　ニューヨークのある冬の午後、ペギーとディック・ギルダーとわたしは、フリック美術館をめざしてタクシーで五番街を走っていた。運転手がラジオをつけると、アナウンサーが番組を中断して真珠湾攻撃を報じていた。フリック美術館に到着すると、わたしたち三人は無言で展示室を回った。ディックがフェルメールを特に気に入ったので、みんなでいっしょにその絵を鑑賞した。その美しさにわたしたちはしばし平静に戻った。

　翌日、ディックはティファニー商会を辞めて、陸軍航空隊に入隊した。その行動は驚きではなかった。六年前のドイツ旅行以来、ディックはヒトラーとの戦争は避けられないと信じていたからだ。とはいえ、その考えかたは一般的とはいえない。わたしの一族の過半数とディックの一族の大多数を含めて、ほとんどの知人は、アメリカの欧州戦争への参戦に反対していた。第一次世界大戦の恐怖を思えば当然すぎるくらいで、その感情は今日知られている以上に広く根づいていた。その前年、ディックとわたしは外交問題評議会への参加を要請されたが、ディックがイギリスの側に立って、介入を強く主張していたことを覚えている。

大学卒業後まもなく、幼なじみのアン・オルソップと結婚したディックには、ジョージとカムフォートというふたりの幼い子どもがいた。ディックは家族を熱愛していたが、祖国に対する義務と自分の信条がそれに勝った。ドイツがポーランドに侵攻すると、ディックは開戦時に備えて飛行訓練を始めた。朝五時に起きて、ロングアイランドのフロイド・ベネット飛行場に車で通い、一時間ほど飛行してから、九時にティファニーに出勤していたのだ。

一九四二年初頭、ディックが飛行訓練に出かける前に、わたしたちはハーヴァード・クラブで昼食をともにした。ふたりとも戦争経験はなかったが、ヨーロッパからの報道を聞いて、戦闘パイロットの平均余命があまり長くないことは承知していた。ディックは戦争から戻れそうにないと思っていると漏らした。今でも、ディックの言葉を覚えている。「デイヴィッド、ぼくはすばらしい人生を送り、ふたりのかわいい子どもに恵まれた。ぼくの身にもしものことがあったら、きみとペギーに家族の世話を引き受けてほしいんだ」。そのときはじめて、わたしはディックの信念のほどをじゅうぶん理解し、この最良の友をまもなく失うかもしれないと悟った。わたしは感情を抑えて震え声で請け合った。「もちろん、引き受けるとも、ディック。任せてくれ」

ディックの強い信念と、それを実行に移す決断力を賞賛しながらも、わたしは自分もすぐに入隊するべきかどうか決めかねていた。ペギーはロックフェラー家になじもうと奮闘中だったし、第一子のデイヴィッド・ジュニアが生まれたばかり。自分が兵役をこなせるかどうかもかなり疑問だ。わたしは戦争に関わる仕事をしていたので、実際の兵役は免除されるだろうと確信していた。わたしが頼めば、アンナ・ローゼンバーグも裏から手を回してくれるに違いない。扶養家族がいるので、わたしの徴兵分類区分はⅢ－A。つまり、しばらくは徴兵されないので、即断の必要はなさそうだった。

心乱れる会話

そう思っていられたのも、パークアヴェニュー七百四十番地の居間で母と話し、心を乱されるような会話をするまでだった。両親は近所に住んでいたので、わたしは週に何度か、あいさつに立ち寄っていた。ある晩、母が戦争の話題を持ち出した。母はずっと前から平和主義者で、真珠湾攻撃の前は、アメリカは中立を保つべきだと信じていた。しかし、一九三〇年代後半に入ると、母はヒトラーとその同盟国がアメリカにとって、ひいては西洋文明の最も価値あるものにとって、大きな脅威になると確信するようになった。母の主治医がのちに語ったところによると、ナチスの軍事力の前に、欧州諸国のドミノ倒し――オーストリア、チェコスロヴァキア、ポーランド、フランスの陥落――が発生するたびに、母は激しい心身反応を起こし、ひどく心配性になって、身体的にも病むようになったという。

母が長いあいだ極度に恐れていたことのひとつが、わたしとその話をすることだったに違いない。母は穏やかながらも揺るぎない態度で、自分の意見を述べた。アメリカは自分たちの生きかたを守るために闘わなければならないし、適格者はみな入隊して自分の役割を果たすべきだ。徴兵を待つことはない。入隊は適格者の〝義務〟だから。母がその単語を、静かだが強い調子で口にしたのを覚えている。

母の話に、わたしはぎょっとした。母が戦争について考えを変えたからではない。死が待っているかもしれない戦場に、わたしを送り出そうとしたからだ。わたしも混乱したが、明らかに母にとっても楽な会話ではなかった。母が正しいとわかっていながら、わたしはそれまで希望的観測に身をゆだねていたのだ。ペギーとも話し合い、意見が一致した。一九四二年三月中旬、わたしは陸軍に入った。父の力を借りれば将校の地位も可能だったが、一兵卒として入隊した。

基礎訓練

一九四二年五月一日、ガヴァナーズ島のジェイ駐屯地で基礎訓練が始まった。ガヴァナーズ島はマンハッタン南端沖に位置する。そこでは兵舎に寝泊まりした。将校の馬を世話する馬丁たちもいっしょだ。兵舎の各部屋に何十人もの下士官兵が詰め込まれ、簡易二段ベッドで眠った。わたしの寝床はある馬丁の上だった。暑さが増すにつれて、馬の汗の強い臭気と彼の体臭が入り混じり、下の段にいる馬丁の衣服の〝芳香〟が強まる。この馬丁は感じのいい男だが、ほとんど教育は受けていなかった。それでも、わたしたちは――においの件を除けば――仲よくなった。わたしは彼の馬に関する知識や、数多くのささやかな親切を高く評価した。

基礎訓練の内容は、延々と何時間も続く密集部隊教練、柔軟体操、武器の手入れや取り外し方の学習だ。そして、むろん炊事勤務も避けられない。最初は、軍隊生活というものに衝撃を覚えた。新しいことずくめの脅威に加えて、退屈でつらい生活でもあった。わたしは、過酷な状況に対処する身体能力や、社会的適応能力が自分に備わっているかどうか、大いに疑問を抱いたまま陸軍に入隊した。けっして運動神経はよくないし、たいていの競技は苦手だ。そのため、ときたま行なわれる野球の試合では、密集部隊教練以上に神経がすり減った。最初は、生い立ちも趣味も技能もまったくばらばらな人々に混じってやっていく自信がなかった。

しかし、ふたをあけてみれば、基礎訓練は驚くほど順調だった。軍規に従い、新兵仲間とうまくやっていくのは、思っていたほどむずかしくなかった。わたしは言われたことを実行しなければならないという義務感が強かったし（これまでのしつけを考えれば、驚くにはあたらないだろう）、命令に従うことが、下士官兵に求められる主要な特性だった。

あるとき、わたしを含む下士官兵数名が、将校食堂の厨房《ちゅうぼう》にペンキを塗る仕事を割り振られたことがある。わたしは忠実に指示に従い、陸軍の指図や作業にやる気のない態度で臨んだ幾人かの兵たちよりもずっと着実に作業をこなした。まったくそんなつもりはなかったのだが、わたしの仕事ぶりが、任命した将校にも、ほかの下士官兵たちにも感銘を与えた。ロックフェラー家の一員が進んで肉体労働に励んだのが驚きだったのだ。わたしはまもなく、恐れていたほど自分が不器用ではないし、共通点のほとんどない相手ともうまくやり、友人にだってなれることを悟った。

男きょうだい全員のなかで、志願して入隊したのはウィンとわたしだけだった。ウィンは歩兵隊に入り、フォートベニングの幹部候補生学校を修了して、太平洋で戦闘に参加した。一九四五年、沖縄沖で、乗っていた兵員輸送船が神風特攻隊に直撃されて、ウィンは重傷を負った。長兄のジョンは、まずワシントンの赤十字社に就職してから、一九四三年に海軍の大尉《たいい》に任命され、ワシントンの特別省庁間グループ、国務陸軍海軍三省調整委員会で働いた。この委員会では、日本とヨーロッパにおける戦後政府の計画が練られた。米州問題調整局責任者のネルソンは、むろん兵役免除だ。しかし、ローランスだけがどうするか決めかねていた。ペギーとわたしはこのときとばかりに、いささか残酷ながら滑稽《こっけい》ないたずらをしかけた。

最初の数週間の基礎訓練後、わたしは家族とともに自宅で週末を過ごすことを許された。ローランスとその妻メアリーは、東六十七丁目百十五番地の同じ建物内の一室に住んでいた。土曜日にふたりがわたしたちをディナーに招いてくれた。そこで、ペギーが父の執務室から文房具を拝借してローランス宛《あ》ての手紙をしたため、「父より」と署名を入れた。手紙の内容はこうだ。「ある海軍大将がローランスのために裏から手を回し、潜水艦部隊への即時入隊を手配してくれた。準備はすべて整っているので、登録を済ませて、翌週から訓練を開始するように」。手紙の結びでは、父自身これが「祖国を守るための困難な軍務」となるのを承知したうえで、入隊する息子を心から褒め称《たた》え、あたたかい言葉で幸運を祈っている。

ペギーが当日の朝に配達したので、ローランスはディナーの前に、この手紙に目を通していた。わたしたちが訪ねていくと、ローランスは真っ青になっていた。〝父の手紙〟を見せられたわたしたちは、しばしお芝居を続けたが、だまし通す度胸はない。真実を打ち明けると、ローランスは安堵《あんど》のあまり、怒ることも忘れていた。

若いころ、企業投資により航空産業について多くを学んだローランスは、のちに、海軍大尉に任命されて、航空機の設計と製造に携わった。

つらい別れ

基礎訓練後まもなく、わたしは伍長《ごちょう》に昇進して、ガヴァナーズ島の防諜《ぼうちょう》部隊に配属された。八月にはワシントンに派遣され、中東での任務に向けて、防諜機動部隊訓練に参加した。わたしたちは人目につかない政府ビルの地下室で、二週間顔を突き合わせた。噂《うわさ》では、ちかぢかカイロに派遣されるということだった。ところが、指令を待つあいだに、米諜報部隊のタウンゼンド・ハード大佐がわたしを自分の部隊に転属させるよう要請した。大佐の部隊はまもなくマイアミに移動することになっていた。うれしい驚きだったことは認めなければなるまい。わたしには、〝秘密工作員〟としてカイロの酒場にいる自分の姿などどうしても想像できなかった。転属が決まり、その秋の初めには、ペギーと幼い息子デイヴィッドを伴って、マイアミビーチに赴任した。ラゴルス島に小さな家を借りて、毎日自転車で通勤する。任務はさほど活動的でも重要でもない。わたしはメッセンジャーや歩哨《ほしょう》を務めた。

そのころ、ディック・ギルダーはフロリダ州北部の航空基地に駐在していた。所属する航空団がまもなく海外へ行くと知ったディックは、二十四時間の外出許可証をうまく手に入れて、出発前にわが家を訪ねてくれた。ディックの到着時、わたしは歩哨の任務についていた。ファイヤストーン家の屋敷の馬小屋に入れられた大佐の馬が、落ちてくるココナッツにぶつからないように見張っていたのだ！

ディックとわたしはその夜、少しだけふたりで外出した。特別なことは何も話さなかったが、そのときは何もかもが大きな意味を持っているように思えたし、ディックがわざわざ会いに来たことがひどく気になった。ニューヨークで交わした約束について念を押され、わたしはだいじょうぶだと請け合った。不安が和らぐと、わたしはディックを連れて帰宅し、ペギーも交えて数時間いっしょに過ごした。翌日の早朝、わたしたちはディックを駅まで送った。列車が出るとき、ペギーとわたしは顔を見合わせた。ふたりともなんとなく、二度とディックには会えない気がしていた。

わたしたちが最後に話したのは、ディックがイギリスに発《た》つ前、マサチューセッツ州ティリンガムの自宅から電話をかけてきたときだ。ディックの航空団はニューファンドランド島のガンダーで燃料を補給してから、北大西洋横断の旅に出るという。ところが、ディックの機と、同じ飛行中隊のほか二名の機がぷっつりと消息を絶った。アンがのちに聞いたところでは、飛行機はエンジンに細工の跡があるとして、ガンダーでしばらく引き止められたという。三人の失踪《しっそう》の原因が敵側の破壊工作である疑いは大きい。戦争はまだ始まったばかりなのに、すでにわたしは最良の友を失い、アンはふたりの幼子を抱える未亡人となった。

終戦までに、ほかにも親友がふたり亡《な》くなった。テルミン奏者の母を持つウォルター・ローゼンは陸軍航空隊への入隊を志願したが、視力の問題で不合格になった。そこで、カナダ空軍に入隊したが、〝ブリテンの戦闘〟で命を落とした。ほんの数年前、ミュンヘンでいっしょにヒトラーの街頭行進を見物したLSE時代のルームメイト、ビル・ウォーターズは、ナイジェリアのカノ郊外で、乗っていた飛行機が墜落して亡くなった。ビルとその仲間たちが属する巨大編隊は、南大西洋とアフリカを横断し、最後はばか高いヒマラヤ山脈の垣根を越えて中国の重慶市に渡り、蔣介石《しょうかいせき》率いる国民党軍に物資を支給していた。

幹部候補生学校

フロリダ州で数カ月過ごしたのち、わたしは幹部候補生学校に出願するため、ハード大佐の許可を求めた。大佐の話によると、競争率はかなり激しいので、すぐに入学を許可してもらうには、ヴァージニア州フォートベルヴォアの工兵幹部候補生学校に出願するのがいちばんだという。その学校は最も制度がきびしいという評判だった。出願が受理され、一九四三年一月、三カ月のきびしい研修が始まった。

幹部候補生学校の訓練は、知性面でも肉体面でも、軍の基礎訓練よりずっと過酷だった。研修の最後には、M1ライフルと重量約四十キロの野戦用バックパックを背負い、約三十キロの行進をやりとげなければならない。その夜は、深い雪の中にいったん張った携帯テントをすぐに解体し、午前五時にばらばらに基地に辿《たど》り着いたものの、二時間後には柔軟体操のためにたたき起こされた。そしてわたしは、自分が学科でよい成績を取るだけでなく、軍隊の厳格な規則正しい側面にも対処できることがわかってうれしかった。

一九四三年三月、わたしは工兵隊の少尉に任命されて、二週間の休暇ののち、メリーランド州リッチー基地の軍事情報部訓練センターに配属されることになった。ペギーがすでに、ふたり目の子どもを身ごもっていたので、短期休暇はありがたい。おかげで、ニューヨークで妻と過ごすことができた。ただ運悪く、わたしがリッチー基地へと出発してわずか数時間後に、ペギーが病院でアビーを産んだ。基地に着くと同時に報《しら》せを受けたわたしは、三日間の外出許可をもらってニューヨークに戻り、産まれたばかりの娘と妻に会った。

リッチー基地での二カ月の研修では、将校が戦闘歩兵部隊に加わって諜報作業に携わるための訓練が行なわれた。訓練では戦場に重点が置かれた。わたしたちは連合国と敵国の両方について戦力組成と戦術を研究し、地図の見かたと偵察手順を学び、戦争捕虜の尋問技術を身につけた。この訓練対象に選ばれた者にはそれぞれ理由があり、語学力や外国文化に対する深い知識など、わたしたちのグループの最終目的地である欧州戦域で役立つ特殊な資質を備えていた。

リッチー基地で出会った何人もの興味深い人物とは、後年にも関わりを持った。当時、駆け出しの建築家ながらすでに近代美術館の建築に携わっていたフィリップ・ジョンソン。ドイツ生まれで、のちにメトロメディア社を創立したジョン・クルーゲ。のちにニューヨーク・タイムズ紙の論説委員となったジョン・オークス。アパッチ・インディアンの血が混じった正規の陸軍将校で、戦後ＣＩＡ職員として身を立てたフレッド・ヘンダーソン。その息子で、一九六〇年代にチェース銀行に入行したあと、メリルリンチ社で上級職に昇りつめたブライアン。

研修を終えたのち、わたしは学校のフランス語部門の教官に任命され、さらに三カ月間居残って、陸軍組織の人間にフランス語を教え、フランス語で講義をした。この任務のおかげで、終戦前の数年間、北アフリカとフランスでわたしが取り組むことになる仕事にとって、絶好の素地ができた。

アルジェでの任務

一九四三年八月、アパラチア山脈での楽しい幕間劇《まくあいげき》は終了した。ある気持ちのよい夏の朝、わたしは密封されていた指令書を開封した。指令により、わたしは戦争省の統合情報収集機関（JICA）に配属され、すぐにワシントンに出頭することになった。

翌月はペンタゴンで過ごし、配属先がアイゼンハワー将軍率いるアルジェの連合軍司令部（AFHQ）のJICA派遣隊だと知らされた。フランス語の流暢《りゅうちょう》さ、戦前ヨーロッパの政局の知識、リッチー基地での教官としての経験のおかげで、わたしはフランスの〝専門家〟と見なされたらしい。少なくとも、戦争省はそう思い込んでいた。

一九四三年九月二十三日、わたしは百人の軍人たちといっしょに、すきま風の入る騒々しい大型輸送機DC－4に押し込まれ、ワシントンを出発した。北大西洋を横断してスコットランドのプレストウィック空港に到着するまで、わたしたちは、機体に沿って据えつけられた、バケットシートならぬ〝バケツ〟のような座席に並んで坐《すわ》っていた。座席は硬い金属製の長椅子《ながいす》で、尻《しり》を置くための浅いくぼみがついている。三十時間の飛行は、ひどく疲れる経験だった。

プレストウィックで北アフリカへの乗り継ぎを待って二日間過ごしたところで、海軍長官のウィリアム・フランクリン・ノックスに出くわした。学生時代にシカゴで会ったことがある人物だ。ノックスは、モロッコのラバトまでなら自分の飛行機で――ずっと坐り心地のよい座席がついた飛行機で――連れていこうと申し出てくれた。ラバトからは、軍用機に乗せてもらえば、アルジェまで行ける。

戦闘地帯に赴くので、わたしは陸軍から、四五口径のピストル一丁、弾倉クリップ二個、弾薬二十発分、救急キット、羅針盤、サスペンダー（これはすぐになくしてしまった）を支給されていた。また、北アフリカでの行動に役立つ助言を載せた情報小冊子も、何冊か渡された。いわく、「モスクの前で煙草《たばこ》を吸ったり唾《つば》を吐いたりしてはいけません」「蛇や鳥を殺さないように。一部のアラブ人は、他界した首長の魂が蛇や鳥に宿ると信じています」「手をつないで歩く成人男性を見かけても気にしないように。ホモではありません」。ある冊子には、イスラム教徒の女性を見つめたりヴェールに触れたりすれば暴動になりかねない、という警告まで載っていた！

どの小冊子から得た予備知識も、戦時中のアルジェの美しさの前にはかき消された。この町は、アクアマリン色のアルジェ湾沿いに、数キロにわたって三日月形に延びている。港の近くに建設された近代フランス風の市街には、広い並木道や立派な政府庁舎があり、棗椰子《なつめやし》や花木の生い茂る広大な敷地に個人所有の別荘が散在している。その近くに、ムーア式城砦《じょうさい》カスバの名を冠する旧アラブ市街があり、曲がりくねった道路、白塗りの建物、細長い尖塔《せんとう》が見られる。町はサヘル丘陵に囲まれており、海沿いにそびえ立つ山々を見晴らせる。港は連合軍の船舶で混雑しており、街路は世界中から集まった軍人たちであふれかえっていた。アラブ人やベルベル人だけでなく、アメリカ人、イギリス人、オーストラリア人、インド人、南アフリカ人、そしてもちろん、フランス人もいた。

わたしがアルジェに到着するまでに、戦況も移り変わっていた。ロンメルのアフリカ軍団がチュニジアに残った最後の要塞《ようさい》を追われ、アイゼンハワーが電光石火の戦闘でシチリア島を攻略した。九月初旬、連合軍はメッシナ海峡を渡り、長きにわたる血みどろの戦闘を開始して、イタリア半島を北上。アルジェの美という仮面のすぐ下には、陰謀が渦巻いていた。北アフリカでは誰もが、ヴィシー政府の民生権限および軍事権限の統制をめぐるフランス国民解放委員会（ＣＮＬ）内部の激しい抗争に夢中になっていた。そして、この争いの中心が、アンリ・ジロー将軍とシャルル・ド・ゴール将軍のどちらがＣＮＬを統制するのかという問題だった。

ジローは、一九四〇年にあったフランスの短く無益な対ドイツ戦における指導者のひとりだ。捕虜となって抑留されたが、オーストリアのケーニッヒシュタイン要塞を脱走して未占領のフランスへ逃げ延びた。ドイツとの協力関係という汚点もなく、フランスの将校団にも深く尊敬されていたジローは、ジャン＝フランソワ・ダルランのあとがまとして北アフリカ元首の座に就くには理想的な候補者と思われた。一九四二年十二月にダルランが暗殺されると、ジローは、ルーズヴェルト大統領とその上級顧問の全面的な支援を受けて、フランス軍の司令官となった。政治機構の支配権を握るのも時間の問題だと思われた。

戦後に偉人の仲間入りをすることになるシャルル・ド・ゴールは、一九四三年当時はまだ不遇の軍人で、支持者も財源も少なかった。一九四〇年のフランス敗北後、ド・ゴールは、ダンケルクから英仏海峡越えに成功した敗残兵を集めて自由フランスを組織し、フランス亡命政府の樹立を宣言した。フランス将校団の大部分がド・ゴールをきらっていたが、チャーチルはその闘志に敬意を払い、一九四三年一月のカサブランカ会談では、北アフリカにどんな政治機構が樹立されるにせよド・ゴールの自由フランスを含めるべきだ、とルーズヴェルトに強く主張した。その結果、電撃結婚させられたカップルのごとく、両敵手はそれぞれ、わだかまりを解決するよう命じられた。

情報網の始動

わたしがアルジェに赴任したころには、ジローとド・ゴールの〝結婚〟は破綻《はたん》をきたしていた。ふたりは十カ月のあいだ、絶えずまわりくどい駆け引きを続けていた。ド・ゴールは政治闘争においては明らかに優勢だったが、圧倒的に勝っていたわけではない。ふたりの絶え間ない闘争は、戦争への準備に密接に関わっており、戦後のフランスにも影響を与えるので、堅実な情報収集が必要とされるようになった。

北アフリカ統合情報収集機関（JICANA）は、あらゆる米情報機関から引き抜かれた将校約十名と下士官約三十名で構成されていた。わたしたちはテレムリー大通りにあるオフィスから作戦行動を行ない、将校たちは通りの向かい側にある個人用別荘内の部屋を共用していた。わたしたちの主要業務は、北アフリカで活動する軍事情報部が提示する情報を〝収集〟し、その資料をワシントンとロンドンに転送すること。JICANAは、情報センターと郵便局の機能を果たしていた。特に骨の折れる仕事ではなかったので、将校たちはたっぷりある余暇を利用して、非常に風味のよい地元のヴィンテージワインを試飲したり、闇《やみ》商売のレストランで一般大衆には入手不可能な美味な配給品をあさったりすることに専念していた。

わたしは仕事に失望を覚えた。特殊訓練を活《い》かしてもっと活発な情報収集活動に携わるものと信じ込まされていたのだ。指揮官であるバイロン・スウィツァー大佐の意見は違った。大佐は、諜報経験のほとんどない工兵で、ＪＩＣＡＮＡには独自に情報報告を行なう権限はないと考えていた。赴任直後、わたしは両親に「わたしが何をするべきか、誰も知らないようです」と書き送った。

他の機関が作成した報告書の照合を数週間続けると、だんだん欲求不満が募ってきた。わたしはスウィツァー大佐に、当地の政治活動と経済状況について、一度報告書を自分で作成してみたいと願い出た。しばらくためらったのち大佐が要求を呑《の》んでくれたので、わたしは独自の情報網を一から作り始めた。

率直に言って、それはわたしぐらいの地位の者にとっては不可能に近い仕事だった。わたしは少尉にすぎないし、競争相手は――ウィリアム・ドノヴァン大佐の戦略事務局も含めて――もっと定評のある情報機関だ。とはいえ、利点もいくつかある。フランス語が話せるし、政治や経済の状況をたいていの者よりよく理解している。さらに、多くの有力者の紹介状を持っており、そのうちふたりはずいぶん役に立ってくれた。

北アフリカのスタンダード・オイル・オブ・ニュージャージー社総支配人アンリ・シュヴァリエは、長年アルジェに住んでおり、北アフリカ中の実業界に幅広いコネを持っていた。アンリは、コロン（フランス系アルジェリア人）達のほかに、ドイツによる占領後フランスを離れた人たちを大勢紹介してくれた。その後者に含まれるアルフレッド・ポーズは、北アフリカの国立パリ商工銀行支店組織の頭取として大きな勢力を誇る人物で、有力なアラブ人実業家や政治指導者を紹介してくれた。

父の旧友であるマッケンジー・キング首相は、わたしのために、在北アフリカ・カナダ上席代表ジョルジュ・ヴェニエ将軍に手紙を書いてくれた。ヴェニエ将軍との友情を築いたおかげで、わたしは連合国の外交畑に属する多くの人々や、CNLのメンバーと接触することができた。将軍の紹介がなければ、そういう人々に会うのはむずかしかっただろう。また、ヴェニエの軍務副官モーリス・フォルジュ大佐は、武官の集団と行くモロッコ十日間の旅に誘ってくれた。その旅のおかげで数々の新たな出会いに恵まれ、北アフリカにおけるフランスの不安定な立場について知識を広げることができた。

また、わたしは連合国の外交官やCNLの高官たちとも顔を合わせるようになった。そのうちのひとりが、ロバート・マーフィー。ジローの忠実な支持者で、連合軍の北アフリカ上陸をお膳立《ぜんだ》てした人物だ。マーフィーの有名な副領事たちにも数人会った。そのひとり、リッジウェイ・ナイトとは、のちにチェース銀行でいっしょになった。

はじめてウィリアム・ペーリーやC・D・ジャクソンと友人になったのも、アルジェでのことだ。CBSの創立者ペーリーは戦域内で心理戦争計画を実行していた。その副官のひとり、ジャクソンは、のちにフォーチュン誌経営者となる。

数カ月のうちに、わたしは信頼のおける大きな情報提供者網を創《つく》り出し、刻々と変化する北アフリカの政治状況について綿密な報告ができるようになった。スウィツァー大佐も、わたしの仕事に価値を認め、行動の自由を与えて、さらなる進出――およそ一万五千キロにおよぶジープでの進出――さえ許してくれた。そこで、わたしはアルジェリア、モロッコ、チュニジア全域をまわり、カイロとイスタンブールを二週間旅行して、フランスの諜報機関との結びつきを強めた。活動中止を命じられなかったのだから、おそらく、ワシントンからの反応も好意的だったのだろう。

ジロー対ド・ゴール：内部考察

わたしが創り出した最も貴重な結びつきは、CNL司令部自体の内部にあった。とりわけふたりの人物のおかげで、ジローとド・ゴールの競争に関する内部情報を入手できた。そのひとりが、母の友人が紹介してくれたド・ゴールの副官、エティエンヌ・ビュラン・デ・ロジェだ。ほとんどのド・ゴールの側近と同様、エティエンヌもたいていのアメリカ人に対してはおそろしくよそよそしい態度を崩さなかったが、わたしには親切で、時折有益な情報を提供してくれた。

さらに友好的だったのが、ジローの副官レオン・ドゥ・ローザンだ。ロシア革命によって難民になったレオンは、単純労働から出発して、プロヴァンスのフィアット組立工場の工場長にまで昇りつめた。一九三九年にフランス外人部隊に入り、一九四二年後半にジローの副官のひとりとなった。レオンはわたしと仲よくなり、ド・ゴールとジローの闘争について大喜びで情報を提供してくれた。きっと、ワシントンの人間がその情報を親身に聞いてくれている気がしたのだろう。

ジローの政治における無能ぶりと、保守主義の政界関係者との結びつきを考慮すれば、ド・ゴールとの政治闘争に勝利するのは難題だと、レオンでさえ認めていた。その一方、明敏で無慈悲なド・ゴールは、一歩一歩着実に仇敵《きゅうてき》を出し抜いていく。ジローは年々孤立していった。共和国大通りというアルジェの目抜き通りを車で走っていると、フランス国旗のとなりに、ド・ゴールの自由フランスを象徴する青と白のロレーヌ十字旗がひるがえることが多くなった。

一九四四年四月、闘争は終わりを告げた。ド・ゴールがジローをＣＮＬから引き離し、オランに近いモスタガネムの町に追放したのだ。数週間がたち、ジローの暗殺未遂事件が起こった直後、長めの週末休暇のあいだに、レオンがわたしを招待してくれた。わたしは将軍と数時間話し合い、収容所からの脱走、数カ月にわたる南フランスでの潜伏、北アフリカ侵攻に至る連合軍との数週間の交渉について詳しく聞いた。ジローはあらゆる軍事知識を備えた誇り高い人物で、威厳と悲哀をもって敗北を受け入れた。ジローが政治状況について興味をそそる見識を披露し、戦後期間について重要な結論を聞かせてくれたので、わたしはそれをワシントンに伝達した。

わたしの報告の大部分は、マグレブ地方全域のアラブ人とベルベル人のあいだで高まりつつある反植民地運動に重点を置いていた。アメリカ政府が戦後のアジアとアフリカの植民地域独立に賛成していると公式に伝えられていたので、この情報は非常に重要だ。ある報告書で、わたしは次のように伝えた。「北アフリカにおけるドイツ軍のプロパガンダは、アラブ人にはもはや効果がない。アラブ人は連合国を応援している。アルジェリアでは、ユダヤ教徒とイスラム教徒のあいだに根深い敵意は存在しない……アラブ人がいちばん敵愾心《てきがいしん》を向ける相手はコロンだ……共産主義が急速に広まりつつあるという……北アフリカに住むイスラム教徒の最終目標は、政治的・経済的に他の国家群と同等になることだという」

たとえアルジェリアが〝フランス本国〟に取り込まれていても、アラブ人とベルベル人がフランスの支配に憤慨していることは明らかに思えた。アラブ人の反乱は一九六〇年代初めのアルジェリア独立で最高潮に達したが、第二次大戦中からすでにその徴候は見えていた。とはいえ、独立に至る前に、残酷な植民地戦争が起こり、フランス共和国は崩壊寸前の状態を迎えることになる。

北アフリカでの任務は危険に満ちたものではなかったが、きわどい瞬間はあった。わたしが最も死に近づいたのは、モロッコからオランへの定期飛行の途上で、原因は敵の砲火ではなかった。わたしが乗っていたＤＣ－３型機には、たまたまアドレー・スティーヴンソンも同乗していた。彼はノックス海軍長官の補佐役だった。わたしたちはひどい乱気流に遭遇し、空を覆《おお》う雲のせいで、オランに着陸しようにも自分たちのいる位置を確認できなかった。飛行機はレーダーを備えていなかったので、パイロットは雲が途切れることを願いながら、長いこと旋回を続けた。パイロットの肩越しに、不吉にもガソリン計量器の針がゼロを指しているのが見えた。パイロットは見るからに不安そうだし、アドレーは青ざめている。おそらく、わたしも同様だったろう。

最後の手段として、パイロットは、海沿いの山々に衝突しないよう祈りつつ、雲の中で飛行機を降下させて、現在位置を確かめようとした。永遠とも思える長時間の降下を続けたあと、わたしたちは雲を突破し、滑走路の上空、高度約三十メートルの位置に出た。着陸は無事成功し、おそろしい飛行は平凡な結末を迎えた。

帰郷と帰隊

一九四四年七月、スウィツァー大佐が、密使として諜報部の郵便袋をワシントンに送り届ける役を、わたしにあてがってくれた。故国に到着したあとは、十五日間の休暇をもらって、ペギーと子どもたちを訪ねた。子どもはすでに三人。六月に生まれた末っ子のネヴァとは初対面だ。通常はなかなか許されない、ありがたい息抜きだった。また、わたしはこの機会に、ペギーに対する愛情と、会えない日々のせつない思いを口に出して妻を安心させ、わたしの人生にとって妻がどれほど重要な存在かを伝えた。

妻にはいぶかしく思うだけの理由があった。なにしろ、わたしの手紙は、回数は頻繁だが、到着するまでに数週間もかかるのだ。問題は〝V〟郵便制度にあった。手紙を一枚書くと、検閲され、サイズを縮小するためにマイクロフィルムに収められ、アメリカに輸送されてから、通常サイズに拡大され、やっとのことで郵送される。この厄介な手続きのせいで、ペギーは大きなストレスと不安を抱えていた。滞在期間はあまりに短く、互いになじむ間もないままにわたしは家を離れなければならなかった。

フランス南西部

わたしがアルジェに戻ったのは、一九四四年八月、連合軍によるフランス南部侵攻の直前だった。町は活気を失い、ほとんどやることがなかった。わたしは転属したくてたまらず、十月初旬にやっと新たな転属命令を受けた。わたしの臨時転属先は、〝T〟部隊。アレクサンダー・パッチ将軍の第七軍に付属するその情報部隊は、リヨン付近でジョージ・パットン将軍の第三軍と合流するために、ローヌ川沿いに北上していた。わたしはフランス東部のドール付近で部隊に加わった。そこは前線からほんの数キロの場所で、人や物資がライン川に向かって休みなく移動し、大砲の轟音《ごうおん》が絶えない。

〝T〟部隊はジェームズ・パンペリー大佐の頭脳の産物だ。わたしがはじめてアルジェに赴任したころ、パンペリーはＪＩＣＡの副司令官だった。部隊の使命は、前線の戦闘部隊といっしょに移動して、重大な科学技術情報を敵に破棄される前に奪い取ることだ。しかし、大佐は、わたしには別の仕事をさせる心積もりだった。大佐にアルジェでのわたしの仕事ぶりに感銘を受け、特別任務を遂行するためにわたしの転属を要請したという。パンペリーの話だと、アイゼンハワーの司令部は、ローヌ川西岸とロワール川南岸のあいだの広大な地域について、信頼のおける情報をほとんど持っていない。ドイツ軍をライン川方面に追い込むという緊急目的の前に、この地域は差し置かれてきたのだ。ドイツの親衛隊がこの地で活動しているという報告があり、フランス共産党員のレジスタンス集団が田園地方の大部分を支配し、時機が来たら反乱を起こすつもりだという噂も流れている。スペインとの国境では、スペイン共和国軍の部隊がなおも活動を続けているという。レジスタンス集団は、積年の恨みを晴らすべく、戦地軍法会議や即決処刑によって内通者を排除しているので、現況が悪化して内戦へとつながる危険がある。

パンペリー大佐のわたしへの指令は、政治状況と経済状況について評価し、フランス南西端の外国軍や国内の急進派グループが、連合軍やフランスの新政府当局に与える脅威の程度を見きわめることだった。大佐は任務についてざっと説明してくれたが、実行方法に関してはまかせてくれた。

ピカソとの出会い

この任務を成功させるには、新たに樹立されたフランス臨時政府の助力が必要なので、わたしはパリに赴き、ド・ゴールとともにフランスに移ったアルジェ時代の旧友数名に助けを求めた。わたしは数日かけて政府機関や陸軍第二局を訪問し、〝関係者各位〟宛ての手紙を数通受け取った。この手紙には大きな価値があることが、のちに判明した。

ある朝、わたしはアンリ・ロージェに出くわした。アルジェ大学の元学長で、アルジェではCNLのメンバーだった人物だ。ロージェはわたしを愛人のカトリ夫人宅での昼食に誘ってくれた。夫人はパリの美術商で、戦前はわたしの母とも取引があった。耄碌《もうろく》しかけた初老の夫はアルジェリアのコンスタンティーヌ県出身の元議員で、今は階上の寝室で車椅子生活を余儀なくされている。たいそう喜ばしいことに、昼食会の四人目のメンバーはパブロ・ピカソだった。ロージェの話では、ピカソも戦前はカトリ夫人の恋人だったという。

ピカソは、当時はまだ後年ほど傑出した画家ではなかったものの、すでに有名人だった。戦時中は南フランスで隠遁《いんとん》生活を送っていたというが、控えめで、戦時中の体験についてはあまり口にしない。一九四四年秋にパリに戻ると、ピカソはすぐに共産党に加わった。ともあれ、わたしには温かくて親切で、自分のスケッチや版画をわたしの母が早くから蒐集《しゅうしゅう》していたと知って喜んだ。母は戦前、ニューヨークでカトリ夫人を介して作品を入手していたのだ。

いくぶん当惑させられたが、記憶に残る食事会だった。年老いた議員は、妻、ピカソ、ロージェ、わたしの四人が豪華な食事を楽しんでいるあいだ、階上に取り残されていた。カトリ夫人もその愛人たちも、全員で寝室にいる老人を訪ねたときでさえ、過去や現在の間柄をこれっぽっちも恥じてはいないようだった。

世間からの隔絶

一九四四年十一月初旬、わたしはリュネヴィルに戻り、最終的な旅の準備を整えた。パンペリー大佐が、ジープ一台を支給し、運転手として、年若い事務係下士官バディ・クラークを付けてくれた。バディは速記者も兼任していた。現地では燃料も食料も供給不足なので、五ガロン入りガソリン缶数個と、大量の缶詰野戦食をぎっしり詰め込んだオープントレーラーを牽引《けんいん》して走った。バディとわたしは、まるまる六週間、完全にふたりきりで過ごした。これほど長くこれほど完全に世間から隔絶された経験は、あとにも先にもなかったと思う。

わたしたちに割り当てられた区域は、ラングドック、ミディ、ガスコーニュなどの由緒《ゆいしょ》ある地方だ。ヨーロッパでも指折りの美しい田園地方をめぐるすばらしい旅だった。最後の収穫が行なわれ、はるか遠いピレネー山脈の頂きが初雪に白く染まるなか、わたしたちはペルピニャンからトゥールーズへと車を走らせた。とはいえ、わずか数百キロ離れた場所では、何百万もの人々が両者互角の残酷な戦いを繰り広げていた。

わたしたちは、ニーム、モンペリエ、ペルピニャン、トゥールーズ、ポー、ボルドーなどの県都を訪ね、ド・ゴールに任命された共和国の行政長官たちに会った。どこでも歓迎されたし、現地の政治経済の状況について話してもらうのに、なんの苦労も要らなかった。また、旅の途上でも、さまざまな素性や考えを持つ人々にたくさん出会い、言葉を交わした。あちこちの訪問先で、わたしたちは、一九四〇年以来その地にはじめて姿を現わしたアメリカ人となった。それは魅惑的で、ある意味では神経のすりへる任務だった。

十二月中旬にリュネヴィルに戻ると、わたしは各県についての報告書を口述して、AFHQ（連合軍司令部）とワシントンに送付した。破壊活動分子が田園地方をうろついているという報告を裏づける証拠は見つからなかったが、地方では、戦争の先行きに対する不安が漂っているだけでなく、政治経済が非常に不安定だった。急速に冬が近づきつつあるのに、食料と燃料の供給量が少なかったので、わたしは、外部から物資を供給しなければ、ただちに状況が悪化するだろうと示唆《しさ》した。（＊）

（＊）四十年以上たってから、わたしは自分の報告書が保存されていたことを知り、ワシントンの国立公文書館でコピーを手に入れることができた。

パリでの情報収集

任務完了後もフランスに残りたかったが、陸軍にはべつの計画があった。アルジェに送り返されたわたしは、新たな仕事を待ちながらわびしいクリスマスを過ごした。一九四五年二月、大尉に昇進した直後に、ようやく、パリで大使館付武官補佐官を務めるようにという指令を受け取った。

数週間後にラルフ・スミス将軍が大使館付武官に任命された。スミス将軍は、第一次大戦中はフランスで軍務に就き、フランス人女性と結婚してフランス語をじょうずに操る。一九四三年には、マキン島攻撃を指揮した。将軍は補佐官として、ウォーレン・T・リンドキスト（リンディ）大尉を連れてきた。マキン島での勇敢な行為に対して銀星章を授与された人物だ。わたしはリンディと友だちになり、スミス将軍ともうまくやっていった。将軍はわたしたちに、サンジェルマン大通りにある自分の宿舎での同居を持ちかけた。

またしても、わたしの大使館付武官補佐官としての責任範囲は不明確だった。スミス将軍は実戦畑の将校で、諜報活動の経験はほとんどない。わたしが北アフリカとフランス南西部での活動内容を話すと、同様の政治経済情報部隊を設立して、将軍に直接報告書を提出するよう勧められた。協力者として、副官二名に加えてリンディが任命された。副官のひとりリチャード・デーナは、ニューヨークでわたしの友人だった人物で、リンディと同様、戦後もわたしのもとで働いてくれた。

わたしはド・ゴール政権メンバーの関係者周辺で諜報活動を行ない、臨時政府とその内部抗争についていちはやく報告していた。とりわけ競合相手のフランス諜報機関——陸軍第二局、ド・ゴール秘密情報機関、ジローの情報機関の残党——については厳重に監視を続けた。わたしたちは、ド・ゴール派の活動の指導者ジャック・スーステルが、〝白熱した閣議〟ののちに追放されたことを突き止めた。そのあとがまに坐ったのが、パシー大佐というあだ名で通るアンドレ・ドゥヴァヴランだ。大佐は、一九三七年にレオン・ブルムの人民戦線政府を転覆させかけた極右団体カグールの団員だと伝えられていた。わたしはその前年、パシーについて次のように報告していた。「これほど広く恐れられ、忌《い》み嫌われ、不信を抱かれている人物はほかにあまりいない……彼はフランス警察の支配権を握り、自分にとって都合の悪い人物を排除したいと公言している」

いくぶん世間知らずなことに、わたしはアメリカ軍事司令部に質問表を送り、あらゆるフランス諜報資料について尋ねた。驚くことではないが、その質問表はパシー大佐の知るところとなった。誰もがやっていることとはいえ、同盟国について嗅《か》ぎまわっている現場を押えられるのは体裁がよくない。数日のうちに、わたしはパシー大佐の執務室に呼び出された。大佐は上機嫌なようすで、親しげに手招きして椅子を勧めてくれた。愛想よく雑談したあとで、大佐が言った。「ロックフェラー大尉、きみはうちの機関について情報を求めているようだな」。大佐はこちらを見ながら、「間違いないな？」とでもいうように眉《まゆ》を上げた。わたしはうなずいた。相手は明らかにわたしの苦悶《くもん》を楽しんでいる。「だがな、大尉さん」、大佐が続けた。「われわれに頼むだけで、あらゆる情報がたやすく手に入る。希望を言ってくれれば、喜んで情報を提供しよう」。わたしはその申し出に礼を述べて、できるだけ急いで辞去した。

幸運なことに、わたしたちの奮闘すべてが、このように的はずれだったわけではない。わたしたちは、重大な経済状況と不安定さの増す政界について、ひっきりなしに報告書を作成した。一九四五年の晩春には、ド・ゴールが深刻な困難に見舞われた。ド・ゴールの傲慢《ごうまん》さ、頑固さ、ひたむきさなどの資質は、ジローに対して政治的勝利を収めるには不可欠だったが、フランスが恒久的な政府の樹立と新憲法の起草に取りかかるようになると、深刻な問題を引き起こした。一年のうちに、ド・ゴールは権力の座を追われた。

わたしたちは大部分の情報を、情報提供者網を介して得ていたが、スミス将軍の住居でフランスの高官を招いて主催したディナーに負うところも大きかった。暴露話を引き出すには、豊富な品揃《しなぞろ》えの貯蔵ワインと極上の料理が効果てきめんだということがよくわかった。

戦争の余波

五月七日、ドイツが降服し、パリは戦勝記念日を祝った。その美しい春の日、夜になると街はお祝い騒ぎになった。大使館も休業で、わたしたちはみな街路に繰り出して、夜通し続くパーティーに加わった。その晩からしばらくのあいだは、パリっ子たちが、相手がアメリカ人だからという理由だけで親切にしてくれるという、めずらしい現象まで起こったのだ！

戦争でも物理的被害を受けなかったパリは、今まで見たなかで最も美しい街だった。戦争による食糧難がかえってその魅力に磨きをかけた。ガソリンの配給がきびしく制限されていたので、街路からは車がほぼ全部姿を消していた。わたしは毎朝大使館までセーヌ川を渡って徒歩通勤していたが、自動車はたまにしか見かけない。そのかわり、街路は、家と市場のあいだを自転車で行き来する女たちであふれかえっていた。女たちは細長いパンを小脇《こわき》に抱え、風を受けてロングスカートが広がらないように、慎重に自転車に腰掛け、走らせていた。

わたしは帰国したくてならなかったが、晴れて凱旋《がいせん》できるほど〝点数〟を稼いでいなかった。当座のあいだ、スミス将軍はわたしをいくつかの興味深い任務に送り出した。ある任務で、わたしは降服からわずか十日後のフランクフルトとミュンヘンを訪ねた。連合軍の爆撃によって両都市はほぼ全壊しており、その荒廃ぶりをまのあたりにするのは衝撃的だった。フランクフルトでは、一九三八年以来はじめて、ハーヴァードの友人エルンスト・テーヴェスに再会した。エルンストは終戦後すぐに、米占領軍の仕事を進んで引き受けていた。それはつらい再会だった。エルンストが語る戦時中の経験は友人として聞くに堪えなかった。彼はナチ党員にはならなかったが、家業を守るための数々の妥協が、エルンストの信条を損ない、価値観を貶《おとし》めたのだ。

ミュンヘンでは、一九三三年にデフレガー一家とともに暮らしたカウルバッハ通りを訪ねた。通りは瓦礫《がれき》に覆われ、家々の大半が破壊されていた。デフレガー家はなんとか深刻な被害を免れており、玄関でわたしを迎えてくれた。一家はわたしに会って驚喜し、周りに集まってきて、握手を交わしたり質問を投げかけたりした。わたしも会えてうれしかったし、一家が無事に戦争を生き延びていたので安心したが、これほど長い年月を経て再会するのは妙な気分だった。今や戦争とその激情がわたしたちのあいだに立ちはだかっている。ディック・ギルダー、ウォルター・ローゼン、ビル・ウォーターズの死。フランスとドイツの全土で目にした破壊の跡。家族と引き離されたむなしい年月。デフレガー一家が戦争を起こしたわけではない――それどころか、一家も戦争に苦しめられたのだ――が、恐ろしい悲劇はこの街で始まったし、ほんの数年前には、ミュンヘンの街路を闊歩《かっぽ》する〝悪の天才〟も目撃していた。

翌日、わたしはダッハウを訪ねた。この悪名高い強制収容所は、不条理にも、ミュンヘン北部のなだらかな丘に囲まれた快適な場所に建っている。被収容者は立ち退《の》きずみだったが、居住に使われた小屋や、やせ衰えた死体を焼却していた奇怪な火葬場は、まだ見ることができた。見張り塔の下の錆《さ》びた有刺鉄線には、なおも縞《しま》模様の衣服の切れ端が引っかかっていた。わたしはこのときはじめてナチス政権への恐怖を理解した。とはいえ、その理解をじゅうぶん深めるにはまだまだ時間が必要だった。

帰国

八月にウィンスロップ叔父がパリに立ち寄ったので、わたしの将来設計について話し合った。叔父は、自分が頭取を務めるチェース・ナショナル銀行に就職するのが理にかなった選択だという意見だった。わたしははっきりとした返事はしなかったが、真剣に考えておくと答えた。

十月初旬にワシントンへの召還命令が届いた。わたしはペギーに手紙を書き、出発日を知る手立てはないし、たとえわかっても知らせることはできないと伝えた。ペギーはこらえきれず、ワシントンに行き、フォックスホール通りのネルソン宅に滞在した。一週間のあいだ毎日、ペギーは空港まで車を走らせ、到着する大勢の軍人たちを見て回り、毎日がっかりして家に引き返した。ようやくわたしが押し込まれた飛行機は、ニューヨークに着陸した。すぐさまペギーに電話したが、ワシントンの妻に会うにはもう一日かかった。

ペギーとわたしは、ふたたびいっしょになれて狂喜した。また、三人の子どもたち、デイヴィッド、アビー、ネヴァに会ったときの気持ちは筆舌に尽くしがたい。とはいえ、子どもたちにとってわたしは見知らぬ人間だ。わたしがみんなの父親であり、母親の時間と関心を奪い合う競争相手ではないという事実を子どもたちに受け入れてもらうには、しばらく時間がかかった。

戦争の日々による被害は大きかった。わたしが旅をしたり興味深い人々と知り合いになっていたあいだに、ペギーは違う経験をしていた。妻は、配給制限と、わたしが戻らないかもしれないという絶え間ない不安に耐えねばならなかった。妻にとっては孤独で困難な時期だった。わたしのあずかり知らぬことだったが、母親との面倒な戦いにも巻き込まれていた。ペギーの母は娘を子ども扱いして、服の着こなしやわが家の飾りつけ、子どものしつけに口を出した。ペギーはこれに憤慨したが、反抗する気力もなく、数年間わたしにもそのことを打ち明けなかった。大きな心理的圧迫のせいで、妻は鬱《うつ》状態を繰り返すようになった。

ペギーは二十年以上ものあいだ、鬱病と闘った。転機となったのは、母親から逃れ、心理カウンセリングを進んで受けたことだ。ついに問題を克服し、妻の人生最後の二十年間は最も幸福な時期となった。

わたしと同世代の人間は、しばしば兵役の善悪について言及する。わたし自身は戦争でよい体験をした。最初は当惑し、危惧《きぐ》の念を抱いたが、すぐに適応して、新たに獲得した技能を祖国のために効果的に使う方法を身につけた。

振り返ってみると、戦争の日々はかけがえのない訓練と実験の場となり、後年のわたしの行動に多くの影響を与えた。とりわけ、具体的な目標達成の手段として、しかるべき立場の人々との人脈を築くことがいかに重要かを知ることができたのは意義深かった。わたしが生涯を通じて実践した人脈作りは、ここから始まった。

第10章　チェース銀行への就職

帰国後まもなく、わたしはウィンスロップ叔父の申し出を受け入れて、チェース銀行に入行した。いまだに政府機関や非営利部門の仕事に強い興味を抱いていたわたしには、やさしい決断ではなかった。ほかの選択肢についても多くの人々と話し合った。相談相手のひとりアンナ・ローゼンバーグの意見は、チェース銀行は一、二年の訓練の場としては有益だが、「一生の仕事とするほどのやりがいは見出《みいだ》せないだろう」というものだ。アンナは間違っていた。その後、実に三十五年間、わたしは商業銀行家として、魅力的で、個人的にも実りある生活に身を捧《ささ》げたのだから。その期間中、閣僚や大使の地位に就く機会は何度もあった。その魅力的な申し出はすべて断ったが、後悔はしていない。チェース銀行での仕事は大きなやりがいがあったし、公職と形は違うが、市や政府の業務に参加して、同等の満足感を得ることができた。

チェース・ナショナル銀行

　わたしが一九四六年四月に入社したこの銀行は、抜群の経歴を持つ立派な組織だった。チェース・ナショナル銀行は一八七〇年代に結成され、二十世紀初頭に吸収合併を繰り返して成長し、戦時中から国内最大の商業銀行として頭角を現わした。一九四五年の末には、総資産六十一億ドル、預金高五十七億ドル、従業員七千人にまで達した。従業員の多くは、わたしと同じく、除隊したばかりの者たちだ。チェース銀行は、国内で最大かつ最良の〝卸売〟銀行であることを誇りとし、米大手企業の信用需要に対処し、〝銀行の銀行〟として何千もの国内外の取引先に奉仕し、国家の外国貿易の多くに融資を行なっていた。

　他方では、チェースは〝小売〟側の銀行業務や、国際事業の拡張にあまり力を入れていなかった。わたしはこのふたつの領域に特別な興味を抱き、続く三十年間、積極的にその事業のあと押しをした。

ロックフェラー家の〝ファミリー・バンク〟

チェース銀行はしばしばロックフェラー家の〝ファミリー・バンク〟と呼ばれた。この呼び名は、一族が銀行を所有するか、少なくとも支配していることを示唆《しさ》している。どちらも事実とは異なるが、一族が長年にわたってチェース銀行と何本もの強い絆《きずな》を築いてきたのは本当だ。二十世紀初頭、祖父は数々のニューヨークの銀行株を取得した。そこには、チェース銀行の前身金融機関のひとつ、エクイタブル信託銀行も含まれていた。一九二一年、祖父はエクイタブル信託銀行の所有株を父に譲った。所有株は社外発行株式の約十パーセントに達していて、父は銀行の筆頭株主となった。しかし、一族の者が銀行経営に直接関与したのは一九二九年後半になってからだし、それさえ、例外的な出来事が続いた結果起こったことだ。エクイタブル信託銀行の顧問法律事務所マレー・アンド・プレンティスは、長年にわたって、わが一族の企業およびトラストの仕事をこなしていた。母の末弟のウィンスロップ・オールドリッチ叔父は、一九一八年にこの法律事務所に入り、あっという間に上級弁護士に昇進して、さまざまな依頼主の仕事を扱うようになった。その依頼主にエクイタブル信託銀行も含まれていたのだ。

一九二九年の株式市場暴落の結果、父をはじめとする株主たちは、エクイタブル信託銀行の安定性を心配するようになった。その後まもなく、エクイタブル信託銀行の頭取が急逝すると、父は臨時の頭取代理としてウィンスロップを推した。ウィンスロップはしぶしぶその地位を受け入れ、在任期間は一年だけだと断言した。

頭取になると、ウィンスロップは国内での競争力と支援を得るために提携銀行を捜し求め、わが国最強の国内銀行のひとつ、チェースに目を付けた。一九三〇年初頭、チェースとの合併交渉により、当時としては世界最大の銀行が誕生した。父は合併を強く支持し、新銀行の役員会で、二十五人中二人分の代表権を与えられた。合併によって父の持株比率は約四パーセントに落ち込んだが、統合銀行でも相変わらず筆頭株主の座を守っていた。合併後は、チェース銀行の著名な出世頭、アルバート・ウィギン会長が統合銀行の会長となり、ウィンスロップが頭取に就任した。（＊）

（＊）実際は、ナショナル・シティバンク（現シティグループ）のほうが、チェースよりもロックフェラー家の銀行という趣きが強かった。祖父の弟ウィリアム・ロックフェラーのナショナル・シティバンク持株比率は相当大きかったし、一八九一年から一九〇九年にかけて銀行頭取を務めたジェームズ・スティルマンとも密接な関わりがあった。ウィリアムの息子ふたりが、ジェームズ・スティルマンの娘ふたりと結婚したのだ。この一門はスティルマン・ロックフェラー家として知られ、長年のあいだシティバンクと親密な関係を保っていた。一九六〇年代、わたしがチェースの頭取に就任したとき、ウィリアムの孫、スティルマン・ロックフェラーはファースト・ナショナル・シティバンクの会長だった。しかし、そのころには、スティルマンとその一族のシティバンク持株は一パーセント未満、わたしの一族のチェース持株は約一パーセントだった。スティルマンとわたしは誠意ある人間関係を築いたが、親しい友人どうしではなく、遠慮の要らない激しい競争相手だった。

ウィンスロップ・オールドリッチ

わたしの叔父、ウィンスロップ・オールドリッチは淡いブルーの瞳《ひとみ》を持つ美男子で、わたしと同じく、やや特徴的なオールドリッチ家の鼻を受け継いでいる。しごく魅力的で、ニューヨークの社交界でも非常に著名だったが、名声と地位が上昇するにつれて、かなり尊大な態度を取るようになった。

のちに本人から聞いた話では、ウィンスロップ叔父は、どうあっても合併後すぐに法律事務所に復帰するつもりだったという。しかし、一九三三年後半に状況が一変した。アルバート・ウィギンが、議会の公聴会で、多額の銀行の金を有利な条件で自分自身と仲間に貸し付けて、一九二九年の暴落時にチェース株の空売りで一千万ドルを稼いだことを認めたのだ！

この暴露に仰天した父からの強い圧力により、ウィギンとほか二名の上級役員は不名誉な辞職に追い込まれた。チェースの役員会は、銀行の危機回避を主導するには、倫理的な商慣行と銀行業務の改革を長いあいだ手堅く擁護してきたウィンスロップが適任だと判断し、会長として銀行に残るよう説得した。

ウィンスロップは、このような不正がたやすく行なわれたのは、商業銀行が投資銀行子会社を所有することが許されているからだと主張した。この子会社のせいで、ウィギンたちは楽に自己取引を実行できたのだ。叔父は一九三三年に議会で証言を行ない、その年に立法化されたふたつの大規模な構造改革を強く支持した。その結果、グラス・スティーガル法により、商業銀行業務と投資銀行業務が分離された。また証券法により、証券取引委員会が創立され、企業の自社株登録と、定期的かつ実質的な金融情報開示が義務づけられた。

ウォール街と銀行業界はウィンスロップに敬意を払い、チェース銀行は叔父が経営した二十年のあいだ繁栄した。とはいえ、叔父は銀行家としての教育は受けておらず、銀行の日常業務にはめったに関与しなかった。実業界における政治家という役割を好み、銀行業の著名なスポークスマンとして脚光を浴びた。チェース銀行における叔父の業務への無関心ぶりには、マイナス面もあった。金融実務について狭い視野しか持たない幹部が事業を牛耳って、効率的な経営構造や経営組織の開発を遅らせたのだ。

チェース銀行の行風

いくらもたたないうちに、わたしはチェース銀行に多大な強みといくつかの重要な弱点があることを悟った。見たところ、最も深刻な弱点は、経営管理分野における力量不足と、国際的な活動範囲の狭さだ。チェースは強大で有力な銀行だが、いまだに、多くの点で単純な時代の産物だった。予算案も、包括的な事業計画も、正式な組織図もない——要するに、大規模の複合的な金融機関を効率的に管理するのに不可欠と思われる手段を、ほとんど持っていなかった。その件でウィンスロップに直談判《じかだんぱん》したのを覚えている。わたしは次のように論じた。チェースの直面している問題——緩慢な成長とただならぬ預金量の減少——を考慮すると、予算案が欠かせない。なぜなら、予算案により、将来設計ならびに資産と人員の配置を、もっと賢い方法で実践できるようになるからだ。ウィンスロップの答えは、今まで銀行に予算案はなかったし、今さら採用する理由もない、というものだった。

チェース銀行幹部の偏狭な態度と体質という問題もあった。大学の学位を有する者はほんの少数。窓口係や出納係から身を起こした者が大部分を占める。目立った例外はあるものの、集団としては、広い視野や、自行や同業者に影響を及ぼす政治や経済の要因に対する認識が欠けていた。ほとんどのチェース役員は、銀行業務の〝科学〟（財務管理、会計、鞘取売買《さやとり》）は教えられても、銀行業務の〝技法〟や真の本質は、徒弟として長期にわたる見習い訓練を受けなければ身につかないという考えに賛同していた。わたしの知るかぎり、徒弟制度はメディチ家の時代に端を発するものだ。

わたしたち融資者につねにきびしい会計基準と信用分析が求められていたその当時、この制度は大きな成功を収めていた。しかし、チェース役員は、新たな経営規律（人事、計画作成、マーケティング、広報）については、貸付係の時間や注意を費やすだけの価値がないとして、はねつける傾向があった。一九六〇年代の後半まで銀行を支配していた保守的な人々は、模範的な行員とは、良質で収益性の高い融資を行なえる人間であり、ほかのことはすべて能力の低い者に任せればよいと考えていた。

年俸三千五百ドルの地下鉄通勤者

チェース銀行での最初の十二年間、一九五七年に副会長になるまでのあいだは、地下鉄のレキシントン線で通勤していた。多くの通勤仲間と同じく、わたしはじょうずに片手でつり革をつかみ、両脚でブリーフケースを挟んで、縦に折った新聞を立ち読みできるようになった。

高等教育も経営手腕も重要視されない環境にあっては、経済学博士号も売り込み材料にはならない。学位は無用の長物だった。それでも、わたしはウィンスロップ・オールドリッチに、経済学博士号を所持しているのだから、少なくとも、銀行の信用貸し訓練プログラムを受講する必要はないはずだと、免除を願い出た。不運なことに、その言い分は認められた。わたしは三十歳で、仕事をうまくこなすのに必死になり、貸借対照表や損益計算書の分析よりも規模の大きい構想で頭がいっぱいだった。この決断については後悔したし、のちに銀行の文化を変えようとした際、確実にそのつけを払わされた。なにしろ、説得を試みる相手からすれば決まって、わたしは異国語を話す人間のようなものだったのだ。結局は、なんにせよわたしを真の銀行家ではないと見なす多くの人々の評価を裏づけたにすぎなかった。

新たな信用貸し訓練コースの卒業生は、行員から始めて、一年あまりのちに役員となる——業績がよければだが。わたしは最初、役員としては最も地位の低い副部長に就任した。国外部門で、年俸は三千五百ドル。パイン通り十八番地の十階全体を占める部屋に並ぶ二、三十台のデスクのひとつを割り当てられた。各デスクには、顧客や秘書課の人間のために、両側にひとつずつ、二脚の椅子《いす》が置かれている。わたしはこの場所で、チェースの最初の三年間を過ごした。

人事担当のジェローム（パッキー）・ワイスが、国外部の中を順番に回って、地理や機能によって分けられた三十三の課を案内してくれた。銀行の内部機構に接したのはこれがはじめてで、わたしはいくぶん煙に巻かれたような感覚を味わった。各課の役割を確かめたかったので、各部署に案内してもらうごとにメモを取った。組織の運営について正式な訓練を受けたことはなかったが、三十三の課がひとりの人間に直属するという構造は賢明とは思えなかった。わたしは代案として、課をいくつかの集団にまとめて、六、七人の課長だけがチャールズ・ケイン部長に直接報告するようにしてはどうかと提案してみた。チャールズは礼儀正しい反応を示したが（わたしの家名のせいで、心ならずも礼儀正しくしていたのかもしれない）、国外部の構造はまったく変わらなかった。

ヨーロッパ・マーケティング発想の不足

国外部の主な機能は、千以上の取引先銀行を含む巨大ネットワークとの関係を維持することだった。すべての取引先銀行は、コーヒー、砂糖、金属などの商品の国際貿易融資という基幹業務に密接に結びついている。チェースは、これらの取引先銀行に対して、自行に多額の〝補償預金〟を置くよう要求した。この非常に収益性の高い無利子預金は、銀行の基本預金の大部分を占めていた。国内の貸付係は、われわれの国際業務で価値があるのはこの預金だけだと見なしていた。商取引の引受も、M＆A融資も行なわないのだから。

チェースの支店網は、ヨーロッパ、カリブ諸国、極東に散らばる九支店で構成されるささやかなものだったので、ウィンスロップは今が国外に進出する本当の好機だと考えていた。事実、一九四五年にパリで会ったときも、叔父はその件について話していた。わたしがチェースへの入行を決めた主な理由のひとつは、叔父の国際業務に対する熱意だ。

国外部での最初の仕事は、ロンドン支店とパリ支店のために、アメリカの企業と関連のある会社との〝新たな取引〟を開拓することだった。込み入った銀行業務については、なおもまったく無知だったが、営業活動のことなら理解できる。ラガーディア市長のもとで働いた折に、わたしはいくつかのことを学び、自分が人に会ったり、商談をしたり、契約をまとめたりするのに向いていると悟っていた。

わたしは経験豊かな年下の銀行員ジェームズ・ワッツとともに、約六カ月間、このプロジェクトに携わった。わたしたちは五百以上もの企業を載せた立派なリストを作成し、企業へのアプローチ方法を決定した。その後、一九四七年七月、わたしはプランを実践するために汽船でヨーロッパへと出発した（当時はまだ飛行機旅行に不備があったので船を利用したのだ）。渡航費は安く抑えることができた。

ロンドンの大部分は、戦時中の爆撃で破壊されていた。イギリス政府は、なおも食料や燃料の配給を必要としており、工場やオフィスは閉鎖されたまま、近隣地域はすべて空襲とV号爆弾で壊滅していた。ロンドンは著しく様相が変わっていたが、チェース銀行ロンドン支店は依然昔のままだった。イギリスはせつに信用再建を必要としていたが、チェースはイギリスの銀行顧客の感情を害することを恐れて、企業貸付を推進しようとはしなかった。そのかわり、引きつづき、アメリカの企業の幹部訪問に対する礼儀として金融市場の情報を提供し、型通りの外国為替取引に携わり、旅行信用状を提供した。また、小切手を現金化するあいだ、顧客に紅茶とクランペットをふるまい続けた。しかし、アメリカの大手競合銀行は積極的に新たな商機をつかみ、チェースの主要国内顧客の関連会社への貸付も行なっていた。

支店長のスコットランド人は、〝彼の〟支店にアメリカ企業の口座を開設しようという、わたしの〝新たな取引〟獲得の努力に、非常に懐疑的な目を向けた。新たな取引先の獲得はまあまあの成功を収めたが、支店長はわたしの手法を下品だと感じていた。わたしはレンタカーを運転して顧客候補のオフィスを訪問したが、支店長は、商談の必要がある顧客は必ず、自分から銀行員のオフィスを訪問するものだと考えていた。

パリではさらに状況が悪かった。パリ支店はアメリカの関連会社ともフランス企業ともほとんど接触がない。実質的には、アメリカ人の顧客のための郵便局に過ぎなかったのだ。リッツ・バーの向かい側、カンボン街四十一番地のオフィスは、便利な郵送先として利用されていた。チェースは両替をし、旅行信用状を処理する。二十五年間この支店を率いてきたアメリカ人支店長は、フランス語会話を学んだことがない。支店長に会う者はみんな、英語で話さなければならないのだ！

発想もマーケティングの実際的知識も乏しい銀行家が、ふたつしかないヨーロッパ支店を経営しているのだから、明らかにチェースの経営には積極的な戦略が必要とされていた。

ラテンアメリカ：未開発の市場

一九四七年末には、ロンドン支店やパリ支店と取引するよう顧客を説きつけるという困難な業務に失望して、国外部のラテンアメリカ課への転属願いを出した。ラテンアメリカのビジネス、文化、芸術に対するわたしの関心が高まったその時期、チェース銀行でもラテンアメリカ地域の重要性が増しつつあった。戦争から戻った直後、第二の蜜月《みつげつ》期間中に、ペギーとわたしはメキシコの大部分を旅してまわり、この国の印象的な征服前の文化、動乱の植民地時代、活気あふれる現代精神に魅了されていった。

ラテンアメリカの経済発展を支援するというネルソンの空想的な計画にも想像力をかきたてられた。ネルソンは、一九四五年八月に国務省を辞任し、ヴェネズエラとブラジルの経済的な発展と多様化のために技術援助と金融資本を提供する目的で、ふたつの組織——非営利的な米国国際経済社会開発協会（ＡＩＡ）と営利的な国際基礎経済団体（ＩＢＥＣ）——を設立した。

わたしはこの計画に強く引きつけられ、信託委員会に頼んで信託財産本体に手をつけて、ＩＢＥＣに百万ドルを投資した。長年にわたって、ＩＢＥＣはわたしの最大の個人的投資先のひとつとなった。

一九四八年、わたしはペギーを伴なって、はじめて自分の担当区域に出張した。わたしたちは、プエルトリコ、キューバ、パナマのチェース支店をめぐり、ヴェネズエラとメキシコにおける銀行の貿易金融事業を見て回った。チェース銀行の地位や展望が国によって大きく異なることがわかった。パナマ共和国および運河地帯では市場を支配している。キューバでは、砂糖生産への融資が主で、ほかの事業はほとんど行なっていない。プエルトリコでは、地位が低かった。はじめての旅行から戻ったときには、チェース銀行には事業範囲を大幅に広げる余地があると確信していた。一九四八年の三月には、感じたことを書き留めて、ウィンスロップ・オールドリッチに報告した。わたしはカリブ支店に言及して、次のように述べた。

「全三支店に対する一般的な印象は次のとおり。これらの支店は保守的な商業銀行の方針に従って経営されているが、自分たちが身を置いている地域共同体における役割については総体的な思想や哲学がほとんど見受けられない……わたしの印象では、農業の改良、流通の効率化、工業化の拡大によってこれらの国々の生活水準を引き上げる計画を立案、実行するための建設的かつ積極的な支援方法は、求めさえすればいくつもある」

半世紀以上も前に書いた文を読んでみて、会長に向かって銀行経営を批判する自分の無謀ぶりに驚いた。しかし、商売の手法を変える必要があることは間違いなかった。同文書には次のような記述もある。

「間違いなく、ラテンアメリカでは、国粋主義とそれに伴なうもろもろの傾向が強まっている。近隣のラテンアメリカ諸国が、自国領土内において、地域経済に積極的な関心を持たないアメリカ機関を許容していた時代は過ぎ去った。したがって、他社だけでなく、わが行自体の利益のためにも、チェース銀行は、ラテンアメリカ全体、とりわけ南部の支店に関する経営方針全般を考え直すべきである」

驚くべきことに、わたしの上司は、さまざまなサービスの試行や、ラテンアメリカの事業拡張を許してくれた。

牛を担保にするパナマ

パナマは、変革を始めるにはきわめて好適な場所に思えた。チェース銀行は、パナマ共和国とパナマ運河地域で二十五年間営業を続けており、この両地域における全銀行預金の五十パーセントを保有していた。また、運河の通行料、砂糖やバナナなどの作物の輸出、パナマ市やコロン港の地元商人の取引などに対する融資を行なっていた。しかし、わが社の預金は貸付金をはるかに上回っていたので、パナマ支店長とわたしは、チェースが地元の預金の大部分をパナマの経済成長促進のために利用するべきだということで意見が一致した。

手始めに、わたしたちは、パナマ西部の僻地《へきち》、チリキ県の小さな町に支店を開設して、牛牧場の経営者への融資を行なった。くしくもその町の名はダビド（訳注：デイヴィッドのスペイン語読み）という。なかなか信用貸しをしてもらえないので、牧場経営者たちは事業拡張をあきらめていた。そこで、わが社は動物を担保とする貸付を始めた。一九五一年、支店開設時にダビドへ行ったときは、わたしも担保の牛にチェースのロゴの焼印を押す手伝いをしたのだ！

信用貸しを利用しやすくしたおかげで、牧場経営者たちの事業拡張が可能になって、チェース銀行は多額の収益をあげ、パナマ国民の安寧に寄与した外国銀行という評判を得た。パナマ運河の所有権と運営権をめぐって愛国熱が高まるにつれて、チェースにとっては、有利な立場を保つために地元経済の発展を快く支援することが重要になっていった。

キューバの砂糖黍《さとうきび》と革命

〝アンティル諸島の真珠〟キューバは、同様に魅惑的な機会を与えてくれたが、政治的な安定の面では重大な危機に見舞われていた。米西戦争以来、アメリカはキューバ経済において支配的な地位を築き、それにつれて、砂糖黍の生産と、そのアメリカ市場への輸出に大きく依存するようになっていった。

チェースは砂糖黍生産の融資において中心的な役割を果たしているアメリカの銀行だが、その一方で、砂糖の輸出がキューバ島の商業に占める割合はわずか二十パーセントほどだった。煙草《たばこ》、鉱業、観光など、その他の部門には、チェースはほとんど関わっていない。わたしは、チェースは事業基盤を広げるべきで、それも早急にやりとげる必要があると信じていた。そして、少なくとも当時としては奇抜な案を思いついた。既存の支店網を持つ地元キューバの銀行の株主になることだ。わたしは本社の承認を得て、キューバの銀行のなかでも最高の規模と業績を誇るキューバ信託銀行の会長と話し合いを始めた。しかし、キューバ国民としてのプライドが主な原因で、わが社の提案は実らなかったので、かわりに、ハヴァナに二支店を新設した。

銀行の買収に成功しなかったことが、のちにかえって幸いした。一九五九年一月一日、フィデル・カストロがバティスタ独裁政権を転覆させたのだ。ニューヨーク・タイムズ紙はカストロを〝民主主義かつ反共主義の改革家〟と評したが、事態はそのようには運ばなかった。

数カ月のうちに、カストロは、西半球ではじめて、ソ連びいきのマルクス主義政権を樹立した。一九六〇年、カストロは、チェースの全支店も含めて、二十億ドル相当の米国資産を差し押さえた。チェースにとって幸いなことに、カストロは、キューバ政府にアメリカ国債千七百万ドルを担保とする一千万ドルの未払債務があるという事実を見落としていた。支店を差し押さえられた返礼に、チェースは担保を売却してすぐさま損失を埋めた。うわさでは、カストロはこの事態を知ると、即座に中央銀行の会長を職務怠慢の罪で処刑したという。

プエルトリコの〝靴ひも作戦〟

一九四八年の覚書に、わたしは、プエルトリコでのチェースの地位は〝嘆かわしい〟ものだと記している。ウィンスロップ・オールドリッチは、一九三四年の支店創立をみずから認可したが、それからの年月、事業の可能性を高める努力はほとんどしてこなかった。

皮肉なことに、この場合、国粋主義――世界のほとんどの地域においては銀行業務に対する脅威となる――が類のない好機を与えてくれた。一九四八年、プエルトリコ島の〝自治領〟という地位を守ろうと先頭に立って奮闘していたルイス・ムニョス・マリン知事が、島の資源の開発と多角化を進める〝靴ひも作戦〟を実行に移した。これはまさにチェースの事業拡張のために用意された計画のように思えた。

ムニョス・マリンと、有能な経済開発事務官テドロ・モスコソとは、特に深く付き合った。信用貸しが開発努力の鍵《かぎ》となるので、わたしたちは政府所有企業の民間購入者に対する貸付制度を導入した。例えば、フェレ兄弟には製鋼所を取得するための百万ドルを貸し付けた。

チェースは最終的に島内で指折りの〝オフショア〟銀行となり、ポプラール銀行を取得しようとして拒絶されたのち、島内の支店数を増やした。そして、スキッドモア・オウイングズ・アンド・メリル建築会社に設計してもらって、アトレイに立派な本社ビルを建てた。

一九四九年末までに、〝南部〟支店に取り入れられた変化によって、強力な結果が生まれ始めた。従来の取引店業務は着実に増加していたが、新業務も同様だ。ヨーロッパでのわたしの経験とは対照的に、カリブ支店の行員は新アイデアの受け入れに熱心なようだった。ある新アイデアは、営業国の国民を雇用し、昇進させるというものだった。そうすれば、建設的な提携相手になりたいという重要なメッセージを地域社会に伝えられる。チェースは後年、積極的に世界進出を展開するにあたって、有能な地元人材の雇用というこの方針に従うようになった。

一九五〇年代初頭までに、カリブ海諸国の支店制度は、わが社の国外業務のうちで最も活発な分野として浮上した。わたしはカリブでの方針——支店増設、地元銀行の株購入、新たな融資活動の展開——を、世界の他地域への事業拡張モデルとして貪欲《どんよく》に利用した。その皮切りとなったのが南米の大国への事業拡張だ。

南米での事業拡張

ラテンアメリカ課に配属され、カリブでの業績向上に寄与してから二年後、わたしは副頭取に昇進し、ラテンアメリカでの全活動の責任を引き継いだ。わたしは可能なかぎり早く南米主要国をめぐる六週間の長旅に出て、事業拡張の可能性について評価した。

当時はジェット機が運行していなかったので、わたしたちは四発ターボプロペラ機コンステレーションの旅を長時間耐え忍んで、アマゾン川流域に果てしなく広がる熱帯雨林の上をゆっくりと飛びまわり、アンデス山系の危険な山頂を縫って慎重に進んだ。

一九五〇年の旅は、いろいろな意味で、わたしの人生の分岐点となるものだった。わたしは、銀行業が——昔の恩師ジョゼフ・シュンペーター教授の定義にのっとって言えば——創造的な業務となり得ること、そして、ラテンアメリカが経済開発によってめざましい成果をつかみとれる場所であることを悟った。旅に出る前は、アンナ・

ローゼンバーグの戒めが強く心に残っていたが、その後は、チェースを一生の職場として仕事に全力を尽くすようになった。

旅の道連れ兼ガイドのオットー・クロイツァーは、チェースのベテラン社員で、銀行員生活のかなりの部分をラテンアメリカで過ごした人物だ。絶えず安物の葉巻を吸っていた。朝ベッドの中で新聞を読みながら一本目の葉巻に火をつけ、夜がふけるまで一日中葉巻を吹かし続ける。煙がいやでたまらず、わたしは会議の合間に車で移動するときは換気のために窓をあけ放った。咳《せ》き込んでもあからさまな不快感を示しても、オットーはなんとも思わない。次の葉巻に火をつけるだけだ。

しかし、オットーは銀行経営に精通しており、業務のあらゆる側面を徹底的に教えてくれた。当時、南米各国は少数の主要商品の輸出に頼っており、外貨収入が優勢だった。ペルーの輸出品は綿、砂糖、銅。チリは銅と硝酸塩、アルゼンチンは大量の小麦と牛肉、ヴェネズエラは石油製品、ブラジルとコロンビアは毎年膨大な量のコーヒー豆を輸出していた。

輸出者宛《あ》ての短期信用状の期間は通常三カ月未満だが、チェース銀行はその期間を延長し、貿易のかなりの部分について融資を行なった。この輸出者たちはチェースの地元取引先銀行の顧客でもあった。この事業は収益性が高かった。しかし、これは定期的に起こることだが、商品の需要が減少し、価格が低下すると、銀行は取引先と収益を失う。また、経済が拡大し、商品に対する依存度が減少すると、銀行の収入は不安定になる。わたしたちは製品販売を拡張する必要があった。

数々の新たな可能性のひとつとして、政府への貸付が浮上した。長年にわたってチェースは多くの営業国の中央銀行と良好な関係を保っていたので、その関係をもとに事を進められそうだった。一例を挙げると、ブラジルの財務大臣から国内のコーヒー豆を担保とする三千万ドルの短期貸付依頼があり、即座に承諾したことがある。

従来の銀行業務からの脱却としてさらに重要だったのは、当時ペルー中央銀行の頭取だった旧友ペドロ・ベルトランの求めに応じて、外国為替市場におけるペルー通貨安定のため、アメリカ財務省および国際通貨基金（ＩＭＦ）とともにペルーへの三千万ドルの貸付に関与するようチェース銀行を説得したことだ。ペルーは、貸付担保は提供しなかったが、ＩＭＦが用意した財政改革計画の受け入れに同意した。アメリカの民間銀行が、このような取り決めをしてＩＭＦに協力するのはこれがはじめてだった。

政府への貸付は、慎重に計画を練り、じゅうぶんな安全策を取らなければ、危険を伴うこともあるが、わたしはそれが収益性の高い事業になると確信し、広範囲にわたる民間企業への貸付にも門戸をひらいた。銀行の国内部門の重役たちが、外国政府への貸付に本能的な不信感を抱いているのは周知のことだ。貸付先が自国よりも開発の遅れた国であればなおさらだった。収益が少ない割に、リスクが大きすぎると考えるのだ。この件では、わたしはジョージ・チャンピオンと意見が合わなかった。ジョージは当時の国内部門の部長で、銀行内で勢力を拡大しつつあった人物だ。この意見の不一致が発端となって、わたしたちのあいだの溝は時間の経過とともに大きく広がった。

資本市場開発の試み

ほんの短期間のラテンアメリカ実体験ののち、わたしは彼らの経済成長の遅れの原因が、自己資本調達のための中長期信用が欠けているせいだと悟った。個人資金を新企業に投じるラテンアメリカ人融資家が少ないうえに、ヨーロッパやアメリカにふんだんにある商業銀行や投資銀行は存在すらしない。国債の分野を除けば、証券の引受が可能な資本市場は皆無なのだ。

北アメリカとヨーロッパの商業銀行が、三カ月を超える信用貸しをめったに行なわず、貿易関連の活動のみを取引対象にしていたことも、問題を悪化させる原因となった。事業の拡張と多様化を望んでいるが、そのための財源が不足しているラテンアメリカの企業家にとっては、これは大きな不満の種だ。チェースにとってはすばらしい商機だが、ことを進める前に、まずは法律上の障害に対する回避策を見つける必要があった。

一九三三年のグラス・スティーガル法により、アメリカの商業銀行が国内の投資銀行業務に関与することは禁じられていた。ただし、一九一九年のエッジ法の規定により、国外ではそれが可能だった。チェース銀行はエッジ法子会社を所有していたが、そこはパリと極東の支店のための不動産持株会社として利用されているだけだった。わたしたちは認可状を修正して投資銀行業務を認め、新たな子会社を設立した。米州金融投資会社南米支社と呼ばれるこの子会社は、IBECとの合弁企業として設立され、ブラジル国内の証券の引受と分配を行なった。わたしはブラジルの十四の取引先銀行を勧誘して株主として加わってもらい、一九五二年初頭に新企業を起こした。

この米州金融投資会社は、営業開始から二年間は収益をあげたが、その後、ブラジルが不景気に陥り、停滞期を迎えた。それからは二度と最初の勢いを取りもどすことはできなかった。問題を解決して景気回復を待ちたいというわたしの嘆願にもかかわらず、本社内では、損失の少ないうちに手を引くべきだという圧力が高まり、わたしは戦いに負けた。一九五六年、チェースは米州金融投資会社の自社株をＩＢＥＣに売却した。

振り返ってみても、米州金融投資会社の根底にある概念は健全であり、ブラジルの共同出資者が国内屈指の銀行だったことも間違いない。ただ、残念なことに、チェース銀行には、このアイデアに興味を示したり共感したりする者がほとんどいなかった。わたしたちは、子会社を運営するための一流投資銀行員と、このアイデアがうまくいくことを証明するためのじゅうぶんな時間を必要としていた。ところが、聡明《そうめい》な若手行員が数人、この企画にまわされたものの、運営を率先する経験豊かな古参の投資銀行員は見当たらなかった。

皮肉なことに、チェースが米州金融投資会社から手を引いたのち、ＩＢＥＣがこの会社をフンド・クレシンコというミューチュアル・ファンド（オープンエンド型投資信託）に作り変えた。これがラテンアメリカ初のミューチュアル・ファンドだ。ブラジルの共同出資者の大部分がこの新企業に投資するようになり、この企業は非常に高い収益性を示して、今日もなお存続している。また、ブラジルの元共同出資者たちの多くが独自に投資銀行を設立したので、わが社のもともとの概念が有効であったことがさらに強く示された。悲しいことに、チェースは大きなチャンスをつかみ損ねたのだ。

チェースの内部抗争

米州金融投資会社を創業しようという取り組みは、わたしの国外部門での最後の活動のひとつとなった。一九五二年九月、わたしは上級副頭取に昇進して、ニューヨーク市の支店の顧客関連部署をまかされた。

国外部門で六年過ごすあいだに、わたしは、チェースをより積極的で収益性の高い金融サービス機関にするには、経営の構造と方式の激変を受け入れる必要があることを悟った。副部長から副頭取まで出世の階段をのぼったわたしは、みずから改革をいくつか実行することができた。しかし、重要度の低い部門に属する比較的若い役員だったので、基本的に重要だと思える分野に大きな影響を与えるだけの力はなかった。さらに、国内分野にも国際分野にもいる保守的な役員からは、わたしが提案した変革に対する抵抗や、銀行におけるわたしの役割に対する懸念《けねん》が感じ取れた。

わたしが手がけた国際銀行業務の導入は、波瀾《はらん》万丈で、数々の成功といくつかの失敗があった。しかし、国際的な拡大、ならびにより洗練された専門的経営と組織構成に対するわたしの考えが受け入れられるには、さらに丸十年以上を要した。

第11章　第二の本職のはじまり

戦後、わたしにはチェースのほかにも、注意を振り向けるべき責務がいくつかあった。なかでも重要なのは、妻子のことと、ロックフェラー一族としての業務、とりわけ、国際関係、都市問題、文化、教育の分野におけるロックフェラー業務だった。時がたつにつれて、これらの分野の重要性がますます強まり、わたしはそのためにかなりの時間を費して、〝第二の本職〟としか呼びようのない仕事に取り組むようになった。

家庭生活の確立

最初の、そして最も重要な課題は、妻子との結びつきを再生することだ。まずは、ニューヨークに終《つい》のすみかを定めるところから始めた。戦時中から戦後にかけて、わたしが世界各地を転々とするあいだ、不安定な日々を過ごしてきた妻子が、安心して暮らせる場所を作りたかった。

わたしが帰国したとき、家族は、戦争中に妻のペギーが見つけた五番街のマンションに住んでいた。わたしたちの第四子で、三女のペギーは、一九四七年十月にそのマンションで生まれた。ペギーは〝シリーズB〟として知られるようになった三人のうちの最初の子だ。そのあとに、二年ずつ間隔を置いて、リチャード（親愛なる友ディック・ギルダーにちなんで、いつも〝ディック〟と呼ばれていた）とアイリーンが続く。上の三人の子どものことだけを考えても、引っ越しはもう急務だった。

ペギーは東六十五丁目にわたしたちの要求を完全に満たす家を見つけた。成長期の子どもを抱える家族が住むにもじゅうぶんな部屋数で、温かい雰囲気が漂い、まるでカントリーハウスといった趣きだ。十八世紀英国風の松材の羽目板を張った広い居間と、小さな居心地のよい裏庭が特徴的だった。一九四八年半ばに購入したその家が、二十世紀のあいだずっと、わたしたちのニューヨークでの本拠となった。

週末には、子どもたちをポカンティコ・ヒルズへ連れていく。最初は敷地の囲いの中にあるスティーヴンズ・ハウスに泊まっていたが、すぐに自分たちの屋敷を所有することになった。離婚したばかりの姉バブスが、ポカンティコ・ヒルズのすぐ外にあるジョージアン・ハウスを離れて、ロングアイランド島のオイスターベイに移り住むことになったからだ。

ジョージアン・ハウスは美しい赤煉瓦《あかれんが》造りで、一九三八年にモット・シュミットが姉のために設計した屋敷だ。わたしたちが広い別荘を欲しがっていると知った母が、その屋敷をわたしたちに売るようバブスを説得してくれた。わたしたちがハドソン・パインズ邸と名づけたその屋敷は、一族の地所から公道を挟んだ向かい側に位置していた。屋敷には、土地十六万平方メートル、管理人住居、馬小屋、花畑と野菜畑、納《な》屋《や》数軒が付いている——まさに望みどおりの別荘だった。

ペギーとわたしは避暑用として、メーン州の海辺にも居を構えた。わたしは子ども時代の夏をマウントデザート島のアイリー邸で過ごして、そこでセーリングを習い、自然への興味を深めたので、わが子にも同じ体験をしてほしかった。戦前に数回、いっしょにわたしの両親を訪ねてこの地へ来たペギーは、山や沿岸諸島への愛を分かち合うようになった。ウェストワード荘を両親が使わせてくれたので、わたしたちは大喜びだった。この屋敷はニューイングランド地方の簡素な白い木造家屋で、海の近くに建っている。わたしたちがそこでの生活をほんとうに楽しんでいると知った父は、気前よくその屋敷を譲ってくれた。

分相応の暮らし

一年間に三軒の屋敷を手に入れたことによる難点はただひとつ、その広めな三軒の屋敷のために大量の家具をそろえる必要があったことだ。わたしは自分の資産を所有しておらず、父が一九三四年に設けてくれた信託の収入に頼っていたので、家具の購入は経済的に由々しき難問だった。信託収入は、一九四六年には、税引き前で僅《わず》かに百万ドルを上回るにすぎなかった。

ところが、この〝税引き前〟という言葉がくせものだ。戦時中は、百万ドルを超える収入に対する税率が九十パーセント近くまで上昇した。わたしの場合、最初に寄付金十五万三千ドルを控除《こうじょ》したうえで、一九四六年の税額が、正確には七十五万八千ドルにのぼった。結果的に、手もとに残る裁量所得は十五万ドルに満たない。つまり、たとえ総所得が百万ドルでも、実際に使える金額はじつにささやかなものなのだ。

ペギーもわたしもむだ遣いをしないように育てられたが、ふたりとも、所有するなら質の高いものがいいと考えていた。わたしたちは運よく、戦争直後に、ロンドンのドーチェスター・ホテルで骨董市《こっとういち》を始めたイギリス人美術商セシル・ターナーと出会った。セシルはわたしたちの予算制限を理解していたが、質のよい家具をそろえたいというわたしたちの主張に賛同してくれた。わたしたちはセシルの庇護《ひご》のもとで、高級品を見分け、にせものを見抜く方法を教わった。長年にわたり、セシルはわたしたちがまかなえる範囲内で多数の十八世紀英国家具を購入するのを手伝ってくれた。

熱心な鑑定家で収集家でもある母とルーシー伯母の影響で、趣味が高じて、わたしたちの骨董熱は、陶器、銀器、ガラス製品にまで広がった。フランスの印象派と後期印象派に興味を抱き始めたのが、屋敷の家具がすべてそろったあとだったのは、少なくともわが家の懐《ふところ》事情にとっては好都合だった。

ペギーの少なからぬ才能とたしなみと倹約のおかげで、わたしたちは室内装飾家を使わずに、屋敷に家具を備えつけることができた。室内装飾家の免許を取ったおかげで、妻は家具を三割引で購入できるようになった。妻がはじめて室内装飾の腕を磨く機会を与えられたのは、結婚直後のことだ。父がペギーに、スティーヴンズ・ハウスの家具の備え付けと室内装飾を引き受けてくれたら報酬を支払うと約束したのだ。短期間のうちに、妻はあちこちの店を見て回り、魅力的な家具、敷物、厚地のカーテンなどを卸値で買い求めた。必要なものすべてを五千ドルで調達したペギーの手腕に、父は舌を巻き、賛辞を送った。長年かけて、妻はわが家を居心地のよい親しみやすい場所にしてくれた。財源が豊かになると、わたしはわが家に風格と気品も望むようになった。

兄弟の組織

一九四六年初頭、男兄弟五人が全員ニューヨークに帰り、以前の生活に戻ったとき、父はなおも、ファミリー・オフィスの絶対君主で、数々のロックフェラー慈善事業の定評ある道徳的指導者で、一族の莫大《ばくだい》な財産の管理者だった。世代交代がさらに早く進むようであれば、父を相手に男兄弟全員で共同戦線を張り、未来へのヴィジョンを一致させる必要があることが、まもなく明らかになった。

戦前はネルソンが率先して、わたしたちの世代をまとめてくれた。ネルソンは定期的に会合を開いて、自分たちのキャリアについて話し合うとともに、共通の利害を伴う問題に対してどう協力し合うべきかを検討しようと提案した。当初、わたしたちはほぼ二カ月おきに集まった。場所はたいてい、ポカンティコのプレイハウスだが、時折誰かの家に集まることもあった。

兄たちとの会合は、一族内の問題に効率よく対処し、より個人的なレベルで連絡を保つ機会を作るという両方の面で、実際に役立った。わたしたち五人の意見は大きく違うし、利害が衝突することもあったが、それでも、お互いに対する基本的な敬意と愛情を保てたのは、この定期的な集まりに負うところが大きい。ほかの裕福な一族の場合、必ずしもそううまくいっているとは限らなかった。

姉のアビーにも参加を勧めたが、興味を示さなかった。父にも同席を求めたが、やはり断られた。息子たち全員と一度に顔を突き合わせることに、父は、おびえに近い気詰まりを感じたようだ。おそらく、わたしたちが一致団結して、父に反旗を翻《ひるがえ》すことをおそれたのだろう。母ならわたしたちの会合を楽しめただろうが、父を差し置いて自分だけ参加するという気にはなれなかったようだ。そんなわけで、母にも参加を断られて、会合はわたしたち男兄弟だけで行なわれることになった。

兄たちの一致した意見で、わたしは書記役に選ばれ、議事録を任された。わたしが一番年下で、〝唯一《ゆいいつ》の博士さま〟だからだ。会合を開いていた三十八年間、わたしはその地位にとどまっていた。後年は、全員の多様なキャリアと忙しいスケジュールのせいで、定期的な会合は不可能になったが、それでも、年に二回以上は必ず集まった。

会合を始めたのは一九四〇年で、当初は、各自の活動や計画について最新情報を交換し合っていたに過ぎない。しかし、まもなく、わたしたちは慈善事業こそ親密な協力がものを言う分野だと判断した。それまでは、兄弟ひとりひとりが多数の慈善団体から年次要望書を受け取り、それぞれが自分の好みと財源に応じて別々に返事をしがちだった。そこで、わたしたちは、ユダヤ懇請連合、カトリック慈善団体、プロテスタント福祉機関連盟、病院医療研究財団、赤十字社、黒人学校基金連合などの組織への寄贈は、プールしておくほうが効率的かつ効果的だと考えた。その結果、一九四〇年後半に、ロックフェラー兄弟基金（RBF）が設立された。設立当初の十二年間、兄弟基金は寄付行為を行なわず、そのかわり、兄弟各自が収入に応じて年次寄付を兄弟基金に寄せた。父の慈善事業上級顧問アーサー・パッカードが理事長を務め、資金割当の決定を手伝ってくれた。

十年後には、それぞれの兄弟基金への年次寄付が積み重なり、兄弟各自が起こした組織や、誰かが特別な興味を抱いた組織を支援できるだけの金額に達した。

例えば、ネルソンは、米国国際経済社会開発協会（AIA）を創立して、アメリカ政府の農業拡張計画と同様に、ブラジルをはじめとする南米諸国の農民に地方貸付金や助言を提供していた。兄弟基金はこの運動の有力な資金提供者となった。ジョンは、世界人口急増の危機という重大事の緊急性をいちはやく察知し、深く憂慮していた。

兄弟基金は、創業当初の数年間、ジョンの人口協議会に多くの支援を与えた。時がたつにつれて、兄弟基金は、互いに協力し合う機会と、わたしたちの世代の価値観と目標を反映した慈善哲学を築く機会を与えてくれるようになった。

父からロックフェラー・センターを購入する

戦後のわたしたちの会合で、ロックフェラー・センターの将来ほど重要な議題はほかになかった。創業から十八年間、この不動産は、メトロポリタン生命保険会社と父が負っている借金の返済どころか、利息と税金を全額支払うに足る収益すら生んだことがなかった。一九三〇年代半ばに建設が完了してから、父は十年近くにわたって、ロックフェラー・センターの営業損失を穴埋めしていた。一九四四年末までに、父は合計一億二千万ドルを投資した。普通株五千五百万ドルに加えて、無利子手形六千五百万ドルだ。結果的に、父がすべて所有していた普通株には、ほとんど価値がなかった。

それにもかかわらず、戦争前の数年間ロックフェラー・センター会長を務めたネルソンは、この不動産に大いなる長期的な可能性を見出《みいだ》した。借金を返済してしまえば、徐々に価値のある資産になっていくと確信していたのだ。ネルソンは兄弟に、父からロックフェラー・センターの普通株を購入し、自分の見出した〝大いなる可能性〟を活用しようと勧めた。わたしたちの同意を得て、ネルソンはこの件で父に強く迫った。父はネルソンの主張の妥当性を認めたが、すべてが自分の裁量で運ぶわけではないのだと説明した。株を売るには、まず、不動産貸主のコロンビア大学と、主要債務保有者のメトロポリタン生命の双方から許可を得なければならない。メトロポリタン生命はすぐに承諾してくれたが、大学側は賃貸借契約を修正したあとでようやく同意した。契約には一分のすきもない修正が加えられ、賃貸料支払いを履行することと、普通株を一族以外の者に売らないことを保証させられた。もともとの負債に対する未払いが少しでもあるかぎり、株の配当金は支払うべからず、と規定する条項も加えられた。兄たちとわたしがこれらのきびしい条件を認めたのは、長期的にはロックフェラー・センターの財政見通しは明るいと信じていたからだ。とはいえ、こうした限定的な賃貸借条項によって、コロンビア大学が貸主であるかぎり、ロックフェラー・センターの柔軟性と市場性には制限が課せられたままだった。

一九四八年、これらの複雑な問題が解消されたのち、父は評価額二百二十万ドルのロックフェラー・センター株をわたしたちに売却した。わたしたち五人は、各人四十四万ドルの負担で、テナントで満員の一等地に建つロックフェラー・センターならびにビル十一棟の所有権を獲得した。しかし、この会社の所有権を得るということは、八千万ドルの負債も引き受けることを意味する。メトロポリタン生命になおも二千万ドルの負債があり、あとの六千万ドルが父への負債だ。一九五〇年、わたしたちはメトロポリタン生命への借金返済を終えて、その翌年には父に二百万ドルを返済した。

負債残額の処理について最終的な解決策が得られるまでは、家族内に大きな緊張がもたらされた。一九五二年には、父は七十八歳で、これまでもけっして強健とはいえなかったうえに、徐々に体力が衰え始めていた。父の弁護士は、ロックフェラー・センターの約束手形を保有することが財産に与える影響について懸念《けねん》を深めるようになった。わたしたちが普通株を購入してまもなく、ネルソンは父に負債を棒引きにすることを願い出た。そうすれば、浮いた資金で、ロックフェラー・センターを近代化したり、場合によっては拡張したりすることもできる。

父はその意見に反対で、その場合は自分が贈与税二千六百万ドルの支払義務を負うことになると指摘して、願いを退けた。負債の棒引きが実現しそうにないので、わたしたちは、兄弟基金への約束手形譲渡を提案した。兄弟基金は大いに寄付を必要としていた。実のところ、ネルソンはこの件について非常にはっきりした意見を持っており、この提案を呑《の》まなければ、ロックフェラー・センターの会長を辞任すると言って父を脅した。最終的には父が折れて、兄弟基金に手形を譲渡した。これをもって、父は事実上ロックフェラー・センターへの財政的関与から手を引き、わたしたち兄弟が完全に経営を任された。

父が兄弟基金に寄付した五千七百七十万ドルは、大きな意味があった。ロックフェラー・センターがその後十七年かけて借金を返済する一方、兄弟基金は徐々に寄付金を集めたので、以前なら不可能だった新たな構想も支援できるようになった。ロックフェラー兄弟基金は、同世代で最も意義深い共同慈善事業として頭角を現わし、人口問題、自然保護、経済発展、都市問題、基礎的科学研究などの分野における団体を支援する最重要手段となった。

ロックフェラー・センターは、兄たちとわたしだけでなく、その後継者にとっても、ますます投資価値を高めていった。しかし、父にとっては、この投機的事業はほぼ完全に金銭的損失だった。父の投資額は全部で普通株五千五百万ドルと個人手形六千五百万ドル（返済金を調達するために、大恐慌《だいきょうこう》時に石油株をはじめとする有価証券を底値で売却した際の〝機会費用〟は考慮していない）。合計一億二千万ドルの投資に対して、普通株での受取額は二百二十万ドル、手形で返済された額はわずか七百五十万ドル。あまり気づいている者はいないが、大恐慌時代にロックフェラー・センターの建設を進めるという勇気ある決断の結果、子孫は長期的利益を得られたが、当の本人は一億一千万ドルを超える損失をこうむったのだ。

ポカンティコの地所を購入

兄弟の会合でのもうひとつの重要な議題は、千三百三十五万平方メートルのポカンティコ屋敷の将来についてだ。一九四〇年代後半には、財産譲渡の税金が非常に高くつくようになり、父の屋敷についてこれから問題になりそうな事柄に対処するべく行動を起こす必要があった。

ネルソンは、兄弟みんなに内緒で、ポカンティコの所有地をわたしたちに売却するよう父に持ちかけた。父はその話にあまり乗り気ではなかった。なにしろ、若いころにはみずからカイカット邸の設計と建設を手がけ、その後も地所の開発を監督して、国内屈指の美しい地所を創《つく》りあげてきたのだ。人生の大半、自分にとって大きな意味を持っていた所有地の管理権を喜んで手放す気になれないのも無理はない。しかし、ネルソンは、父が売却を断るなら、兄弟の誰もこの地所にとどまろうとは思わないだろうとほのめかした。それは事実をかなり誇張していたが、父にしてみれば息子たちから最後通牒《つうちょう》を突きつけられた形で、即時売却に応じた。

一九五一年一月、父はヒルズ不動産会社を設立し、地所全体をそこに取り込んで、かわりに七十万ドル相当の株を得た。翌年、父はヒルズの株をすべてわたしたち五人に売却したが、生涯不動産権だけは自分のものとした。わたしとしては納得のいく妥協案に思えた。わたしたち兄弟はひとり十五万二千ドル余りの支払いで、地所全体の未分割の所有権を五分の一ずつ得たのだから。

一族所有財産の立て直し

高率な個人および法人所得税のせいで、兄たちとわたしは、もっと収入を生み出し、また資本金を増やすために、主要な財産を立て直す賢明な方法を探す必要があった。ロックフェラー・センターが最大の単一資産だったので、主目的はその分割所有を解消することだ。当時は、コロンビア大学が土地を、兄たちとわたしが建物を分割所有していた。普通株の購入から数カ月後、ウェッブ・アンド・ナップ不動産会社のウィリアム（ビル）・ゼッケンドルフ社長に、わたしたちのとるべき道を検討してもらった。ビルの提案は、新しい会社を作って、土地と建物の両方を買い取り、二十五年かけて負債を償却するというものだった。コロンビア大学にこの案を持ちかけると、きっぱり断わられた。

ビルは次に、不動産所得の優遇税制を利用して、ロックフェラー・センターの財政を立て直すことを提案した。要点はこうだ。不動産会社——ロックフェラー賃貸やその関連事業によって得られる所得が全体の五十パーセントを超える会社——が七パーセント程度の税金を支払っているのに対して、他業種の会社は、純益の五十パーセントの税金を課される。わたしたちがロックフェラー・センターを購入してからというもの、利益は着実に増加し、一九五二年には、ほぼ二倍の百九十万ドルに達していた。その金額と有価証券収入を合わせてもなお、最低法人税率の適用対象になるのはほぼ間違いないと、ビルは力説した。

しかし、大きな問題がひとつあった。コロンビア大学との賃貸借契約には、年間借地料以外にも多くのことが定められている。その契約は、文字どおり、ロックフェラー・センターの財政構造のあらゆる面を支配しており、わたしたちが企業の財政構造に論理的かつ良識的な変化を加えるのを阻《はば》んでいた。例えば、わたしたちは、賃貸料の支払い保証として、いかなるときもエスクロー資金に米国債で千四百万ドルを保持し、ロックフェラー・センターの回転資金を三千万ドルのレベルに保たなければならない。また、回転資金のうち株式投資に遣えるのは二十五パーセントまでだ。つまり、ロックフェラー・センターの投資ポートフォリオの九十パーセント以上は低収益の国債に投資せねばならず、これは年利率二パーセントにも満たなかった。

ロックフェラー・センターが設備改良の資金調達と借金返済に必要な高収益を生み出すようにするには、コロンビア大学を説得して、この時代錯誤できびしい賃貸借規定を修正してもらうしかなかった。

コロンビア大学の弁護士と会計士は議論の要旨を理解してくれた。ロックフェラー・センターの規模と収益性を高めるのは、大学にとっても、わたしたち一族にとっても大事なことだ。大学側は、エスクロー資金と回転資金の両制限の撤廃に同意したが、交換条件として賃貸借料の大幅値上げを要求してきた。わたしたちは、一九五三年初頭、株価が高騰《こうとう》する直前に新たな投資計画を開始した。結果的にいうと、戦略内容、時機、ともに絶妙だった。

ヒルズ不動産はまったくべつの障害をもたらした。この会社の唯一の収入源は、ポカンティコ地所の維持費をまかなうためにわたしたちがポートフォリオに追加した有価証券だった。収益力のある不動産を追加しなければ、法人税率七パーセントという利点は享受《きょうじゅ》できない。この税率を得るために、わたしたちはヒルズ社を介して金を借り、マンハッタンのカーライル・ホテルの株を取得した。のちにこの株が、ニュージャージー州エディソンのムーアズタウン・ショッピング・センターと工業団地のはるかに大きな株とのスワップ取引に使われた。最終的には、アッパーイーストサイドのパークバーネット競売場とも土地賃貸借契約を結んだ。これらの不動産から生まれる収入は、ヒルズ社の株式収益を相殺《そうさい》する重要なものとなった。このように税法を巧妙に利用したおかげで、その期間は、ほかの収入源に対する個人および法人所得税の高額な支払負担が軽減された。

慈善事業の伝統

ロックフェラー家の慈善事業の伝統は単純で簡素なものだ。わたしたちは資金を気前よく提供し、地域共同体や国の問題に積極的に関わることを求められる。これこそ、父自身が若い時分に身につけ、わたしたちにことこまかく教え込んだ受託者責任の教義だ。わたしたちは大いに恵まれた一族なのだから、社会に報いる義務がある。

父は、子どもたちひとりひとりが一族と強い結びつきを持つ組織に関与することを願っていたが、わたしたちは自分の関心ごとを自由に追求することもできた。わたしは、教育文化機関、特に、シカゴ大学、ロックフェラー医学研究所、近代美術館の活動に力を入れた。また、一九三〇年代の旅行や戦争中の経験によって身についた国際問題についての認識を、外交問題評議会、カーネギー国際平和基金、ニューヨーク・インターナショナルハウスとの積極的な関わりによってさらに発展させた。最終的には、ラガーディア市長のもとで働いて、複雑な都会生活に対する強い興味をかきたてられた。その興味の現われとして、ウェストチェスター郡計画委員会に貢献し、モーニングサイド・ハイツ社の創立を主導するようになった。これは都市の衰退と再開発の問題に対してアメリカで初となる民間による取り組みのひとつだった。

ロックフェラー大学の再編

わたしがはじめて教育機関の経営に乗りだしたのは、祖父が一九〇一年に創立したロックフェラー医学研究所の役員会でのことだ。父はこの研究所の創立と拡大の推進役となり、一九四〇年代後半にもなお七名で構成される評議員会の会長を務めていた。

父は、生物学、病理学、生理学の分野における研究所の科学者たちの先駆的な業績と、その研究が黄熱病、梅毒、肺炎などの感染症治療におよぼした実際の影響を非常に誇りに思っていた。

父は研究所の根本的な使命である科学知識の追究をとりわけ強く支援した。まずは生物科学における基礎研究ありきで、応用は必然的にあとからついてくるということを、父は理解していた。ペイトン・ラウスによる、ウイルス性発癌《はつがん》の解明という独創的な研究。アルバート・クロード、キース・ポーター、ジョージ・パラディによる、細胞の構造と機能の位置づけという取り組み。オズワルド・エイヴリー、コリン・マクラウド、マクリン・マッカーティによる、DNAが遺伝情報の担《にな》い手であるという発見……。これらはロックフェラー研究所における成果がいかに優れたものであったかを如実《によじつ》に示すものである。これらの成果により、科学的研究と医療行為の本質が変化し、一九〇一年の研究所設立時に祖父と父が思い描いていた使命が達成された。

ロックフェラー研究所は、その華麗な歴史にもかかわらず、一九四〇年代後半に岐路に立たされた。指導者、科学的使命、資金について厄介な問題がいくつも持ち上がったのだ。父は一九五〇年に引退するつもりでいたし、研究所所長であり、ノーベル賞を受賞した神経生物学者ハーバート・ガッサー博士も数年後には父のあとを追うはずだ。父は、長年役員を務めた息子のジョンが自分のあとを継ぎ、役員会のトップとして指導者の地位に就くものと決めてかかっていた。しかし、一九四六年初頭、ジョンは役員を辞任して、ウィリアムズバーグ復元とロックフェラー財団に集中することにした。やがて、この重要な研究機関に対する一族の責任という伝統を引き継ぐのはわたしだということが明らかになった。

一九五〇年にわたしが父のあとを継いだとき、まず必要とされたのは、研究所を存続させるための手段を決めること。そして、何よりも、そもそも存続するべきかどうかを判断することだった。本来の使命がおおむね達成されたので、実際に研究所の閉鎖を望む役員も数人いた。わたしとしては、閉鎖など問題外。とはいえ、わたしたちは、生命医学の分野で研究所が果たすべき特別な役割を決める必要があった。

資金調達も重要な問題だった。この研究所には祖父が基金を寄付し、父が事業拡張のための資金と土地を追加した。長年にわたってポートフォリオをうまく管理した結果、一九五〇年には、その評価額は約一億ドルに達した。しかし、ロックフェラー研究所は、完全な独立を維持するために、政府はおろか、他の民間財源からの資金もけっして受け入れなかった。父の考えでは、それらの資金を受け入れれば、研究者たちが自分の重視する研究を進める際に独立性が損なわれることになるからだ。結果的に、一九三〇年代半ばには費用が収入を上回り、人員削減を余儀なくされて、研究範囲が狭められてしまった。方針を変更して新たな財源を得なければ、研究所はまぎれもなく二流組織になってしまうおそれがある。

ロックフェラー研究所には総合的な評価が必要だったので、わたしは役員たちをそそのかして、デトレフ・ブロンク博士に委員長を務めてもらうよう頼み、評価を下してもらおうとした。博士はジョン・ホプキンズ大学学長とアメリカ科学アカデミー委員長を務めており、研究所の科学部門役員でもあった。生理学者としても生物物理学者としても高い評価を得ており、独立した科学的研究の重要性を信じ、研究所の先駆的な研究を賞賛していた。しかし、ブロンク博士も、わたしを含む他の委員たちも、研究所がより競争の激しい困難な環境を生き抜くには、変化が必要だという点で意見が一致した。

ブロンク率いる委員会は、一年かけて、研究所の科学的研究、およびその財務資源と物理的資源を見直した。また、世界中の多くの一流科学者や教育者と話し合った。見直しにより、次のような結論が出た。完全独立型研究所の時代はもう過ぎ去った。わたしたちは強力な教育部門を設けて基礎研究を補い、外界との接触を増やす必要がある。

五十年のあいだ、研究所は志を同じくする学者たちの共同体として運営されてきた。それぞれ独立した研究室の室長は、研究分野の規範と同領域の専門家たちの意見にのみ従って、独自のやりかたで自由に科学的研究に取り組んでいたのだ。偉大な物理学者ニールス・ボーア博士が〝科学共和国〟と呼んだこの体制は、過去においてはうまく機能していたし、わたしたち全員、とりわけデトレフ・ブロンクは、科学の自由を侵害することは望んでいなかった。とはいえ、その自由は、中央集権化の傾向を強め、協力関係を育《はぐく》み、財務的実態を自覚することなどと釣り合いを取らなければならない。ブロンクは委員会の原動力となった。調査が進むにつれ、ガッサー博士の後継者にはブロンクが最適だという意見が大きくなった。最終的には、委員会の熱烈な支持のもと、わたしがブロンクを説得し、ホプキンズ大学を辞職してロックフェラー研究所の新所長に就任してもらい、改革案の導入をまかせた。

一九五三年のブロンクの所長就任は、事実上、研究所の〝第二の創立〟となった。ブロンクの主要任務は、研究所を生命医学研究を目的とする大学院に変貌《へんぼう》させることにあった。ブロンクは就任後すぐさま、移行に着手した。一九五三年後半、役員たちの投票で、ニューヨーク州法にもとづいて研究所を法人化し、博士号および医学博士号授与の権限を持つ大学院とすることが決められた。同時に、科学諮問《しもん》委員会と評議委員会が合併された。この団体がブロンクを学長に任命し、わたしは理事長に就任した。一九五四年には新大学の認可を受けたが、感傷的な愛着が先立って、すぐには名称を変更せず、一九六五年になってからやっと、ロックフェラー大学という名称に正式変更した。

また、ブロンクは大学の学科範囲を広げるために早急に行動を起こし、数学者、実験物理学者、理論物理学者、心理学者、さらには少数の哲学者まで教授陣として招き入れた。独立研究所の体制は維持されたが、大学教員の職位が導入された。しぶる者も多かったが、昔の〝研究員〟という肩書きは、ありふれた〝教授〟に変更された。

一九五五年に、わたしたちは大学院一期生として十名を迎え入れた。研究所の長い伝統を守って、学生たちは先輩科学者たちの近くで働き、研究分野の必須《ひっす》事項を直接身につける。在職中ずっと、ブロンクはみずから入学希望者全員との面談を行ない、最高水準の優秀な学生を受け入れることにこだわった。

これらの変化にはすべて追加資金が必要だったが、ブロンクは自分が新たな財源探しに長《た》けていることを証明してみせた。トルーマン政権とアイゼンハワー政権の時代、ブロンクは国立衛生研究所と国立科学財団の創立に重大な役割を果たした。両機関ともアメリカにおける科学研究の重要な資金提供源となり、その年間予算のかなりの部分が一九五〇年代後半に開校したこの大学に流れ込んだ。

この間、ブロンクとわたしは密に協力し合って大学の施設を拡張した。わたしたちは九階建ての研究棟、院生と博士研究員の寮、講堂、優美な国際様式の学長宿舎を増設した。設計者はわたしの友人ウォレス・K・ハリソンだ。

わたしの理事長としての在職期間は一九七五年に終了した。それは、遺伝子がDNAから成るという発見により、生物学の分野に科学的進歩——遺伝学の革命——が引き起こされた激動の期間でもあった。医学史研究家ルイス・トマスによると、この発見は「わたしたちの自然観を変え続ける生物学的革命への道を開いた」。

今日でも、使命が洗練され、管理体制が再構築され、財務状態がふたたび活性化したロックフェラー大学は、科学技術を活用して、生命における最も複雑な、健康に関係する問題への答えを求めるうえで、きわめて重要な役割を果たし続けている。一九五〇年代初頭における機関の徹底改革は、この過程に不可欠な第一歩であり、わたしはそこにひと役買えたことを非常に誇りに思っている。

アルジャー・ヒスとカーネギー基金

一九四七年初春のある朝、まだチェース銀行国外部門の副部長を務めていたころに、わたしはカーネギー国際平和基金の新会長の訪問を受けた。アルジャー・ヒス会長は、端正で彫りの深い顔立ちの、瘦《や》せたひょろ長い男だ。わたしは物腰やわらかで礼儀正しく魅力的なヒスがひと目で気に入った。あいさつを交わしたあとで、わたしは自分がカーネギー基金の役員に選出されたことを知らされた。ヒスはわたしがその役を引き受けることを望んでいた。

カーネギー基金は、一九一〇年、アンドリュー・カーネギーが戦争防止と効果的な国際法体系の創出という、自分の関心事を追求するために設立した団体だ。コロンビア大学学長でノーベル賞受賞者のニコラス・マレー・バトラーが、カーネギー基金を二十年間統率して、アメリカ屈指の立派な財団を作り上げた。バトラーの引退後、すぐに後継者として選ばれたのがヒスだ。

ヒスの経歴は若い割に立派なものだった。ハーヴァード・ロースクール卒業生で、フィーリクス・フランクファーターに師事したのち、オリヴァー・ウェンデル・ホームズ率いる最高裁判所の職員を務める。ニューディール政策時代には、農務省と司法省の両方で働いたあとで国務省に移った。第二次世界大戦が終わるまでそのまま国務省にとどまり、アメリカ代表団とともにヤルタ会談にも加わった。のちにヒスがソ連のスパイとして告発された際には、この事実が世間に大きな衝撃を与えることになる。

名誉あるカーネギー基金役員会への参加要請は、うれしい話だった。役員会にはドワイト・D・アイゼンハワー将軍やIBM創立者トマス・J・ワトソンなどの著名人が名を連ねていた。議長を務めるのは有名な国際弁護士ジョン・フォスター・ダレス。フォスターとその家族とは大学時代からの知り合いだったので、委員に選出されたのもそのおかげだったのだろう。フォスターは冷淡でまじめで厳格だと言われていたが、わたしの知るかぎり、ユーモア感覚にすぐれ、楽しく付き合える相手だった。その娘リリアスはわたしの大学時代の小さな友人グループのひとりで、ペギーとも親友どうし。実のところ、一九三〇年代後半、わたしがペギーと交際していたころ、ペギーはニューヨークにあるダレス家の別邸に入り浸っていた。

ヒスの申し出についてネルソンに話したところ、兄は、FBI高官からヒスがソ連の諜報員《ちょうほういん》であることを示す確かな情報があるという警告を受けたと、内緒で教えてくれた。この話をフォスターに伝えると、信じられないという答えが返ってきた。フォスターの名声、経験、筋金入りの反共主義者という世評などを考え合わせて、わたしはその判断を受け入れ、一九四七年五月に基金役員会に加わった。その一年後、アルジャー・ヒスに対するスパイ容疑が新聞の一面をにぎわすことになった。

当時、カーネギー基金の役員は、行事計画や場所選定などの日常的な問題に忙殺されていた。実のところ、役員会ではもっぱら、ニューヨークからワシントンへの本部の移動について、また、本部ビルは賃借と持ちビル建設のどちらがいいかという議論が続いていた。最終的にはニューヨークにとどまるということで意見が一致した。問題はニューヨークのどこにとどまるかだ。

ビル・ゼッケンドルフに助力を仰ぐと、一番街の西側に彼が取得した建設用地を勧めてくれた。のちの新国連ビル建設地の向かい側だ。この地域はうらぶれた安売春宿や老朽化した商業ビルであふれかえっていたが、ビルは国連をはじめとする関連事業によって、その地域が恒久的な変容を遂げると考えていた。わたしたちは、地価が急上昇する前にその区画を購入して、持ちビルを建てるよう助言された。

何人かの保守的な役員は、このプランが危険すぎると考えて、カーネギー基金の限られた資金を不確かな場所の建設計画につぎ込むことを非難した。基金の昔からの会計係はこの計画に反対し、財政破綻《はたん》を予言して役員を辞めた。しかしながら、大多数の役員は提案をあと押ししてくれた。わたしがウィンスロップ・オールドリッチを説得して、ビルの一階にチェースの支店を開設することになってからは、なおさらだ。ビルが完成すると、わたしたちはその大部分を非営利目的で貸し出して、不動産ローンの支払いを楽にやりくりした。ビル・ゼッケンドルフの予測どおり、国連ビルの周辺地域はまたたくまにニューヨークの主要地域となり、今日に至るまで隆盛を保っている。

ヒスとの夕食会

ヒスに対する疑惑がはじめておおやけになったのは、一九四八年八月だ。下院非米活動委員会での証言で、元タイム誌編集者であり元共産主義者を自認するウィッテカー・チェンバーズは、ヒスが一九三〇年代半ばの自分の党の中核であり、ソ連のスパイ組織の一員だと認定した。チェンバーズがこれらの非難を両院議場の外でくり返すと、ヒスは名誉毀損《きそん》で相手を訴え、これがきっかけとなって、何年ものあいだ国中をとりこにする法廷ドラマが始まった。

チェンバーズの告発の数カ月後、カーネギー基金の役員が招集されて、わたしがそれまでに出席したなかで最も間の悪い晩餐会《ばんさんかい》が催された。ヒスが到着すると、緊迫感が高まり、全員が食卓につく段になっても、彼の両側の席が埋まらない。この事態に困惑して、わたしがヒスの右側に、ハーヴェー・バンディが左側に着席した。ケンタッキー州ルイヴィル出身の無遠慮で短気な弁護士ウィリアム・マーシャル・ブリットが、わたしの右に坐《すわ》る。ブリットは初老で非常に耳が遠く、食事のあいだ、ヒスが裏切り者たるゆえんと、カーネギー基金からすぐさま追い出さなければならない理由を、大声でとうとうとまくし立てた。わたしは身を乗り出し、ヒスをこの言葉の集中砲火から守ろうとむだな努力を重ねたが、ブリットの強烈な話し声は部屋の隅々まで響きわたった。

食後にヒスは席を外し、役員たちは彼の雇用継続問題も含めて、翌日の議題について話し合った。ひとりひとりが賛否を問われ、満場一致の票決でヒスの即時解雇が決まりかけていたところに、わたしの投票順序がまわってきた。わたしは解雇に反対し、告発内容は忌《い》むべきものだが、今のところは単なる告発にすぎないと述べた。ヒスの有罪が確定しないかぎり、無実の人間として扱うのがわたしたちの義務だ。この状況ではヒスは基金のために有効な働きはできないので、休暇を取ってもらうのが妥当だろう、とわたしは提案した。トマス・ワトソンらがわたしの見解を支持し、最後には、役員会が妥協して有給休暇を出すことになり、ヒスもそれを受け入れた。

ヒス対チェンバーズの裁判は一九四九年まで長引き、ヒスはスパイ活動のせいではなく、議会でチェンバーズとの面識を否定して偽証をしたかどで有罪を宣告された。ヒスは一九九六年に亡《な》くなるその日まで、自分のソ連スパイ疑惑を否定しており、ヒスの支援者たちは今も無罪を主張し続けている。しかし、いったん証拠が出揃《でそろ》ってみると、わたしにはヒスがソ連の諜報員に思えた。

他方では、日和見《ひよりみ》主義の政治家たちがヒス事件を利用して、ニューディール政策を攻撃し、アメリカの国際的役割の強化に反対して、共産主義者が大規模な〝国際的陰謀〟の一環として連邦政府に潜入していると主張したのも明らかだ。ヒス事件によってかきたてられた感情は、政界における危険な傾向の出現を示していた。それ以来、左翼も右翼も決まって個人を悪魔扱いし、政府機関にうかつな攻撃を仕掛けて、自分たちの頑固で過激なイデオロギー観を他者にも押しつけようとするようになった。わたしはやがて、この両極端の人々の格好の標的となった。

個人スタッフの補充

まもなく、わたしは多くの外部との関わりに対処するために助けが必要だと悟った。戦後数年間は、ほぼ完全に父が資金調達をしているファミリー・オフィスが、関連事を処理してくれた。法務、会計業務、投資業務に加えて、二十人のスタッフが、わたしときょうだいたちのために、ありとあらゆる市民活動や非営利活動を管理していた。父の慈善事業顧問アーサー・パッカードと、若い助手のデーナ・クリールが、わたしの非営利活動を助けてくれたが、ふたりとも個人スタッフのかわりとしては不じゅうぶんだった。

一九四七年、わたしは個人秘書としてエレナー・ウィルカーソンを雇った。速記の達人で、社交的な集まりの手配や、あらゆる種類の複雑な状況への対処にたけた女性だ。エレナーはその後三十年間、わたしの強力な支えとなり、銀行での秘書エドナ・ブリューデレと密に協力し合って、スケジュール管理をしてくれた。このふたりの非凡な女性は、計画的で有能で、人に対してこまやかで臨機応変に接した。

一九五一年、慈善事業に対する関心を高めつつあったわたしは、その管理のために個人秘書を増やすことにした。しばらく探したあとで、わたしはパリの軍隊時代の同僚ウォーレン・リンドキストに助けを求めた。リンドキストは戦後五年間、チェース銀行で働いたのち、W・R・グレース商会会長J・ピーター・グレースの補佐役を務めていた。

リンドキストは、ロックフェラー大学、カーネギー基金、インターナショナルハウスをはじめとする数多くの関連事業を手助けしてくれた。また、通信業務とスケジュール管理を引き受け、さまざまな組織におけるわたしの役割について、いっしょに戦略を練ってくれた。リンドキストはのちに、わたしの巨額な個人不動産投資の指導役として中心的な役割を果たした。リンドキストが不動産業務で手いっぱいになり、わたしの個人的な関与や責任の規模が増大してきたので、さらにスタッフとしてリチャード・デーナとデヴォークス・スミスを雇った。ふたりともわたしの長年の友人で、ヨーロッパではともに兵役を務めた仲だ。ミルバンク・トゥイード法律事務所の年若い弁護士ジョン（ジャック）・ブルムがファミリー・オフィスを担当し、リンドキストの仕事を助けた。

定期的に話し合いはするものの、仕事仲間にはかなりの自主性を与えた。全スタッフとその後任者たち――リチャード・E・サロモン、ジョン・B・デイヴィス・ジュニア、アリス・ヴィクター、パトリシア・スモーリー、クリストファー・ケナン、ピーター・J・ジョンソン、マーニー・S・ピルズベリー――は粘り強さと知性を大いに発揮して責任を果たしてくれた。おかげで、わたしの業績と影響力は劇的に伸びた。このスタッフたちがいなければ、チェースの仕事と〝第二の本職〟をバランスよくこなすことは、けっしてできなかっただろう。

第12章　チェース・マンハッタン銀行の誕生

一九五三年一月十九日、ジョン（ジャック）・J・マクロイがウィンスロップ・オールドリッチのあとを継いで、チェース・ナショナル銀行の会長となった。国内最大級の商業銀行を統率していく人間として、ジャックは多くの点で変わり種だった。ウィンスロップと同様、ジャックは銀行家ではなく弁護士として訓練を受けた。第二次世界大戦前はウォール街最大の法律事務所クラヴァス・ヘンダーソン・アンド・デゲルスドルフで十年以上にわたって共同経営者を務め、数々の投資銀行や大手企業と密に協力し合った。戦争直後はウォール街にある別の一流事務所ミルバンク・トゥイード・ホープ・ハドリー・アンド・マクロイで名義上の共同経営者となった。この事務所の顧客には、チェース・ナショナル銀行とロックフェラー家の両方が含まれていた。

しかしながら、開業弁護士として長年過ごすあいだにも、ジャックは商業銀行という、きわめて専門的な世界を直接体験したことはなかった。

明らかに、チェースの役員会は、人選に当たって、ジャックの銀行家としての経験不足はさておき、公務員としてのすぐれた経歴に目をつけたのだ。ジャックは一九四〇年に戦争省長官ヘンリー・L・スティムソンの特別補佐官として官庁入りし、翌年には次官補となった。その後は戦争が終わるまで次官補を務め、ルーズヴェルト大統領の顧問団の主要メンバーとなった。

一九四七年二月下旬、ジャックは世界銀行の頭取に就任し、二年以上その地位に留まったあと、占領下ドイツの高等弁務官に任命された。コンラート・アデナウアー首相と密接に協力し合い、西ドイツの建国と、その西側同盟への加入を取り仕切った。大成功のうちに在任期間を終えて、ジャックは一九五二年七月、深い尊敬を集める有名な人物となってアメリカに戻った。

ジャックはローンを組んだことも貸借対照表を分析したこともなかったが、多大な信望を得ており、天性の偉大なリーダーだった。そういう資質があれば、チェース銀行のような大組織の管理方法を理解することができるだろう。ジャックの会長就任は、銀行の国際事業計画の拡張をめざして働いてきたわたしたちのような者に勇気を与えた。

奇妙な関係

興味の対象は似ていても、残念ながらジャックとわたしは親密な人間関係を築くことはできなかった。原因は、わたしたちの若いころの暮らしぶりが大きく違うことや、ジャックの心に生涯消えない傷を残したという奇妙なエピソードのせいだ。

たびたび語ってくれた思い出話によると、ジャックはフィラデルフィアの貧しい地区に生まれた。幼くして父を亡《な》くしたジャックは、勤勉さと優れた能力だけを頼りに自分の道を切り拓《ひら》き、アマースト・カレッジとハーヴァード・ロースクールを卒業し、輝かしい経歴を築き上げた。

偉業を成し遂げたにもかかわらず、ジャックは、金銭面や社会面においてわたしがすることに対して警戒心を示し、ときには憤慨さえしているように見えた。わたしの出席する集まりで、ジャックはしばしば、わたしの一族とはじめて接触したときの話を持ち出した。

ジャックは夏休みの一部を家庭教師の仕事に充《あ》て、働きながらカレッジとロースクールを出た。一九一二年の夏、わたしが生まれる三年前、ジャックはメーン州に旅行して、マウントデザート島で仕事を探そうとした。連絡を取ろうと決めた家のなかにはわが家も含まれていた。ジャックはいつもこの話を長々と語った――大通りからアイリー邸まで四百メートルほど歩き、どっしりした扉をノックして、執事に訪問の理由を告げたところ、ロックフェラー家の子どもたちのために夏のあいだの家庭教師はすでに雇ってあるから、と断られてしまったというのだ。話はそこでおしまい。正直言って、わたしにはジャックがこの話のどこに重要性を見出《みいだ》していたのかさっぱりわからない。夏のアルバイトを確保したいのなら、予告なしの訪問は最良の方法とは思えない。それに、実際、父はいつもシールハーバーに移動する数カ月前から、家庭教師をはじめとして夏のあいだの雇い人を手配していた。

ジャックはわたしの目の前で、百回はこの話をした。最後に聞いたのは、一九七〇年にわたしがジャックのあとを継いで外交問題評議会会長に就任したときだ。この話をされると、わたしはいつも居心地の悪い思いをした。

ジャックがこの逸話をくりかえし語らずにいられなかったのは、わたしとわたしの家族に対する心理的葛藤《かっとう》の現われだ。もしかすると、潜在的な敵意さえあったかもしれない。おそらく、チェースの会長就任時にネルソンが述べた言葉がジャックの悪感情を募らせたのだろう。聞いたところでは、ネルソンは「一族の影響力を駆使して」ジャックを会長に仕立て上げたのだから、「引退時にはデイヴィッドにあとを継がせる」よう計らうのがジャックの役目だと語ったという。ネルソンがこれに類した発言をするのは、いかにもありそうなことだ。ネルソンはひどく高圧的になることがあるし、きっとわたしに対して気を利《き》かせたつもりだったのだろう。しかし、たとえその種の発言があったとしても、それは一族の判断でもわたしの要望の結果でもない。一族のなかには、そういう要求を通そうとする者など誰もいなかった。不運にも、もしこの話が事実だとしたら、それゆえにジャックのわたしに対する態度は永久的に変わってしまった。

いずれにせよ、おそらくは心理的葛藤が一因となって、ジャックは、一九五九年の後継者選びの際、取締役会でもっと決定的な役割を果たすことを拒否した。理由はどうあれ、ジャックのこの煮えきらない態度が、わたし個人にも銀行にも甚大《じんだい》な影響を及ぼした。ジャックはおそらく、わたしを見るたびに、シールハーバーの丘をのぼる長くほこりっぽい道と、目の前で静かに、だがしっかりと閉じられた大きな木の扉を思い出さずにはいられなかったのだろう。

銀行経営の近代化

チェース銀行で長く働けば働くほど、旧弊な経営組織が不快に思えてきた。基本的な貸付業はうまく管理されているが、その他のほとんどの分野には深刻な欠陥が見られた。多数の自治領地区における分権的管理、不適切な人事管理、予算計画や事業計画の不在。どんな経営コンサルタントでも唖然《あぜん》とするありさまだったが、わたしたちはコンサルタントさえもまったく寄せつけなかった。

一九五二年の夏、ニューヨーク地区統轄《とうかつ》の地位を引き継ぐ直前に、わたしは同様の意見を持つ副頭取ケネス・C・ベルといっしょに、この件に関する情報収集を始めた。銀行組織の評価は、わたしたちの担当外の仕事だった――そもそも、わたしたちの知るかぎり担当者などいなかった――が、もっと効率的で合理的な経営組織を提案できないかどうかを見きわめたかった。調査によって、危惧《きぐ》すら感じさせるような驚くべき事実がいくつも出てきた。例えば、国中の企業と取引をしている九〝地区〟の頭取、ならびに、国内二十九支店の支店長全員が、チェース銀行頭取に直属している。しかし、見たところ、銀行頭取から指示や監視を受けたことがある者はほとんどいないようだ。全員、好きなように経営を行なう。チェース銀行は、書類上では高度に中央集権化された組織だが、現実には明確な行動責任や説明責任が存在していない。

これらのびっくりするような事実を考慮して、わたしたちは銀行を職務に沿って再編成した簡易化組織の構想をまとめた。組織案を持ち出すのは機が熟してからにしたかったので、この結論は内密にしておいた。

衝突必至

わたしは銀行で急速に昇進したが、ジョージ・チャンピオンも同様だった。十一歳年上のジョージは、一九二六年にダートマス大学を卒業した。在学時はフットボールのオールスター選手だったという。大学卒業後すぐにエクイタブル信託銀行に入行し、合併によってチェース銀行にやってきた。一九三〇年代から一九四〇年代にかけて、ジョージは銀行内でも飛びぬけて優秀な貸付担当者となった。国中の企業顧客や銀行家がジョージの力量と商才に敬意を払い、喜んで取引をした。ジョージは大のゴルフ好きで、試合後、ゴルフ場内のバーで過ごす時間も心から楽しんでいた。一九四九年には銀行内で最も重要な地位を占める市中銀行業部門の部長に任命された。

多くの人が、ジョージとわたしのふたりともが銀行会長の座をめざしていると見ており、将来、衝突は避けられないだろうと思うようになった。

銀行再編計画を推進する上での決定的機会が訪れたのは、一九五二年九月のことだ。わたしはパーシー・エボット頭取の執務室に呼び出され、上級副頭取への昇進を告げられた。わたしの責務についてては話が漠然としていたが、ニューヨークの支店制度に関係があるという。パーシーの説明は非常にあいまいで要領を得ず、正直なところ、わたしは自分が何を求められているのかも、銀行の他の部署とどう関わっていくのかも、さっぱりわからなかった。とはいえ、過去数カ月間温めてきた再編計画を持ち出すなら、今がチャンスだと思えた。

翌朝、わたしは組織図を持っていき、パーシーに広げて見せた。わたしたちの提案は、〝合衆国〟部門を新設し、ジョージ・チャンピオンのもとで銀行の全業務を結合する。〝特殊事業〟と呼ばれる部門として、公益事業グループ部と石油・航空事業部を創設する。わたしは三つめの新部署、都市圏部門を統轄し、都心の全小売支店と、そこに本社を置く多くの大手企業顧客との関係に責任を持つ。わたしの担当する新分野には、広報や経済調査などの特定の主要職務も含まれる。わたしはパーシーに、どの活動にも、これまでより力を入れる価値があると主張した。

わたしたちの提案した再編計画では、既存の三部門の維持も必要とされる。その三つとは、信託、債券、そして、わたしの古巣である国外部門だ。上級副頭取が六つの主要部門をひとつずつ率いて、頭取に直接報告を行なう。副頭取だけが頭取に直属する。最も重要なのは、この上級副頭取ひとりひとりが、銀行経営の特定範囲に対して明確に定義された責任を与えられることだ。

パーシーはこのアイデアにたいへん満足し、とりわけ、組織図の〝目新しいコンセプト〟に興味を抱き、この案をウィンスロップに伝えて認可を得た。予想どおり、ジョージ・チャンピオンは新たな体制に乗り気だった。なにしろ、新体制では、自分が銀行内で最重要と見なしている分野の責任者になるのだから。また、わたしには、今後いよいよ重要性を増すと自分が信じている銀行業務面について権限が与えられる。役員会がこの再編を認可したので、一九五三年一月一日、ジャック・マクロイが会長の地位に就くと同時に計画が実施された。チェース銀行もこれで――少なくとも書類上は――ようやく、近代的で、効率化の可能性を持つ会社組織になったのだ。

合併ブーム

チェース銀行を退職する際、ウィンスロップ・オールドリッチはジャック・マクロイに、会長職に就いていた十九年間で達成できなかったことが三つあると告げた。ひとつ目は、合併相手を見つけて、銀行の支店網を拡大し、銀行経営の小売面を強化すること。ふたつ目は、新本社を建設して、マンハッタン南端部のあちこちに散らばる行員を収容すること。三つ目は、チェース銀行を真の国際銀行にすることだ。ジャックはこの言葉を心に留めて、すぐさま合併相手を探し始めた。

一九五〇年代初頭には、ニューヨークの全主要銀行に加えて、シカゴやカリフォルニアの銀行も、増大しつつある企業顧客の資金需要を満たすために、新たな貸出資金源を探し始めた。マンハッタン銀行など一部の商業銀行は、基本的な預金を拡大・強化するために立案した小売戦略を実践した。これらの銀行の基本的な預金がかなり増加した一方で、チェース、シティバンク、保証信託会社などの大手卸売銀行の法人預金には下落が見られた。一九四三年末に約六十億ドルだったチェース銀行の預金額は、一九五四年末にはわずか四十億ドルに落ち込んだ。それに反して、同じ期間中にマンハッタン銀行の預金額は増加して――ほぼ三億ドル――小口預金者数も上昇した。最大手の商業〝卸売〟銀行の活動においてさえ、小売業務による預金獲得が役立つことが明らかになった。

そういうわけで、一九五〇年代半ばには、合併という名のまぎれもない交配儀式が見られた。その大部分は、相当量の企業取引をかかえる大手商業銀行と、多数の増加しつつある消費者取引をかかえる中小銀行とを結びつけるものだ。これらの合併はすべて、卸売商業銀行が、支店を獲得して新たな預金者に近づく必要に迫られた結果、実行に移された。

〝鯨を飲み込んだヨナ〟

一七九九年にニューヨーク州議会から設立を認可されたマンハッタン・カンパニー銀行は、州内で二番目に古い銀行だ。アーロン・バーが設立者に名を連ねる。マンハッタン・カンパニーはもともと、ニューヨーク市に真水を供給する水道会社として認可されたが、バー一派が、免許証に〝ニューヨーク州の法律や憲法にそむかないかぎり、公開株式をはじめとする株式の購入や、あらゆる金銭の取引または操作に〟余分の資本金を利用することを許可する、という文句を抜け目なくすべりこませた。こうして、マンハッタン・カンパニー銀行が誕生した。

バーのごまかしに憤慨したのが、アレクサンダー・ハミルトン一派だ。それまでは、ハミルトンたちがニューヨーク銀行を介して、銀行業の独占状態を謳歌《おうか》していた。この件が、バーとハミルトンの不和にひと役買ったのは間違いない。その不和がやがて、一八〇四年にウィホーケンの高台で行なわれた有名な決闘につながる。決闘で、バーはこの元財務長官を殺害した（今もなお、チェース銀行はふたりが使った決闘用ピストルを所有し、陳列している）。マンハッタン・カンパニー銀行は長年にわたって繁盛《はんじょう》し、一七九九年に発行された最初の免許証にもとづいて、職務を果たし続けた。一九五〇年代初頭には、その最も重要な資産は、ニューヨーク市にある五十八店の小売支店網となった。この支店数はチェース銀行の二倍だ。しかし、総資産額十七億ドルを判断基準にすると、チェース銀行のわずか四分の一の規模だ。

ウィンスロップ・オールドリッチは、一九五一年にふたつの銀行を合体させようとした。実際に合併の報道もあったのだが、この試みは不成功に終わった。その主な原因は、ウィンスロップとマンハッタン・カンパニー銀行の会長J・スチュアート・ベーカーとの性格の激しい不一致にあった。

ジャック・マクロイはウィンスロップよりも器用な交渉者だったので、ずっと大規模なチェース銀行を、州の認可を受けたマンハッタン・カンパニー銀行に吸収合併させることに同意し、ベーカーの個人的なためらいと数々のいらだたしい法律的障害を巧みに解消した。この戦略のおかげで、ベーカーは自我を満足させ、小売銀行業の拡大というチェースの目的も達成された。そんなわけで、一九五五年三月三十一日、小規模のマンハッタン・カンパニー銀行が、実際はずっと規模の大きいチェース・ナショナル銀行を吸収した。これを受けて、ある新聞は〝鯨を飲み込んだヨナ〟という見出しを掲げた。

合併によって、預金額七十億ドル、資本金五億五千万ドル、資産総額ほぼ八十億ドルの強力な金融機関が生まれた。チェース銀行の側からすれば、最も重要なのは、国内支店数がニューヨーク市で三位の八十七店舗に膨れ上がったことだ。さらに、新たなチェース・マンハッタン銀行は、資産総額でファースト・ナショナル・シティバンクを追い越した。チェースは、バンク・オブ・アメリカに次いで、世界で二番目に大きな銀行になったのだ。

外部に指導を求める

一九五五年四月のある朝、開業を前にして、マクロイとベーカーは、仮の事業形態と、上級役員の責任分担について合意に達した。ジャック・マクロイは、ベーカーに頭取と執行委員会会長の職を与えて、相手の虚栄心に巧みに対処する一方で、自分のために会長職を残しておいた。また、当時としては絶妙な処置だが、わずか数年後に問題を生み出す原因となったのが、マクロイが内規の改変に同意して、会長になる自分と、頭取になるベーカー双方を、副ＣＥＯ（最高経営責任者）に任命できるようにしたことだ。

最高幹部のすぐ下に、執行副頭取という新たな肩書きも作られた。わたしはこの執行副頭取に任命されて、計画と開発を担当し、全職務の責任を負うことになった。ジョージも同じ地位を引き受けて、商業銀行グループに対する支配権を維持した。

それぞれが強い個性と独特の文化を有するふたつの大きな機関の人員と業務を統合するという複雑な仕事は、簡単には成し遂げられない。しかし、士気を高め、勢いを保持しながら運営するのは非常に重要なことだ。

合併は、より即応的かつ効率的な社風を培《つちか》うまたとない機会となった。定評のある経営コンサルティング会社を雇って、もっと統合的で効率的な組織構造を立案するのが最善策だと痛切に感じる者もいた。しかし、それ以外の行員たちは反対意見で、自分たちのほうがうまくできるはずの仕事を、外部のコンサルティング会社に持ち込んで任せるというアイデアに憤慨した。わたしたちはまたもや〝保守派〟と〝近代化派〟の板挟みになったが、さいわいにも妥協案が見つかった。

友人のピーター・グレースは、W・R・グレース商会を改革する際、多くの古風な経営陣を相手に、似たような状況に直面したことがあった。ピーターの見つけた実行可能な選択肢は、ジェラルド・バウアーを雇うことだった。個人コンサルタントで、長年ゼネラル・エレクトリック社のために働いた人物だ。バウアーは専門家を大勢連れてくるかわりに、最高幹部に、企業調査に協力してくれる有能な行員を八人か十人指名するよう頼んだ。そのやりかたが分析過程に非常に役立ち、会社経営に対する脅威も減少させると考えたのだ。ジョージ・チャンピオンや、古参の貸付担当者の大部分は半信半疑だったが、ジャック・マクロイは納得し、合併からわずか一カ月後の一九五五年五月、調査のためにバウアーが雇われた。

バウアーは同年の後半に最終報告書を提出した。基本的に、それは一九五二年にわたしと同僚が提案した組織改変案を改良したもので、銀行の経営範囲についてより明確に記述し、各種の権限と責任範囲をはっきりと定めていた。また、バウアーは、数々の専門部署（経営企画、人事、マーケティング、広報）を設置または強化し、その部署を管理するために訓練を受けた専門家を補充するよう熱心に勧めた。わたしが銀行にいたあいだずっと、これらの重大な職務は、貸付という仕事に、特別に才能を示したことがないような人たちに任されていた。わたしにはそれが重大な誤りに思えていたので、担当役員となった今、それらの職務に適切な認識と権限を与えようと決心した。

自治権の喪失に憤慨したジョージ・チャンピオンと合衆国部門の〝実力者たち〟の抵抗にもかかわらず、一九五六年末に、バウアーの提案した組織改変案が導入された。構造の合理化と管理プロセスの強化により、この改変はチェースの歴史における重要な転機となった。

ロワーマンハッタンにおける整理統合

一九五五年一月初旬、合併が公表された直後に、ジャックから重要な任務をもうひとつ与えられた。チェース新本社をどうするべきか考えることだ。あちこちに散らばる活動拠点をひとつにまとめる必要があることは、かなり前から明白になっていた。長年にわたって五十以上の中小銀行を吸収してきた結果、チェース銀行の事業所は金融地区内の九カ所に散らばっていた。そこには、しだいに混み合いつつあるパイン通り十八番地の本社も含まれる。迫り来るマンハッタン・カンパニー銀行との合併で、スペースの問題はいっそう深刻になった。

問題は移転するかどうかではなく――移転については全員賛成していた――どこに移転するかだ。ロワーマンハッタンの金融街では、街路の混雑、公共サービスの不便さ、ビルの老朽化に不満が出ており、この地域を離れようとしている企業も多かった。マンハッタンのミッドタウンは、移動先として人気が高かった。マンハッタンは戦後に大きな成長を遂げたが、そのほとんどは三十四丁目より北だ。そこには、毎年何十社もの企業が移転してきた。ロワーマンハッタンは活気を失い、有名な金融機関の多くは、北に移動した法人顧客のあとを追うことを考え、巷《ちまた》では「ウォール街にふたたび雑草が生い茂っている」とささやかれるようになった。

誰だって、最後に取り残されるのはいやだ。どこの企業も相当額の不動産を所有しているが、金融界がそろって北に移動すれば、不動産価値は急落してしまう。ファースト・ナショナル・シティバンクはすでに、事業部の多くをパークアヴェニューの新設ビルに移すと発表しており、移転は一九五九年に完了する予定だったが、銀行会長はジャック・マクロイに、本社を移転するつもりはないと請け合った。しかし、チェースは流れの指標と見なされ、誰もがわたしたちの決断を待ち受けた。

わたしは個人的には、ウォール街地域の金融街保全は不可欠で、チェース銀行がその保全を先導すべきだと考えていた。いくぶん感傷的な理由だが、この地域ではさまざまな歴史が生み出されてきたからだ。この場所には、ニューアムステルダムを建設した最初のオランダ移民が住んでいた。ジョージ・ワシントンがここで就任の宣誓を行ない、はじめての議会がひらかれた。一八一七年にはニューヨーク証券取引所が開業。祖父のスタンダード・オイル本社も、長年ブロードウェイ二十六番地に置かれていた。とはいえ、感傷だけを基準にして、何千人もの人員と何億ドルもの金銭がからむ経営判断を下すわけにはいかない。わたしは、チェースがロワーマンハッタンに残るべきだという、説得力のある実際的な理由もあると考えていた。このような狭い地域に金融機関が集中しており、ニューヨーク連邦準備銀行に加えて、主要な証券取引所や商品取引所も置かれているのだから、非常に効率的だ。わたしたちは一丸となって、世界の金融界の中枢《ちゅうすう》に不可欠の、なおかつ重要性を増しつつある部分を形成してきた。これ以上主要機関が離れていけば、その勢力が危険にさらされる。また、いくつもの機関が、移転の選択肢を真剣に検討しているようだった。ニューヨーク証券取引所の役員会でさえ、過剰な株式譲渡税を課されれば、ニュージャージー州に移転するという意見だった。大手銀行がロワーマンハッタンを離れれば、証券取引所移転の誘因が増えてしまう。そうなれば、実業界全体の離散が引き起こされ、それがニューヨークの経済と金融の破綻《はたん》につながるのではないか。

わたしはジャック・マクロイを説得して、有能な外部企業を雇い、ダウンタウンのビジネスの状況と可能性を評価してもらった。すると、包括的な調査により、この地域が重大な経済変遷《へんせん》のまっただなかにあることが確認された。長いあいだロワーマンハッタンの中核を成していた主要な海運会社が他の都市に移り、他の企業もマンハッタンのミッドタウンやニュージャージー州に向かいつつある。ほとんどの金融機関(銀行、株仲買取引所、保険会社)が気をもみ、顧客のあとを追ってマンハッタンの他地域や、果ては州外にまで移転する徴候も示していた。コンサルタントはわたしと同じく、チェースはダウンタウンにとどまるべきだという意見だったが、とどまるならば〝世間にこれが自分たちの決定的手段であるとじゅうぶん知らしめることができるよう決定的かつ劇的な方法〟を取るよう勧めた。

見逃しがたい好機

ダウンタウンにとどまることにした決定的な理由は、結局、どうしても見逃せない好機が訪れたからだった。わたしの協力者ビル・ゼッケンドルフは、派手で非凡な不動産業界の重要人物だ。十年前、ビルはわたしの父に、国連の本部建設予定地を売却した。ビルはあらゆる意味でけたはずれな――百五十キロの巨体にエネルギーとアイデアがいっぱい詰まった――男で、ミッドタウンのマディソン街に所有するビルの最上階にある円形のオフィスで事業を営んでいた。ビルとわたしは、各地に散らばるチェースの不動産を整理して、新本社を置く場所を一カ所に絞る方法を模索していた。ビルからはいくつもの提案があったが、どれも実現不可能に思えて、ダウンタウンにとどまりたいという希望がくじけてきた。

ところが、一九五五年二月下旬のある朝七時、六十五丁目の自宅にビルから急な知らせの電話がかかってきた。わたしは朝食をすませたところで、新聞をつかんで地下鉄に向かおうとしていた。ビルは、リムジンで迎えに行くから、銀行までの道中に話をしようと提案した。

ニューヨークの主立ったすべての不動産取引に通じているビルは、保証信託会社が自社ビルを売却しようとしていることを聞きつけたばかりだという。その建物は、ニューヨーク連邦準備銀行とパイン通りにあるチェース銀行本館のあいだのブロックを占有している。わたしが七人乗りリムジンの後部座席に乗り込むやいなや、ビルが創意に富む計画の概要を説明してくれた。計画の第一歩として、まずチェースが保証信託会社のビルを取得する。次に、パイン通りのチェース本社東側のブロックに建つビルをすべて取得し、それと同時に、ウォール街全域に散らばる多くの不動産を売却する。すべてが計画どおりに進んだら、その二ブロックに挟まれたシダー通りの封鎖をニューヨーク市に要請する。そうすれば、新本社を建設するための広い区画――ウォール街の基準からすればかなり広い区画――を確保できる。ビルは、ロワーマンハッタンでわが社のニーズに合うだけのスペースを集めたければ、これが最後の好機だと指摘した。しかし、ビルの聞いたところでは、保証信託会社はまさにこの日に取引をすませる予定だったので、わたしたちは迅速に行動を起こさなければならなかった。提案の大胆さには驚いたが、実行に移すべきだと説得された。問題は、ジャックとチェースの取締役たちを説得して、即座にこの件に着手できるかどうかだ。

チェースに到着すると、わたしたちは四階のジャックの執務室に駆けつけた。ビルの説明に感銘を受けたジャックがすぐさま保証信託会社の社長に連絡すると、たしかに数時間内に取引が完了するとのことだった。ジャックが社長を説得して売却を二十四時間待ってもらえたので、チェース銀行にも対案を出すチャンスが生まれた。数時間のうちに、ジャックはチェース不動産委員会会長フレデリック（フレッド）・W・エッカーに連絡をとった。不動産について経験豊富なエッカーは、提案の重要性と魅力を即座に見て取り、計画実行に賛成した。他の不動産委員もエッカーの見解に同意し、ビル・ゼッケンドルフの緊急電話を受けたその日のうちに、四百四十万ドルでの購入が決まった。チェースはダウンタウンにとどまることになったのだ。

劇的な新本社ビル

土地を取得してしまうと、チェース銀行の次なる注意点は、自分たちがどんなイメージを打ち出したいか、また、ロワーマンハッタンに残るよう他者を促していることを表明するような印象的な建物はどんなものか、だった。

わたしはウォレス（ウォリー）・K・ハリソンを呼んで、助言を求めた。ウォリーはロックフェラー・センターの仕事ではじめて脚光を浴びるようになった建築家で、のちに国連とリンカーン・センター両方の主任建築家となった。ウォリーは長年の友人で、今思えば、少々ばつの悪いことに、自分こそ適任者だと考えていたのではないだろうか。いずれにせよ、親友どうしだったおかげで、ウォリーはわたしの釈明を快く受け入れてくれた。わたしとしては、あからさまなえこひいきを避けるために、ほかの建築家を選びたかったのだ。ウォリーはためらうことなく、スキッドモア・オウイングズ・アンド・メリル社を推薦した。

スキッドモア社は、一九四〇年代後半に、その革新的な国際様式の設計で有名になった。ニューヨークで最も大きな影響を与えた同社の建築物は、パークアヴェニューと五十三丁目の角に建つリーヴァー・ハウスだ。このビルは、二十年前のヨーロッパでミース・ファン・デル・ローエとル・コルビュジエが開拓した純粋な機能的様式を取り入れ、アルミニウムや板ガラスなどの新たな建築材料と、エアコンなどの新たな技術を利用している。

スキッドモアが最近手がけたもう一棟のビル――五番街と四十三丁目の角にあるマニュファクチャラーズ信託の小さな銀行支店――にも注意を引きつけられた。一九五四年に完成した、この小さな珠玉の建築物は、形状も雰囲気も伝統的な銀行ビルから逸脱しており、大評判を巻き起こした。それはアルミニウムを骨組みにしたシンプルなガラスの箱で、巨大な金庫室への扉――通常はビルの奥深くに隠される秘密の神聖な銀行の中枢――が、街路から見えているのだ！　しかし、万人の注意をとらえたのは、まるで空気のように軽やかな建物の特性だった。

わたしは友人のナサニエル（ナット）・オウイングズに連絡を取った。ナットはこの建築会社の共同創設者のひとりで、シカゴ大学の学生だったころからの知り合いだ。

わたしは、メッセージ性のあるビルを創《つく》り出したいと告げた。チェースが進歩的な銀行であるという事実を示し、建築面で進んで先駆者となり、経営方式と文化の劇的な変化を象徴するということだ。ナットとわたしはビル・ゼッケンドルフと何時間もいっしょに過ごし、まったく別個の、実現可能なふたつの選択肢について話し合った。第一案は、二ブロックに従来型のビルを二棟別々に建設するというもの。第二案は、ビル・ゼッケンドルフが当初から思い描いていたとおり、シダー通りの区域を封鎖し、その両側の二ブロックを結合して、ビルを一棟建設するというものだ。よくあるどっしりした巨大なオフィスビルではなく、きらめく超高層ビルを広々とした広場に据えるのだ。これにより、ロワーマンハッタンには革新的な都市計画の概念がもたらされるだろう。

当時の金融地区には、ウォール街、シダー通り、パイン通り、ナッソー通り、ウィリアム通りなど、トリニティ教会付近の狭い通り沿いに、数多くの堅固なビルがひしめき合っていた。一世紀以上のあいだ、ここは世界一高価な不動産だったので、新たな建造物を作るとき、地主は建築条例が許すかぎり隅から隅まで土地を利用したのだ。ウォール街の渓谷のような眺めは絵になるかもしれないが、路上には、混雑して、暗く、閉所恐怖症を起こしかねない雰囲気も漂う。ビル風の影響も激しく、風の強い日には、威厳ある弁護士や銀行家や株式仲買人たちが、飛んでいく中折れ帽や山高帽を追いかける光景もよく見られた。

当時、新築ビルは、土地使用制限法により、ブロックの広さや場所を基準に定められた許容範囲内に収めるよう義務づけられていた。つまり、オフィスビルを建設する際には、眼下の街路に日光や空気が届くように、高いビルほど街路から離して建てなければならない。ビルを高くするほど、利用可能なスペースが減少するのだ。その結果が、非効率的で魅力に欠ける建築物だった。広々とした空間作りをするために、どんな高さの超高層ビルも、敷地を二十五パーセントよりも多く占有することは許されない。そのため、ウォール街には超高層ビルの建設を依頼するほどの果敢な者はいなかった。貴重な土地をむだにして、建物の利用可能スペースを減らすことになると思えたからだ。

ビルとナットとわたしは、この議論に納得できなかった。ナットは、リーヴァー・ハウスとマニュファクチャラーズの支店の両方を担当した建築家ゴードン・バンシャフトをこのプロジェクトに起用した。さまざまな可能性を検討したのち、ゴードンは、セットバック（訳注：建物の上部が下部より後退して段形になっている方式）なしの長方形の六十階建て高層ビルを大広場に建てることを提案した。柔軟性と効率性を最大限にするため、ビルの建築柱は、外壁とビル内部のエレベーターシャフトのまわりに設置された。おかげで、各階に、従来のビルより統一的でさえぎるもののない作業空間ができあがった。また、ゴードンは、モジュール工法を利用しようと考えた。そうすれば、電気配線や配管、暖房装置、エアコンのダクトを、床や天井の内部に規則正しく設置できる。今では業界の標準となったこの革新案により、オフィスの配置が多様化され、迅速で安価な改造が可能になった。

敷地のほんの一部しか利用せず、非常に高価なスペースをむだにしていると批判される可能性は、ゴードンの独創的な設計によって巧みに封じられた。ビルの土台は地下約二十六メートルに及び、広場の下に地下五階まで——各階に地上階の三倍の作業スペースがある——追加することができた。銀行の主要階は地下に置かれ、屋外の埋め込み式プールのようなスペースから自然光を採り入れる。地階には、駐車場、講堂、カフェテリア、巨大な金庫室、貯蔵スペースも作る。

ゴードンの設計した建物は、アメリカ初の現代的様式の銀行本社で、ロワーマンハッタン初の大広場に囲まれたビルだった。わたしがきわめて重要視していた明確なメッセージ性も備えている。

ジャック・マクロイは、ビルをひとつにするというやりかたを熱心に支持するようになった。フレッド・エッカーも、八十代という年齢にもかかわらず、スキッドモア社の独創的な設計を歓迎した。少数の保守派から不満の声はあがったものの、ふたりの強力な支持者のおかげで、ほとんど苦労することなく、バンシャフトの国際様式の設計について重役会の承認を得られた。

そうすると、次は、二ブロックにわたる区画にビルを建設できるように、市の同意を得てシダー通りを部分的に封鎖する必要があった。このプランの承認を得る鍵《かぎ》は、ロバート・モーゼスを味方につけることだ。モーゼスとは、ラガーディアのもとで働いていたころからの付き合いで、最近ではモーニングサイド・ハイツの事業で顔を合わせていた。モーゼスは数々の公職に就いており、そのなかのひとつが都市計画委員長の地位だ。会いに行ってみると、ありがたいことに、説得はたやすかった。モーゼスはウォール街を救うには劇的な意思表示が必要だと考えており、より広いスペースを開放し、薄暗いダウンタウンの街路にもう少し日光を取り入れようというコンセプトも気に入ってくれた。モーゼスに同意してもらったあとは、ほかに必要とされる承認もらくに得られた。市からシダー通りの土地を譲り受けるかわりに、わたしたちは新たなワン・チェース・マンハッタン・プラザ・ビルのまわりの歩道をすべて拡張することに同意した。

建築工事が始まるや、わたしたちは室内装飾に目を向けた。ゴードンは、新たなビルには特別な装飾をほどこさなければ、冷たく魅力に乏しい建物になってしまうと力説した。その指摘どおり、新古典主義建築は、柱、切妻壁、装飾的彫刻で飾られているものだが、わたしたちのビルには装飾的要素がまったく組み込まれていない。ゴードンは、チェースがビル内部の公共スペースを充実させるために近代芸術作品の購入を検討するべきだと考えていた。

このアイデアが気に入り、近代美術館のアルフレッド・バール館長に相談してみると、大賛成してくれた。ジャック・マクロイも提案を受け入れてくれたので、一流の美術専門家たち、ゴードン、ジャック、わたしは小さな委員会を結成し、新本社ビルに飾る優れた近代美術品を選び出した。予算は五十万ドル。当時は、代表的な近代絵画を買い集めるには、その金額でじゅうぶんだった。世界初となる意義深い企業美術コレクションは、比較的ささやかに始まったが、最後には一億ドル相当にまで値上がりした。

建築工事は一九五六年後半に始まったが、わたしたちはすぐさま予期せぬ問題にぶつかった。水だ。土台を掘る際に、技師たちが地下約十五メートルの場所で地下水流を発見した。さらに、潮の影響を受けているイーストリヴァーの流れが、ビルの下の地下水面に影響を与えていた。これらの問題に対処するには、地所と同じ大きさの防《ぼう》水堰《すいせき》を築かなければならない。設置しないと掘削を開始できず、改修作業は高くついた。土台自体は約三十メートルの深さに及び、最終的には約十七万二千立方メートルを超える土や岩が取り除かれた。その結果、作業が遅延し、建設費用も跳ね上がった。一応の概算では、建設工事だけで五千五百万ドルかかる見通しだったが、最終的には、市全体に及ぶ数々のストライキのせいで、工事はいっそう遅れ、支出も増大した。しかし、用地費と調度費を含めた全支出は一億四千五百万ドルにのぼった。二十五年後には、ビルの市場価格はこの金額のほぼ三倍となった。

わたしは、この奇抜な銀行本社に対してすぐさま批判的な反応があるのではないかと、かなり危惧していたが、心配は無用だった。〝ワン・チェース〟ビルは、フォーブズ誌からアーキテクチャル・フォーラム誌に至るまで、あらゆる雑誌で激賞を受けた。このビルについて、フォーブズは「旧弊な金融街に加えられた斬新《ざんしん》かつ希望あふれる外観」を褒め、アーキテクチャル・フォーラムは「ウォール街において最も大胆な投資であり、なおかつ、最も健全な投資のひとつとなる可能性が高い」と評した。

ダウンタウンに残るというチェースの判断が、危機感に駆られて集団移動する他の銀行や金融機関を鎮《しず》めるうえで中心的な役割を果たし、ウォール街復興の重要な第一歩となったことは、今では広く認められている。

一九五〇年代後半は、わたしにとってもチェースにとっても波瀾《はらん》万丈の日々の幕あけとなった。わたしたちは旧弊な経営組織の改変に着手し、より合理的で現代社会に対応できる社風を確立させた。また、あらためてロワーマンハッタンに身をゆだね、そこに残るよう他者に影響を与えるのにひと役買った。さらに、本社ビルとして、劇的な建物を――〝新生〟チェース・マンハッタン銀行を体現するビルを――完成させた。

この期間に銀行が発展したにもかかわらず、わたしがあと押しした変革を支援も評価もしない人間は存在した。とりわけ、ある重役は、わたしが描く銀行の未来像や、めざすべきだとする目標におしなべて反対した。この人物との衝突は、その後の数年間で、銀行内の大きな権力闘争へと発展していった。

第13章 対立

一九五六年十二月、チェース銀行とマンハッタン・カンパニー銀行の完全合併計画が完了した。わたしは執行副頭取から取締役副会長に昇進し、ジョージ・チャンピオンは頭取兼最高執行責任者に就任した。わたしたちは、一九六〇年初めにジャック・マクロイが引退するとき、明らかに後継者レースの先頭に立っていた。こうして、その後十五年間続くことになる激しい競争の幕が切って落とされた。

銀行の〝魂〟をめぐる争い

ジョージ・チャンピオンは、アメリカでは、きわめて有名で深く尊敬されている銀行家だ。その証拠に、一九五八年には準備都市銀行協会の会長に選出されている。ジョージはわたしの主要法人顧客をすべて知っており、顧客のほうもジョージの助言と友好的な態度を高く評価していた。健全で、機知に富み、熟練した銀行家で、思慮分別がある。チェース銀行の保守的な社風——わたしが変革の必要を感じた社風——を、これほど徹底的に体現している人物はほかにいなかった。

自分が貸付係に、それも〝とんでもなく有能な〟貸付係になることしか考えていないし、ジョージの知るかぎり、銀行が考えるべきこともそれしかないのだ。ジョージは熱心に仕事に励み、主として大企業の用命を受けて、チェースをアメリカ一の卸売国内銀行に押し上げた。昔から、大企業の信用ニーズを満たすのがチェースの主要な役割であり、それが主たる収入や利益の源だった。ジョージにとっては、そのほかの業務はおおむね回り道であり、資源の浪費だ。時がたつにつれて、ジョージが国際的発展に対して本能的な不信感を抱いていることがわかってきた。一度などは、貸付係の訓練生たちに、銀行が国際化すれば〝わたしたちは魂を失う〟と語ったこともある。

わたしはチェースのかかえる問題について、違う見かたをしていた。わたしは貸付者の立場で訓練や経験を積んでいないが、そのかわり、銀行の国外部門と都市圏部門で十四年間を過ごした。銀行の人間や行風を理解し、その強い勢力と大きな可能性に加えて、組織上や経営上の弱点も明確に認識していた。わたしは、チェースの将来性は、全世界の顧客に対するサービスの拡大にあると考えた。

1956年、新生チェース・マンハッタン銀行の幹部。中央がジャック・マクロイ、その右が元マンハッタン・カンパニー銀行会長スチュアート・ベーカー。立っているのがジョージ・チャンピオン。15年にわたって銀行の業務に著しい影響を及ぼしたジョージとわたしの大抗争はこのとき始まった。
(J・P・モルガン・チェース社記録保管所の好意により転載)

銀行に勤めだしてすぐのころから、ジョージとわたしは、目標やヴィジョンをめぐって言い争ってきた。わたしたちがまったく異なる個性を持っていたために、議論は激化した。ジョージは元気いっぱいで、遠慮がなく、時折大声を出す。わたしは相手よりずっと控えめだったし、人との付き合いかたももっと繊細だった。とはいえ、対立に火がついた要因は、対照的な個性だけではなく、ジョージがわたしを銀行における一番の競争者と見なしたことにもある。さらに重要なのは、銀行の組織のありかたやめざすべき姿について、ふたりの意見が根本的に違っていたことだろう。ジョージは過去に固執し、きわめて優秀な国内銀行というチェースの役割に満足しているようだった。一方、わたしは劇的な変化の必要性を感じ、国内においても世界においても銀行を新たな方向に導こうと努めていた。わたしたちが出世するにつれて、基本的な哲学の相違がきわだつようになり、個人的な対立が激化した。

〝トロイの木馬〟

頭取兼最高執行責任者のジョージは優位な立場にあったが、一九五〇年代の後半は、副会長のわたしがジャック・マクロイと役員会に直属していたので、わたしのアイデアをすべて妨害することはできなかった。その数年間、わたしはほとんどの時間を、ロワーマンハッタンの新本社建設、銀行合併後のための人材や計画の統合、より効率的な経営組織を導入する努力に充《あ》てていた。これらの仕事は、相変わらずジョージの縄張りだった銀行の貸付分野とは直接関係がなかった。

しかし、わたしは部下を一種の〝トロイの木馬〟として利用し、こっそりと数々の重要な変革に着手した。わたしのグループは、経営、マーケティング、経営開発、従業員関係、宣伝、広報——すべて近代企業には不可欠な要素だ——を専門としていた。部内には格上げされた経済研究グループと、新設されたばかりの組織計画課が含まれており、どちらも立ち上げてみると、中長期的な銀行環境を分析したり資本投下の基準を提案したりする際に、重要な役割を果たすようになった。今だからそう感じるのかもしれないが、そのおかげで必然的に、チェースはわたしの思いどおりの方向に動きだした。わたしが銀行の補佐役に徹して、基本業務に直接介入しないかぎり、ジョージは好きなようにさせてくれた。おそらく、わたしの行動を比較的無害と見なしていたのだろう。

国際部門を避けて通る

再編後、わたしが責任者となった経営部門がひとつある。〝特別投資〟という部門だ。少しまぎらわしいが、わたしはそこで、国際部門と協力はし合うものの独立性は保ったまま、銀行の活動範囲を諸外国まで拡張し、金融サービスの範囲を広げることができた。

わたしがこのような方法を取らざるを得なかったのは、ジャック・マクロイがわたしの国際的多角化という展望に共感しつつも、銀行が新たな道へ踏み出すための具体的な行動をまったく起こさなかったからだ。ある意味、ジャックには選択の余地がなかった。在職中ずっと、ジャックは、安定した成長と満足のいく収入を実現するために、ジョージとその国内融資チームに頼っていた。一九六〇年に至ってもなお、合計で五十億ドル近くに達しているチェースの融資ポートフォリオのうち、アメリカ国外の融資はわずか五パーセントほどだった。そのため、ジャックはわたしたちのどちらにも愛想よくふるまい、わたしの数々のプロジェクト決行は許可してくれたが、国内業務を基本とする社風に立ち向かうという困難な仕事には、けっして関わろうとしなかった。

一九五五年、マンハッタン・カンパニー銀行との合併時には、チェースの経営する外国の支店はわずか十七で、そのうち九支店はカリブ諸国に集中していた。うち四つは、わたし自身が開設を主唱した支店だ。わたしたちのささやかな国外進出は、シティバンクやバンク・オブ・アメリカと著しい対照をなしていた。どちらの銀行もヨーロッパ、南米、極東にもともとあった国外網を積極的に拡大しようとしていた。国外支店網に関して、チェースはアメリカの二大競合銀行に大きく遅れをとっており、格差は広がるばかりだった。

国外部門は、国内部門の部長という地位にあるジョージ・チャンピオンの強力な支援を受けており、短期貿易金融以外の金融商品や、従来の代理銀行業務の範囲外に手を広げることを渋った。国外部門がそのような道を取ったのは、計算からというよりは恐怖からだ。わたしたちは費用の安い要求払預金（普通や当座預金等の総称）の大部分を国外代理銀行に提供してもらい、それがチェースの国内融資の主要な土台となっていた。一九五〇年代後半には、銀行信用の需要がかなり増加したが、他行に比べるとチェースの預金額は伸び悩み、連邦準備銀行が定めた限度に近づくにつれて、融資縮小の必要に迫られる可能性が高まってきた。そういう状況下でも、ジョージは、危険をおそれて、多額の預金を保有する国外代理銀行との関係を拡大させる策をとりたがらなかった。

それがわたしには、先見の明を欠いているように思えた。代理銀行の預金は非常に重要だが、わたしたちは代理銀行業にとどまらず、もっと国外支店を開設し、外国の機関や企業との提携を強め、幅広い商品を提供しなければならない。商品には、長期融資やさらには直接投資さえ必要とするものも含まれる。わたしは、これを実行しても代理銀行の預金残高を危険にさらすことはないと確信していた。わたしたちが代理銀行を必要とする以上に、代理銀行がわたしたちを必要としていると信じていたからだ。最初のうちは、主張を受け入れてもらえなかったが、わたしは数々の手立てを講じて、国際活動の発展を推し進めた。

輸出入銀行との競争

一九五三年、ドワイト・D・アイゼンハワーが大統領に就任し、外国貿易の融資においても、これまで以上にアメリカ国内の民営部門を頼りにするつもりだと宣言した。これにより、チェースには中期貿易金融の分野に参入する好機が与えられたかに見えた。その時点まで民間商業銀行が無視していたこの分野は、ほぼ完全に、政府によって出資された輸出入銀行に任されていた。

わたしはチェースを促し、他の商業銀行との協力を取りつけて、蒸気シャベル、電気タービン、地ならし機、鉄道機関車など、高価な輸出品に融資するための一年から五年の中期信用を提供する制度を設置した。北東部と中西部の代理銀行を訪ね、最終的にデトロイト・ナショナル銀行、ピッツバーグのメロン銀行、ボストン・ファースト・ナショナル銀行を引き込み、さらにニューヨーク・ケミカル銀行も加えて、新たな貿易金融会社を興《おこ》した。また、キャタピラー社、インターナショナル・ハーヴェスター社、ジョン・ディア社、ゼネラル・エレクトリック社、ウェスティングハウス社など、多くの企業顧客を訪ね、計画について知らせた。そしてわたしたちは、かなりの時間をかけてワシントンで輸出入銀行の担当者と話し合った。輸出入銀行は、国の認可のもと、アメリカの輸出促進のために民間貸付業者を〝援助〟することを義務づけられている。しかし、わたしたちの顧客から聞いた話では、輸出入銀行の実績は満足の行くものにはほど遠い状態だという。顧客は、気が狂いそうになるほどの遅延、果てしなく煩雑《はんざつ》な手続き、割高な融資について不満を漏らしていた。

これらすべてがきっかけとなって、一九五五年六月、わたしたちは合併企業を設立し、アメリカ国外金融会社（ＡＯＦＣ）と名づけた。各共同経営者は平等に普通株一千万ドルぶんずつを購入する。このアイデアを強く支持したジャック・マクロイが会長に、わたしが取締役に就任した。

ＡＯＦＣによって、わたしたちの仮定が正しかったことがすぐに実証された。ＡＯＦＣは数々の貿易取引に融資し、アメリカのメーカー数社の貸し出し限度額を設定した。一九五六年末には、ＡＯＦＣは、合計千百万ドルの資産を保有し、商業手形により二千二百万ドルを超える購入を確約されていた。ささやかな始まりだが、おそらく、民営部門がアメリカの輸出業者の中期融資に対する重大なニーズに応《こた》えようと努めたのは、これがはじめてだった。

　輸出入銀行は、自分たちの領域に侵入してくるわたしたちを警戒した。対抗措置として、取引を維持するために、わたしたちの見込み客に対する利率を下げた。話し合い――マクロイとジョージ・ハンフリー財務長官との激しい口論も含む――による問題解決は失敗に終わり、共同経営者たちは、AOFCと輸出入銀行のあいだに芽生えた敵対関係を懸念《けねん》しだした。AOFCの他の取締役たちは、ワシントンの監査機関の不興を買う危険を冒すよりは事業を売却するほうがいいと判断した。わたしたちは一九五七年五月に、会社をIBECに売却して、それまでの投資額を取り戻した。

　この成り行きにはひどく失望した。ただ、AOFCによってわたしの野望はかなえられなかったが、喜ばしい点もあった。チェースが貿易金融の重要分野で革新者として頭角を現わしたこと、そして、さらに重要なのは、ジョージ・チャンピオンとその信奉者たちに、行動範囲を国際的に拡大するばかりでなく、代理銀行および国内大手企業顧客との関係を強化できると実証できたことだ。

発展途上世界への投資

ＡＯＦＣの設立直後、特別投資グループは、国際市場の別の側面を探求するために、発展途上国への投資をする子会社を創立した。わたしたちは、そうした国々が経済発展を遂げていく過程でチェースが積極的な役割を果たすべきだと考えていた。そうすれば、ヨーロッパ植民地制度の束縛を逃れたばかりのアジア・アフリカ諸国、ならびに、経済近代化のためになおも奮闘中のラテンアメリカなどの国家に初めから関わって、有利な地位を占められる。

国外旅行中、わたしは、資本市場の弱さと、地元の実業家や企業家が成長のための融資を受けられないという点に気がついた。米州金融投資会社が、初期のうちに、おそらくは構想不足のままブラジルの問題に取り組んだが、ブラジルをはじめとする大部分の発展途上国には、いまだに長期にわたって資本を注入する必要性が残っていた。解決策のひとつは、地元企業、とりわけ主要部門（鉱業、商業的農業、製造業）の企業に直接投資をすることだ。そうすれば、地元市場で雇用が創出され、消費物資が生産される。また、しっかりと経済分析をした国々に産業開発銀行を創設するという方法もある。そうすれば、チェース銀行と現地投資家の資金を利用して、生産的かつ多角的な投資を奨励することができる。

これらの目標を達成するには、想像力を駆使しなくてはならなかった。アメリカ政府の規定では、商業銀行は、国外でさえ、単独でも他社と共同でも投資銀行分野に直接介入することを禁じられているからだ。結果的に、わたしたちは既存のエッジ法子会社（第10章参照）を再編して、いわゆるノンバンクを生み出し、そのおかげで国外で直接投資ができるようになった。

わたしたちは、当初から、従来のブラジルでの試み、そしてAOFCの取り組みを紛糾させたふたつの問題点を回避するよう努めた。献身的な共同経営者を選び、銀行を経営するための有能な統率者を見つけた。また、事業を経営できる経験豊かな投資銀行家を雇い、一九五七年八月に、チェース国際投資会社（CIIC）を設立した。わたしはその会長となり、重役会には外部から経験者を数名招き入れた。

戦略上、わたしたちは新事業にのみ投資し、つねに、ビジネスと地元経済を理解し〝ノウハウ〟を知っている共同経営者を置いた。CIICはすぐに世界中で活躍するようになった。手始めとなる事業のひとつが、ナイジェリアのラゴスにある収益性の高い織物工場への投資だった。アメリカがこの国に積極的に実践した初の大規模な民間産業計画だ。また、ラザード・フレール社や地元のイラン人グループと手を組んで、イランにも開発銀行を設立した。イラン鉱工業開発銀行は、民間投資により組織された初の開発銀行で、のちにわたしたちがコートジボアールやパナマに設立した銀行のモデルともなった。イランやナイジェリアの事業は、発展途上国におけるそれぞれの政情不安を我慢する必要はあったが、収益性は高かった。イランの銀行は国の重要機関となったが、その後、一九七九年に起こった人質事件の際にイスラム改革派に掌握された。

それから、ＣＩＩＣは、オーストラリア西部のエスペランス土地開発公社に大きく関わった。この公社は、グレートオーストラリア湾岸約五千六百六十五平方キロメートルの所有権を持っていた。エスペランス計画により、乾燥地帯で、実質的に不毛の荒れ地だった場所が、農業地域として繁栄するようになった。（＊）

設立当初の数年間で、ＣＩＩＣは、ほとんどの投資で好結果を出し、少なくともそのひとつでは華々しい利益を生んだ。プエルトリコの精油所の株主として、二年のあいだに数百万ドルの投資収益を得たのだ。ＣＩＩＣが成功したので、銀行内部で国際活動拡張に反論するのは以前よりむずかしくなった。ＣＩＩＣは、それまでほとんど関わりのなかった世界各地で、チェースの存在を確立するチャンスを与えてくれた。ゆっくりと、しかし着実に、わたしたちは、取引国の安寧に配慮するアメリカの銀行というイメージを築き始めた。また、ＣＩＩＣは、いろいろな場面で、後年のチェースに事業拡大の可能性をもたらした。一九五〇年代にそれらの地域に築かれた土台は、チェースの国際的発展を望むわたしの見解と一致していた。
しかし、銀行において強い権限を持つ地位にいなければ、この発展を積極的にあと押しすることはできない。そして、一九五九年秋の時点で、わたしの将来の役割はまったく明らかになっていなかった。わたしの運命は、チェース・マンハッタン銀行の重役会の、ジャック・マクロイの後継者を共同で選出することになっている二十三名のメンバーの手中にあった。

（＊）ペギーとわたしは、微量の無機元素と肥料を加えて土壌肥沃《ひよく》度を向上させるという計画に興味をそそられた。わたしたちはベノ・シュミットと共同で六十四平方キロメートルの土地を購入し、羊牧場を経営した。

トップの地位をめぐる決定的対決

ジャック・マクロイは、一九六〇年三月に退職する予定だったが、後継者選びで内部分裂した重役会からの要請で、事態の解決を待って年末までとどまることになった。重役会からすると、最高経営責任者（ＣＥＯ）にふさわしい人物はジョージだ。わたしより十一歳年上の五十六歳で、一九二〇年代後半から銀行に勤めている。一方のわたしは、比較的若く、多くの重役から〝真の銀行家〟として認められていない。主に経営やマーケティングを担当してきたからだ。しかし、信用調査の経験はないものの、わたしは、銀行の内部機構をほとんど知らずに取締役会長となったウィンスロップ・オールドリッチやジャック・マクロイと違って、十四年のあいだチェースの運営に深く関わり、数々の革新的な変化を奨励してきた。重役会の大半は、わたしが推進したような方針変更が必要不可欠だったことは認めていた。重役たちはわたしの創造性を評価しながらも、会長としては、信用調査や貸付の分野で確固たる業績を持つ人物を望んでいるようだった。そして、その分野では、明らかにジョージのほうが優れている。

まず間違いなく、重役の大部分は、わたしが快く従属的な地位にとどまりさえすれば、ジョージを会長兼CEOに任命するチャンスに飛びついただろう。正直なところ、わたしは引き下がるつもりはなかった。十四年間ともに——最後の四年間は同等の地位で——働いてきたわたしは、ジョージが責任を一手に引き受けるようになれば、チェースが国際銀行業界の一大勢力となるのを妨げてしまう方向に銀行を導いていくだろうと確信していた。重役たち、とくにJ・リチャードソン（ディック）・ディルワースとジャック・マクロイが探りを入れてきたので、わたしは、役員会がジョージに抑制のない完全な権限を与えるなら、銀行を辞めるつもりだと、はっきり伝えた。

わたしの返答は厄介なジレンマをもたらした。重役たちにはわたしを会長兼最高経営責任者にするだけの覚悟がない。そんなことをすれば、ジョージが辞めてしまうだろうが、誰もそんな危険を冒したくはないのだ。ジョージとわたしの決定的な対決に直面した重役たちはとまどい、双方の面子《めんつ》を立てる妥協案を持ち出した。ジョージを会長に、わたしを頭取に就任させ、双方を〝共同最高経営責任者〟と見なすという。銀行の日常業務についてはジョージが完全に掌握するが、方針決定についてはふたりで共同責任を負うのだ。

しかし、わたしはうわべ上の平等な権力以上のものを求めた。重役会の提案では、決定的に重要な問題についてジョージに立ち向かえるだけの力は与えてもらえそうにない。わたしは決意を固めて主張した。頭取だけでなく経営委員会会長にも任命してもらいたい。そして、その合意内容を書面にしてわたしたちふたりに署名させてほしい。このような条件をつけなければ、ジョージが一方的に権能付与の条項を変更して、わたしはいつのまにか何も手出しできない無力な状態に追い込まれるに違いない。最終合意に向けての交渉は、仲介役を通して行なわれた——ジョージとわたしは一度も面と向かって話し合わなかった——が、結局、ふたりとも合意書に署名した。ふたりの共同ＣＥＯという解決法は、唯一《ゆいいつ》の実行可能な選択肢だった。ふたりとも懸念を感じながら、ことがうまく運ぶよう願っていた。一九六〇年十月、共同任命の告知には次のような言葉が盛り込まれていた。「各人が、銀行のあらゆる側面に関与し、責務を負う。ただし、各人は、全責務のうちの特定領域において格別の指導力を発揮するものとする。チャンピオン氏は、銀行の事業方針や貸付方針、ポートフォリオにおける投資基金、受託者責任に特に注意を払うこと。そして、ロックフェラー氏は、人的資源と設備と市場に重点を置いた将来計画、国外での活動、国内での業務拡張に特に注意を払うこと」

わたしたちの共同任命は、対立と優柔不断に対する処方箋《しょほうせん》だった。共同ＣＥＯの取り決めは妥協の産物なので、うまくいくことはまれだろうが、ふたりが強固で統一的な指導力を持っていれば、組織は最も効率よく動く可能性もある。しかし、ジョージとわたしは、けっしてそういう指導力を発揮することはできなかった。なにしろ、銀行の進むべき方向について、まったく意見が合わないのだ。わたしが提案する国際発展のための積極的な計画にジョージがあまり関与したがらないせいで、計画が遅延したり、好機を逃したりすることもあった。わたしたちは最大の競争相手であるシティバンクに引けをとるようになった。シティバンクは積極的に事業を拡大し、世界中で地位を固めていた。本来なら、ジョージとわたしが競争するのではなく、シティバンクや他のアメリカの国際銀行を相手に競争しなくてはいけないところだった。

新聞発表の文書では隠されていた避けがたい事実は、ジョージとわたしのそれぞれが相手の行動に対する拒否権を与えられていたことだ。ジョージはつねに完璧《かんぺき》な職業人だったが、心の中では、けっしてわたしたち双方が署名した合意書を認めていなかった。おそらく、銀行の会長兼単独ＣＥＯに就任する自分の権利に異議を申し立てたわたしを、完全には許すことができなかったのだろう。（＊）

（＊）この取り決めをうまく運ぶために、経営コンサルタントとして高く評価されているピーター・ドラッカーが雇われたが、ピーターでさえ、取り決めを成功に導くことはできなかった。ピーターは、この任務は最大の失敗だったと言及している。

好みの衝突

共同で指揮をとり始めた当初のある出来事が、ふたりの根本的な不和を決定的にした。以来ほとんどの問題解決において、わたしたちは互いの流儀を押し通した。驚くことではないが、それは、銀行の芸術事業と、近代的設計の新本社に備えつける家具や施す装飾の選択に関係することだった。

ワン・チェース・マンハッタン・プラザの大部分を占める近代的な装飾とは対照的に、ジョージは執務室に骨董品《こっとうひん》を飾った。仕事机として、十八世紀英国の魅力的な曲線状のサイドボードテーブルを使い、壁にはやや紋切り型の絵を掛けていた。執務室の中央には、乗り手を振り落とそうとする子馬を模した、レミントン作の大きなブロンズ彫刻が置かれている。ジョージは、これらの装飾品を取り入れることによって、新たな銀行ビルにわたしが導入した〝自由奔放で近代的な〟アイデアに自分が汚染されていないことを、国中の銀行業界の友人に再確認してもらえると信じていた。

わたしの属している美術委員会が選んだ作品の一部は、ジョージにとってはとにかく我慢のならない代物《しろもの》だった。最初にいくつか取得した彫刻の中に、ジェーソン・セリーの作品があった。自動車のバンパーを溶接して作り上げたこの作品は、一種の浅浮き彫りで、長さ約二メートル、高さ約二メートルの大きさだ。ワン・チェース・プラザの中央広場の階にある赤いモザイク・タイルの壁に掛けられたこの作品は、わたしの目には、この場にぴったりなじんでいるように見えた。

わたしたちの犯した誤りは、この作品を昼休み中に飾りつけたことだ。大勢のチェース従業員が集まってきて、作品の設置を見物した。従業員たちはこの芸術作品が〝単なるバンパーの寄せ集め〟だと気づくと、抗議の声をあげた。誰かにことの成り行きを伝えられたジョージは、極端な行動に走った。すぐにバンパーを取り外すよう指示を出したのだ。わたしは差しあたり、この件について強く主張するのはやめておこうと決めた。

購入契約には、作品を所有できるのは、一年間の移動展覧会に出したあとになるという条項が含まれていたので、わたしはこの作品を個人で購入しておき、戻ってきてから対処法を考えることにした。一年後にふたたび美術委員会と話し合うと、全員がなおも、この作品が傑作で、場の雰囲気にも非常にふさわしいと感じていることがわかった。わたしたちは周囲に誰もいない週末まで待って、作品を元の場所に掛けた。月曜の朝には全員が出勤してくる。しかし、誰も何も言わなかった。銀行はわたしから作品を買い戻し、作品はそれ以来ずっと同じ場所に掛かっている。このあいだずっと、ジョージとわたしは、議論の的になっている美術品についてまったく話し合わなかった。

内輪もめ

〝バンパー〟のエピソードには、ジョージとわたしの付き合いかたがよく表われている。たいていは間接的に付き合い、仲介者を使った。わたしたちはできるかぎり、あからさまな対立を避けた。

非常に重要で見過ごしておけない問題について、自分の決断をジョージに撤回された場合は、個人的な話し合いに持ち込み、解決方法を見つけようとした。意見があまりに食い違うと、しまいにはもう少しで無作法なふるまいに及びそうになることもあった。ジョージは無愛想でこちらを見下すような態度を取り、わたしが銀行業務の根本を〝明らかに理解していない〟と言い張る。信用調査係としてのジョージの能力が優れていることは否定できないが、ほかの問題に関しては、能力においても判断力においても、わたしとジョージは少なくとも同程度だと感じることがしばしばだった。わたしたちが同等の権限を有していることを思い出させてやると、ジョージは自分が合意書により貸付判断や財務方針などの日常業務について決定権を与えられていることをわたしに思い出させる。わたしはそれに反論して、その件は長期的な方針に関わってくるので、わたしの管轄《かんかつ》範囲でもあると応じる。この結論の出ない堂々めぐりは何週間も続くことがあった。たいていは妥協点を見出《みいだ》したが、ごくまれに、わたしは問題を重役会にかけると主張した。すると、たいていは、重役会よりはましだとばかりに、ジョージが降服した。

公正を期すために言えば、ジョージとわたしは合意に達することも多かった。それが最も顕著に表われたのが、銀行の国内業務拡張についてだ。一九六〇年代初頭に国と州の規制緩和が始まって、国内の業務拡張が可能になったのだ。あからさまな対立は避けていたものの、わたしたちの不和は行員たちに知れ渡り、その結果、売り込みたいアイデアを持つ行員は、ふたりのうち気の合いそうな側を訪ねるようになった。この非公式な手続きは、たちまち〝風見《かざみ》〟として知られるようになる。わたしたちは自分たちふたりの闘争にとらわれて、本当の意味で〝内輪もめ〟の状態に陥り、銀行を前進させる方法についても、また、どちらが〝前〟なのかについてさえ、意見の一致が見られなかった。

不一致のほとんどは、銀行国際化の方法や程度に関わる問題だったが、その点について言えば、明らかに、グローバル経済における急速な変化がわたしの見解を裏づけていた。

新たなグローバル環境との対面

一九六一年一月一日、ジョージ・チャンピオンとわたしがジャック・マクロイのあとを引き継いだとき、会社は非常に健全な状態にあった。ジャックが会長を務めた八年間で、銀行の資産はほぼ二倍に膨れ上がり、九十億ドルを超えた。預金は八十億ドル余りまで増加。貸付と抵当は五十億ドル近くまで上昇。経常純益額は、三倍のほぼ七千五百万ドルに達した。チェースはニューヨーク市で屈指の商業銀行となり、全国的に見ても、明らかに上位にある銀行といえばバンク・オブ・アメリカくらいだった。しかし、わたしは、有利と見えるチェースの立場にも、実はふたつの弱点があると考えていた。

ひとつ目は、預金の土台だ。マンハッタン・カンパニー銀行の所有する多額の小口預金が追加され、ニューヨーク市内に多数の新支店が開設されたにもかかわらず、預金が借入需要の爆発的増加に追いつかない。支店開設については、時代遅れの連邦規制により制限されていた。一九六〇年代半ばにはじめて、ニューヨーク州の銀行規制が緩和されて、ニューヨーク市の商業銀行が近隣のウェストチェスター郡やナッソー郡へ進出することが許可されたのだ。

ふたつ目の問題点は、国外貸付が少ないことだ。チェースは国外代理銀行業においては最高水準のアメリカの銀行という地位を保っていたが、国外支店数の面でも、信用供与者としても、〝一流の国際銀行〟とはいえなかった。保守派は国内貸付の首位維持に力を傾注していたが、それは二流の金融機関になることを黙認するに等しい。このままでは、いずれは独立銀行としての存続もおびやかされかねなかった。

わたしは国外進出のために大胆な方策を取るべきだと主張したが、ジョージは本能的に反対した。そのため、銀行におけるわたしたちの共同在職は、しばしば不快感を伴う長期的な主導権争いとなった。

第14章　困難な過渡期

母が亡《な》くなったのは、一九四八年四月五日の早朝のことだった。ニューヨーク市パークアヴェニュー七百四十番地の自宅で、父に看取《みと》られて息を引き取ったのだ。その少し前に、母は不快感を訴え、ベッドのかたわらに医師を呼びよせて症状を説明するうちに、頭を枕《まくら》に横たえたまま永遠の眠りに就いた。医師によると、死因は〝心臓疲労〟だという。

わたしは出社直後に、ネルソンからの電話で訃報《ふほう》を知った。母を喪《うしな》ったときの悲しみは、言葉ではとても言い表わせない。ペギーとわたしは、その前の二日間を母とともにカイカット邸で過ごした。ゆったりとおしゃべりに興じた安らかな週末だった。母が疲労し、弱っているのはわかっていたが、深刻な症状やこの突然の出来事の前兆はなかった。

母は子ども好きだった。母の最後の写真は、終生忘れられないだろう。写真の中の母は、わたしたちの小さな娘ペギーを腕に抱いている。母の愛情あふれる笑みにつられて、幼子も同じ表情を浮かべている。日曜の夜、車で市内に戻る途上で、ペギーもわたしもその週末は格別だったと考えていた。誰もがふだん以上に、母をことさら身近に感じたのだ。しかし、わたしたちは、これで二度目となる予感を覚えていた。数年前のディック・ギルダーのときと同様に、生きている母に会うのはこれが最後かもしれない、という強烈な悲哀感に襲われたのだ。

わたしたちはみな、母の愛という名の尽きせぬ井戸からくみ出され、自覚している以上に、その愛に支えられていた。母の死はわたしたち生者全員の心に虚無感を残したが、父ほど深く絶望的な喪失感を感じた者はいないだろう。四十七年間連れ添った父と母は、絡《から》まり合って育つ蔦《つた》のように、ふたりでひとつの人生を歩んできたのだ。

甚大《じんだい》な喪失感

母の死によって最も大きな打撃を受けたのは父だが、わたしの味わった喪失感も並大抵のものではなかった。わたしの考え、好み、楽しく世の中を渡っていく才能に関して、母に匹敵するほどの影響を与えた者はいない。わたしは母に深い愛情を抱いていた。母は純粋な心の持ち主で、家族と、自分の根強い信念を何よりも大切にしていた。

それと同時に、母はいっしょにいて楽しい人だった。母は自然の美しさを愛した。花々、森の鶫《つぐみ》、メーン州の海岸に砕け散る波……。人間も愛していた。とはいえ、母の基準は高く、浅はかな人間、道義を欠いた人間、うぬぼれている人間には我慢がならなかった。心優しい正真正銘の貴婦人だったが、自分が重要と見なす問題については頑固で執拗《しつよう》だった。

母は大の読書家で、歴史書に小説に伝記に、ときには探偵小説も読んだ。世界について知れば知るほど、重要なことを成し遂げるチャンスも大きくなると信じていたのだ。母はわたしにさまざまな喜びを教えてくれた。精いっぱい学び、生きていくこと。新たな場所を訪れること。未知なるものを探求すること……。新たな食べ物を味わい、新たな興味深い人々との刺激的な出会いを楽しむこと。

また、母は冒険好きでもあった。誰かが大胆なアイデアを思いつけば、いつでもそれを推し進める心構えがあった。むろん、父がそばにいて水を差さない場合にかぎるが！　六人の子どもたちのなかで、人間や冒険に対する愛情を最も濃く受け継いだのは、ネルソンとわたしのふたりだと思う。しかし、母は徹底的にえこひいきを避け、子ども全員に愛情を注いだ。

マチスの飾り窓

最初に誰が言い出したのかは思い出せないが、母の永久的な記念碑として、ポカンティコのユニオン教会の飾り窓を制作して寄贈しようという話が持ち上がった。ユニオン教会はポカンティコの門のすぐ外にある小さな教会だ。兄たちもバブスも全員一致で、即座にそのアイデアを受け入れた。そこで、近代美術館会長のネルソンがアルフレッド・バールといっしょに、適任の芸術家を探すことになった。

アルフレッドはアンリ・マチスを勧めた。母はマチスをよく知っており、その絵やスケッチを何枚も所有していた。しかし、マチスは八十代で、仕事を引き受けられるかどうかも不確かだった。わたしたちは祭壇上部の薔薇《ばら》窓《まど》が最適な場所だと考えていたが、太い仕切りで分割されたその円形スペースでは、どんな芸術家でも創造力にきびしい制限を受ける。しかし、マチスはもっぱら単色の複雑な抽象的構図に集中し始めていたので、その画法がこの窓の形状に適合するかもしれない。さらに、マチスは、フランス南部のヴァンスにあるドミニコ会修道院ロザリオ礼拝堂のために壮麗なステンドグラスの窓を完成させたばかりで、このむずかしい表現手段を扱う能力の高さは実証されていた。幸運なことに、マチスは依頼に応じてくれた。

それがマチスの遺作となった。その死の床には仮スケッチが残されていた。薔薇窓は、美しく、簡素で、記念にふさわしい傑作だった。わたしたちは一九五六年の母の日にそれを献呈した。ポカンティコの教会に行くたびに、わたしは母を思い出す。薔薇窓から差し込む日光は、すばらしい輝きと歓喜をもたらしてくれる。

再婚と離脱

母の死後、わたしたちは哀《かな》しみに沈む孤独な父を心配した。環境の変化で悲嘆をまぎらすことができるかもしれないと考えたわたしは、母の死からちょうど一カ月後の五月に、ふたりで内緒のドライブ旅行をしようと父に提案した。父は大いに乗り気で、ブルーリッジ・パークウェイを通って、ワシントンから、ノースカロライナ州アシュヴィルまで行こうと言い出した。春真っ盛りのこの時期、躑躅《つつじ》や石楠花《しゃくなげ》の咲き乱れる山々は輝くばかりに美しい。わたしたちは仲よくいっしょに過ごした。父と親密な時間をともにするのは、それが最後となった。わたしたちは母の話ばかりしていた。母の存在感はなおも強烈で、わたしたちはできるだけ長くその存在にしがみついていたかったのだ。この旅は、わたしたちふたりにとって心の癒《いや》しとなり、宝物のような記憶として心に残った。

母の死から三年後、父はマーサ・ベアード・アレンと結婚するつもりだとわたしに告げ、どう思うかときいてきた。マーサは未亡人で、父より二十歳近く若い。父の大学時代の旧友アーサー・アレンの妻だった女性だ。アレン夫妻はプロヴィデンスに住んでいたが、第二次世界大戦前の数年間はシールハーバーで夏を過ごしたので、わたしの両親と親しく連絡を取り合うようになった。

父とマーサが会っているのはしばらく前から知っていたが、わたしは感想をきかれたとき、「おめでとう」とは言えなかった。母がマーサを高く評価していなかったのを知っていたので、そのことを伝え、父の再婚について懸念《けねん》ばかりを口にした。今にして思えば、愚かで、間違いなく不親切な態度だった。父が意見ではなく祝福を求めているのだ。わたしは父の幸福よりも母の思い出を優先していることに気づくべきだったのだ。

しまった。父がどれほど孤独だったかも、最後の数年間をともに過ごす伴侶《はんりょ》を見つけることが、父にとってどれほど大切かもわかっていたのに。

わたしの無思慮な対応で父子《おやこ》の仲が完全に断絶することはなかったが、おそらくそれが一因となって、父は徐々に子どもたちと距離を置くようになった。これといった事件も、劇的なエピソードも、口論もない。おおやけには、わたしたちの関係は昔のままだった。感情を抑え、きわめて穏当で礼儀正しい。実のところ、マーサと結婚した直後、父は総額六千百万ドル強にのぼる新たな一連の信託を作った。マーサのために一件、そして、男兄弟たちそれぞれに一件ずつ。わたしたちは、新たな信託の全部または一部の受益者として自分の子を指名する選択権も与えられた。

いずれにせよ、それ以来、父とマーサは、いよいよ一族から距離を置き、姿を見せなくなった。それはおもにマーサのせいだった。マーサはいつも礼儀正しかったが、わたしたちと会う時間をなるべく減らしたいという意思をはっきりと示し、父もそれを黙認した。マーサは生まれつき引っ込み思案で、父がいないときは、ほとんどの時間を使用人たちといっしょに過ごした。自分自身の気質もけっして社交的とはいえない父は、他人を、そしてわたしたちさえ避けたいという彼女の願いにたやすく応じた。父が顔を合わせる相手は、マーサを除けば、仕事場の職人数名だけになった。わたしは父の孤立を悲しんだ。それは、わたしたちの子どもが祖父を知る機会をほとんどなくしてしまうということなのだから。

マーサと再婚したおかげで父の晩年は幸せなものになったが、時がたつにつれて、一族からの離脱がだんだんと顕著になった。なにしろ、ふたりは、春と秋のほとんどをヴァージニア州ウィリアムズバーグで、冬の数カ月をアリゾナ州トゥーソンで過ごし、父と非公式に連絡を取りやすいニューヨーク、メーン、ポカンティコに滞在することはまれだったのだ。

七、八年たったころ、父の健康が目に見えて衰えだした。年齢のせいもあったが（一九五九年には八十五歳になっていた）、呼吸困難――原因は慢性気管支炎だ――を患《わずら》い、前立腺《ぜんりつせん》の問題も発生した。父は一九五九年後半に大手術を受けたが、病気の経過の見通しについては隠し通し、回復後、冬になるとトゥーソンに行ってしまった。父が病気の実態を明かしたがらないので、一族の者たちもどう行動するべきか判断しかねた。

唯一《ゆいいつ》のつてはメアリー・パッカードだった。長年父の慈善事業顧問を務めていたアーサー・パッカードの未亡人だ。看護師の資格を持っていたメアリーは、母の死後、父の面倒を見てくれた。父の再婚後も、メアリーはその役割を果たし続け、マーサとも親密な関係を築き、ペギーやわたしにも進んで連絡をくれた。一九六〇年初頭、わたしたちはメアリーを通じて、父が前立腺癌《がん》をわずらい、トゥーソンで入院していることを知った。しかし、わたしたちには父やマーサに直接連絡を取るすべがなく、診断結果を確かめるどころか、見舞いの言葉をかけることさえできなかった。

トゥーソンの父の主治医に尋ねても、まともな回答が返ってこないので、わたしは不安を募らせた。とうとう、わたしはメアリーを介して父に、それから、主治医にも、父の病気についてセカンドオピニオンが必要だという意見と、見舞いに行きたいという願いを伝えた。

つらい手紙

数日後、わたしは人生で最もつらい手紙を受け取った。署名は父のものだ。手紙の口調は冷淡で、敵意すらこもっている。以下は手紙の一部分だ。

「今の体調なら、ここ数カ月のうちに息子であるきみたちの何人かが取った行動について率直に話ができる。わたしはその行動に驚き、深く傷ついた。……何週間か前に、わたしは、妻と信頼する友人パッカード夫人の判断に、きみたちの何人かが異議を唱えたと知った。わたしの決断や願いとはうらはらに、圧迫や干渉は医師たちにまで及んでいることに気づいたので、わたしは単刀直入に質問することにした。医師たちも答えを渋ったが、わたしは真実をすべて教えてほしいと主張し、そのやり口やたくさんのほのめかしに憤《いきどお》りを覚えているとはっきり伝えた……。

この件で、困難な時期にわたしの健康のために心血を注いでくれた女性に、計り知れない重荷——衝撃とは言うまい——が加えられた。医師の指示により、彼女はついに絶対安静の身となった。体力を回復するにはこれしか方法がないと思われる。……彼女がここ数年間、わたしの不安定な健康状態のせいで背負ってきた重荷をひしひしと感じるにつけ、わたし自身の息子がわずかでもその荷を増やしたことを思うと、心痛は募るばかりだ」

手紙の最後には、わたしであれ一族の誰であれ、この件にこれ以上干渉することは禁じるという旨《むね》が記されていた。

受け取った手紙に、わたしは呆然《ぼうぜん》とした。しかし、手紙を読み返し、ペギーとも話し合った結果、文体も内容もまったく父らしくないことに気づいた。父はいつも直接的で綿密だが、この手紙はまわりくどくて支離滅裂だ。紙面の署名さえわずかにゆがみ、震える文字で判読がむずかしい。手紙に正当性を与えるために、あとから思いついて書き加えたようにも見える。ペギーは、マーサが手紙を書き、どうにかして父に署名をさせたに違いないと信じており、わたしにも妻の意見が正しく思えてきた。あとになって、わたしたちの想像どおりだったことが判明した。のちに父の主治医から聞いた話では、手紙はすべてマーサが書き、父は四度署名を拒否したという。わたしは無力感を覚えたが、ペギーはこの状況を放っておくわけにはいかないという気持ちを固めた。

最後のお別れ

行動を起こす機会は数週間後にめぐってきた。一九六〇年四月初旬に、わたしはフェニックスの準備都市銀行協会の会合に出席することになった。その街はトゥーソンに近いので、わたしはメアリーに電話して、父に会いに行くと伝えた。メアリーはわたしを思いとどまらせようとはしなかったし、その訪問のことをマーサに言わないでほしいという頼みも尊重してくれたと思う。わたしは車でトゥーソンまで行き、まずはマーサとメアリーが逗留《とうりゅう》しているアリゾナ・インに立ち寄った。マーサとは顔を合わせなかったが、メアリーとは少しだけ会った。メアリーの話では、マーサは寝たきり状態で、父とは何週間も会っていないという。

わたしは父の外見にショックを受けた。ひどく衰弱して、枕から頭を上げることもできないほどだ。しかし、わたしが誰かはわかってくれて、間違いなく、わたしの訪問に感動しているようすだった。わたしは父の手をとり、父を愛していること、一族全員が父の病状をとても心配していることを伝えた。手紙については触れなかったが、父はマーサの話題を持ち出すときには特に注意を払っていた。「わたしにとてもよくしてくれたんでな。わたしが逝《い》ったら、みんなであれの世話をしてやってくれ」

父は一九六〇年五月十一日に亡くなった。ペギーとわたしはマドリードで訃報を聞いて、すぐさま帰国した。ネルソンとローランスは父の危篤《きとく》を知ってアリゾナ州に飛んだが、臨終には間に合わなかった。ふたりは遺体をポカンティコに連れ帰り、その途上でリトルロックに立ち寄って、ウィンを拾った。わたしたちはロックフェラー家の慣習に従って、父を火葬に付し、タリータウンにある一族の墓地の母のとなりに遺骨を埋葬した。リヴァーサイド教会のハリー・エマソン・フォズディック主任牧師が墓前葬を執り行なってくれた。生前の父はこの牧師をとても賞賛し尊敬していたのだ。

式には一族の四十名が列席した。それは美しい春の日の午後で、周囲には満開のライラックと花水木の甘い香りが漂っていた。

未完の仕事

人間関係における父の堅苦しさは、息子を相手にするときでさえなかなか越えられない隔たりを生んだ。父の死により、わたしはやっと、父がどれほど多くのものを与えてくれたか、また、自分がどれほど父の恩恵をこうむっていたかを理解することができた。父は勤勉で、職務に忠実で、自分が根本的な不安感のために世界情勢に関与できなくなるのをいやがった。これはわたしにとって強力なお手本となった。巨万の富のおかげで父は慈善事業を行なえたが、金は単なる梃子《てこ》に過ぎない。父の成功を可能にしたのは、〝自分自身を愛するように隣人を愛し〟、〝もらうよりも与えるほうがよい〟とするキリスト教の強い価値観に根ざす決断力だ。

自分自身が不安でいっぱいの生活を始めてから考えてみると、もしわたしが父という手本なしに育ち、物心ついたときから、好ききらいにかかわらずやり遂げなければならないものごとが存在することを教わっていなかったら、外に出て、世間と関わり合うことはできなかったかもしれない。ときには、父の強い義務感がひどく退屈で過酷なものに見えて、否定的な反応を示したこともある。しかし、わたしは義務とは解放であるということを学んだ。義務感によって、人は自分自身の限界を越えることを強いられ、欲求に添わなくとも、やるべきことをやり遂げるようになる。

おそらく、わたし自身も父親となり、自分が親として力不足だと悟ったからこそ、父の特異性と限界に共感を覚えるようになったのだろう。誰もが最善を尽くしている。父は間違いなく、たくさんのありがたい贈り物をくれた。見舞いに行ったおかげで、わたしは父から受けた恩がどれほど大きいか、またどれほど深く父を気にかけているかを伝えることができた。もし行かなかったら、生涯悔いを残したことだろう。

兄たちとわたしは父の記念碑を作りたいと考え、それにはユニオン教会のステンドグラスの窓——父と母を象徴的に結び合わせる記念碑——が最もふさわしいということで意見が一致した。しかし、マチスが亡くなっていたので、窓を仕上げるのにふさわしい才能を持つ芸術家を選定するのはむずかしかった。幸運なことに、父の死の翌年、ペギーがルーヴル美術館でマルク・シャガールのステンドグラス窓の展覧会を見た。そのステンドグラスは、エルサレムのハダッサ大学医療センターのユダヤ教会堂に取り付けられることになっていた。ペギーは作品に大いに感銘を受け、シャガールこそわたしたちの求める芸術家だと考えた。ペギーに説得されて、わたしもパリを発《た》つ前に、いわゆる〝エルサレムの窓〟を見に行き、美術館を離れるときには同じように乗り気になっていた。

きょうだいたちや、ユニオン教会の信徒たちと話し合ったのち、シャガールにかけ合ってみるということで全員の賛同が得られた。サン・ポール・ド・ヴァンスの自宅を訪ねると、シャガールは即座に依頼を受けてくれた。シャガールはわたしたち一族の協力を得て、父について広範な調査を行ない、最適と思われる聖書物語〝よきサマリア人〟のたとえ話をもとに美しい窓を制作した。（＊）

（＊）一九六三年の奉献式で、シャガールはわたしに、マチスの薔薇窓を除く八つの身廊の窓はあまり質が高くないと告げた。なんとかならないものだろうかと問われ、もちろんなんとかなると答えた――シャガールが他の窓も手がけてくれさえすれば。シャガールは同意し旧約聖書の預言者をテーマにしたいと提案した。窓のひとつはマイケル・ロックフェラーを記念してデザインされた。マイケルはネルソンの息子で一九六一年にパプアニューギニアで亡くなっている。その窓には福音書の「尋ねよ、さらば見出《みいだ》さん」の一節が使われた。ネルソンの死後には、『ヨエル』の窓が献呈された。さらに一九九七年六月、信徒団が『エゼキエル』の窓をわたしの妻ペギーに捧《ささ》げた。

資産の分割

父の死により、一族だけでなく、それまで半世紀かけて父と祖父が創《つく》り出した機関も、高い基準を設定し、道徳的な指導を行なえる人物を失った。父の主要な後継者（兄たちとわたし）は、これらの機関の経営に関して、数々の困難な問題に対処しなければならなかった。それと同時に、わたしたちは一族の人間関係に新たなバランスを見出すべく奮闘した。

生涯をかけた慈善事業、ロックフェラー・センターの建設と経営にかかる高い費用、妻子と孫のために気前よく創設した信託のせいで、一九二〇年代半ばに十億ドル相当だった財産は相当減少していた。父の遺産は、検認済みの遺言書によると一億五千七百万ドル。遺言により、この資産をマーサとロックフェラー兄弟基金（ＲＢＦ）とでほぼ均等に分け合うことになった。父が子どもや孫に何も遺《のこ》さなかったのは意外に思えるかもしれないが、実際は、一九三四年から一九五二年にかけての信託と直接の贈与により、わたしたち全員に気前よく財産を分けてくれていた。このように資産を分割することで、父は残った資産の大部分を〝相続税〟から守り、わたしの世代にさらなる慈善事業の資金源を提供した。

父は、いろいろと考え抜いた末、遺産の慈善事業分の受取人としてRBFを選んだ。父の寄付が加わって、RBFは国内十大財団のひとつとなり、わたしたちは父が一生懸命促進してきた慈善事業の財産管理人となった。兄たちとわたしが役員の大部分を占め、RBFの慈善事業計画の開発においては、わたしたちの意見が優勢になったのだ。

アイリー邸の最期《さいご》

父の不動産ならびに美術品や家具などの有形資産の分配は、複雑をきわめるということがわかってきた。兄たちとわたしは一九五〇年代初頭に、ヒルズ不動産を介して父のメーン州の地所を購入し、父の死後はマーサに好きなだけアイリー邸を使わせることを了解した。しかし、マーサにはメーン州に戻るつもりがあまりなかった。そこで、マーサがアイリー邸に対する権利を放棄したとき、ネルソンとわたしはヒルズ不動産からメーン州の地所をすべて購入し、アイリー邸を取り壊すことにした。百部屋もあるこの屋敷はわたしたちの誰が使うにしても無理があるが、失いたくない思い出がたくさんあった。ところが、マーサが、アイリー邸をほとんど使っていなかったのに、内装を大幅に変えてしまっていた。母の影響下で暮らしたくないという気持ちは理解できるが、マーサの好みは母ともわたしとも違っていた。そこで、ふと頭に浮かんだのが、屋敷を取り壊す前に、母が生きていたころのインテリアを復活させて写真に収めればいいという考えだ。そうすれば、ありし日の屋敷の姿を覚えておける。

わたしは母の生前にアイリー邸で働いていた大勢の人々に助けてもらって、この仕事を成し遂げた。みんなの記憶をつなぎ合わせると、驚くほどこまかいことまで思い出せた。何かの置き場所が正確に思い出せないときは、目を閉じ、母がそこで大のお気に入りの絵画や東洋の美術品に囲まれているところを想像すると、正確な配置が頭の中に浮かび上がってくる。わたしの記憶が不完全なときは、他の者たちがどうにかして思い出す。

わたしたちは屋敷を花でいっぱいにして、子どものころ霧深い日に両親がしていたように、居間と食堂の暖炉に火まで入れた。すべての準備が整うと、一流建築写真家のエズラ・ストーラーが仕事にとりかかり、内部のようすをすべて写真に収めた。

　ストーラーの仕事が完了すると、母の持ち物を分配するために、きょうだい全員がシールハーバーに集まった。分配はくじ引きで行なった。すべての遺品を鑑定し、番号を振り、目録に記載しておいて、ひとりずつくじを引き、遺品を選ぶ順番を決めた。それから、それぞれの金銭的取り分の釣り合いが取れるまで、順番に品物を選んでいく。数人の弁護士と秘書が分配に立ち合い、各自が選んだものをこまかく書きとめた。ペギーとわたしは、しっかりと下調べをしていった。ネルソンとジョンも同様で、ジョンなどはすでにきわだって優れたアジア芸術のコレクションを作り上げていた。おそらく、ウィンが最も知識不足だったが、すばらしく趣味のよいところを示し、抜け目ない選択を行なった。いずれにせよ、そんなことはたいした問題ではない。母のコレクションは広範にわたり、高級品ばかりなので、全員が確実に多くの美しい品々を手に入れることができた。

　最後の務めを果たしたのち、父からメーン州の地所をすべて受け継いだネルソンとわたしは、建物の取り壊しを命じた。今日アイリー邸の名残をとどめるものは、建物南側に沿った煉瓦《れんが》と御影石《みかげいし》のテラスだけだ。そこからは今もなお島の点在する壮大な海の景色を楽しめる。

バトンタッチ

しばらくたってから、家具の分配を行なった日にアイリー邸の居間で撮ったわたしたち六人の写真をよくよく眺めてみた。わたしたちは、大きなソファーに坐《すわ》るバブスを囲んで談笑している。写真家は中年になったわたしたちの姿をとらえた。当時は、ひとりひとりが自分の家族と責任を持ち、独自のキャリアを築き始めていたが、全員がきょうだいどうしや家族との絆《きずな》を結んでいた。この絆は、成長中のわたしたちひとりひとりにとって、大きな意味を持っていた。

バブスは、一九五三年に、三人目の夫ジーン・モーゼと結婚した。気さくな南部人で、合衆国信託会社の上級副頭取を務める人物だ。バブスはいまだに内気で引っ込み思案だったが、厳格で意志強固な父とのあいだにあった問題の多くを克服していた。一族の問題にも関わるようになり、一九五〇年代初頭には、ＲＢＦの役員会に加わった。

ウィンは、一九五四年、騒がれ、泥沼化したバーバラ（ボボ）・シアーズとの離婚騒動のさなかにニューヨークを離れた。アーカンソー州の離婚法のほうが都合がよかったからだが、さらに、その州のゆったりしたペースと田舎のリズムが自分に合っていることにも気づいた。ウィンは、アーカンソー州を永住の地と定めて、リトルロックの北部プティ・ジャン山に広大な牧場を購入し、まもなく地方政治や市民問題にも関わるようになった。オーヴァル・フォーバス知事の人種差別には辟易《へきえき》していたが、ウィンは州産業開発委員会の委員長を引き受けて、企業を誘致し、既存企業に対する規制の重荷を軽減するために尽力した。この委員長職で成功を収めたので、ウィンは政治家としての将来を考えるようになった。アーカンソー州における近代的な共和党の枠組みを考案し、それを一から構築していった。その間、一九五六年にジャネット・エドリスと結婚し、新たな人生を謳歌《おうか》しているようだった。

ジョンは、一九四〇年代後半に父との葛藤《かっとう》から抜け出し、慈善事業家として独自の道を進むことにした。一九五二年後半には、ロックフェラー財団の会長を引き受け、その莫大《ばくだい》な財源を科学研究の支援と知識の応用に向けて、世界中の広範な社会問題を解決するのにひと役買った。最も意義深かったのは、ノーマン・ボーローグによる交配種子産出事業を擁護したことだ。この事業が、アジアとラテンアメリカにおける一九六〇年代の緑の革命につながっていった。

しかし、人口問題の分野におけるジョンの業績はさらに影響力が大きかった。財団の役員会が、総合的な人口問題対策計画——産児制限も含む——を採用してカトリック教会に挑戦することに難色を示していると知ると、ジョンはその仕事をやり遂げるために人口協議会を設立した。一九五〇年代半ばには、ジョンは東アジア諸国との関係改善の強力な支持者として頭角を現わし、とりわけ日本とは個人的に強力な絆を結んだ。ニューヨークでは、公演芸術センター設立のために先に立って尽力した。このセンターがのちの世界最大級の音楽とダンスの中心地リンカーン・センターだ。

ローランスは、人生のほとんどの期間、進んでネルソンの影にとどまり、兄の代理人や分身として行動することに満足しているように見えた。実際には、この描写は公正を欠く。ローランスの投機資本家や自然保護論者としての役割は大いに革新的で、空想的ですらあり、何ひとつネルソンに負うところはなかった。ネルソンが政界に乗り出して、家族の問題に関わる時間がほとんどなくなると、ローランスが一族の中心組織の筆頭取締役となって、ファミリー・オフィスを経営し、RBFとロックフェラー・センターの会長に就任した。これらの重い責任を引き受けてもらったおかげで、残りのきょうだいは独自のキャリアを追求することができた。ローランスは静かな力強さと鋭い知性を併せ持っていたが、とても控えめなので、一族や社会のために起こした重要な行動もあっさりと見逃されてしまった。

そして、最後のひとりがネルソン。ニューヨーク州知事であり、アメリカ合衆国大統領就任の可能性を秘め、自他ともに認めるわたしたちの世代のリーダーだ。ネルソンについては言うべきことがもっとある。わたしとネルソンの関係が、このころに大きな変化を見せ始めたからだ。

ネルソンと離婚の駆け引き

一族の顧問がかつて、ロックフェラー一族にとって最も高くつくのは、公職への立候補と離婚だと言ったことがある。ネルソンは両方を経験した。一九五八年にニューヨーク州知事に就任したときにはすでに、大統領の座に照準を合わせていた。一九五九年、ネルソンはきょうだいたちに、宣伝活動で全国的に知名度を上げるつもりだと告げた。本格的な宣伝活動ではなかったが、見積り費用は百万ドルで、やがては、それが単なる始まりに過ぎなかったことが判明した。その後十年にわたって、きょうだいひとりひとりが政治献金の呼びかけに応《こた》えたが、ローランスが断然気前がよかった。長年の友人であるブルック・アスターも、宣伝活動のために、ときには百万ドルにも及ぶ多額の資金を提供した。しかし、最も気前のよい支援者となったのはマーサだった。ネルソンは、父の死後に根気強くマーサと親交を深めたのだ。マーサは、ネルソンが一九三四年の信託から引き出した資金に次ぐ多額の支援金を提供した。

一九六一年十一月、ネルソンはトッドが離婚に同意したと発表した。一族にとっては意外な発表ではなかったが、全員にとってつらい時期となった。わたしは常々、これがネルソンに対する幻滅の始まりだったと見ている。このとき、わたしの目からうろこが落ちた。それからは、ネルソンを、曲がったことのできない英雄ではなく、自分の大きな野望のためにはほぼなんでも犠牲にすることをいとわない人物と見なすようになった。その後も、ネルソンの壮大なヴィジョンや才能を賞賛し、終生支持し続けたが、若いころのように心から憧《あこが》れを抱くことは二度となかった。

ペギーとわたしが愚直だったのかもしれないが、最も近くにいる者が最後まで事実に気づかないというのはよくあることだ。ネルソンとハッピーの不倫関係についてははじめて耳にしたとき、わたしたちはショックを受けた。ハッピー（フルネームはマーガレッタ・フィトラー・マーフィー）と夫のロビン・マーフィーは、何年も前からわたしたちの親友だった。

ロビンはジェームズ・マーフィー博士夫妻の息子だ。夫妻はシールハーバーに夏の別荘を持っていたので、わたしの両親とは昔からの親友どうしだった。ロビンは戦後ハッピーと出会い、一九四八年に結婚して、夏には定期的にシールハーバーに戻ってきた。ペギーとわたしは、そこでこのふたりと友だちになった。ロビンは、わたしたちが地元のヨットクラブ〈ノースイーストハーバー船団〉のレースで国際級のスループ型帆船を走らせるときには、乗組員として働いてくれたし、わたしたち四人は、しばしばこの水兵《ジャックタール》号でメーン州沿岸を巡航した。

わたしのあと押しにより、ロビンはロックフェラー研究所の生物医学研究者の地位を確保して、ハッピーとともに六十五丁目のわが家の真後ろに建つタウンハウスに引っ越してきた。夫妻が田舎に週末用の別荘を建てたがると、わたしたちはネルソンといっしょになって、ポカンティコの土地をふたりに売るよう父に勧めた。父はめったに一族以外の者にポカンティコの屋敷付近の所有地をふたりに売るよう父に勧めた。夫妻を気に入った。当時は、ネルソンが協力的なのは、単にロビンとハッピーが隣人にふさわしいと考えたからだと思っていた。あとになって、ネルソンが、父に土地売却を勧めるうえで重要な役割を果たしたと知った。

不倫関係がどれほど続いていたのかはわからないが、父が生きているあいだは、ネルソンも手の内を見せなかった。ところが、父が死ぬと、数々の束縛から解き放たれ、自由にありのままの自分を出せるようになったのだ。そして、まもなく、トッドと離婚してハッピーと結婚したいという強い衝動に従おうと決めた。

緊迫した関係

一九六三年五月、六人のうちローランスだけが、ネルソンの二度目の結婚式に出席した。わたしたちの気持ちを察したネルソンが、残りのきょうだいを誰も招待しなかったのだ。ネルソンは自分自身の家族を分裂させただけでなく、わたしたちの親友ふたりの結婚生活をぶち壊した。ハッピーはその後もずっと、ポカンティコやメーン州でのわたしたちの生活に関わってきたが、ペギーとわたしは、何年ものあいだハッピーに以前と同じ好意を抱くことができなかった。しかし、時間は傷を癒《いや》す達人だ。何年もかけて、わたしとハッピーの友情は回復した。今日では、ハッピーに加えて、その息子ネルソン・ジュニアとマークも、ロックフェラー家の一員として活躍している。

ロビンはひどく傷つき、その後はわたしたち一族とまったく関わりを持たなくなった。ペギーとわたしは交友関係を保とうとして、数年後には彼の二度目の結婚式にも列席したが、ロビンはほぼ、わたしたちの人生から姿を消した。

トッドとは、一九二九年のエジプト旅行以来ずっと友人どうしだった。その旅行の際に、わたしはネルソンに代わって求婚のまねごとをしてみせたのだ。ペギーとわたしは、トッドを一族のひとりと見なしており、切り捨てるつもりなどなかった。しかし、ネルソンが選んだ住居配置のせいで、トッドは居心地の悪い暮らしを強いられた。ネルソンは五番街のメゾネット型マンションをふたつに分割して、トッドを一方の階に住まわせ、自分とハッピーがもう一方に住んだのだ。玄関が別とはいえ、誰にとっても快い状況ではなかった。

離婚後まもなく、ネルソンとわたしははじめて深刻に対立した。兄たちとわたしは、ネルソンがカイカット邸に引っ越したいと言ったときは反対しなかった。父亡きあと、マーサがそこに住みたがるようすを見せなかったからだ。きょうだいのうち、バブスとウィンを除く四人がカイカット邸を共同所有していたが、ジョンとローランスとわたしはすぐ近くに自分の家を持って快適に暮らしており、あえて引っ越す気はなかった。また、カイカット邸の格式ばった装飾や周囲の堂々たる景色は、知事であるネルソンのニーズにかなっていた。

問題が発生したのは、父と母がわたしたち四人の共同財産として遺《のこ》した家具のことだ。父の遺言条項にもかかわらず、ネルソンは、自分がカイカット邸に住むあいだ、ジョンとローランスとわたしがすべての家具と美術品をそのまま屋敷内に置いておくべきだと考えていた。わたしはネルソンに、家具の大半をそのままにしておきたいという気持ちはよくわかるし、わたしも多くは望まないと告げた。しかし、ペギーとわたしが特に気に入っている品がいくつかあり、それを自宅に持ち帰りたかった。そこで、わたしは、アイリー邸の家具を分配したときと同様、くじ引き制にしてはどうかと提案した。ただし、この場合、ネルソンがカイカットに住んでいるのだから、他の三兄弟の取り分は少なくするといいだろう。

ネルソンはわたしの提案を受け入れがたいものと見て、血相を変え、今まで見たこともないほど激怒した。わたしに楯突《たてつ》かれるとは思ってもいなかったのだろう。知事としてカイカット邸を必要としており、屋敷の状態はこのままにしておきたいと反論した。また、ネルソンは、自分の公務は一族のためになるのだから、どうあっても、カイカット邸の完全な状態を保つことを認めてもらいたいと主張した。わたしは到底従う気にはなれなかった。最後には、法律がわたしたちの味方になり、ネルソンは父の遺言の条項に従うしかなくなった。ネルソンは敗北を認めて、わたしたちに正式な選択手続きなしに望みの品を持ち帰るよう告げた。ネルソンは概して、いったん戦いに敗れると、決定事項を受け入れ、二度と話を蒸し返したりはしなかった。いつまでも恨みを引きずる性格ではないのだ。

至上の運動家

ネルソンが急速に政治家としてのキャリアを築くとともに、活動を支えるために必要な資金の額も急速に膨らんでいった。一九六二年、ネルソンはロバート・モーゲンソーを破り、堂々と二期目の知事の座を勝ち取った。モーゲンソーは、当時も今もニューヨーク南区連邦検事だ。一九六四年、ネルソンは共和党の大統領予備選に出馬したが、保守派のバリー・ゴールドウォーターの勢いに流されて敗北した。一九六六年には、激しい選挙戦を僅差《きんさ》で勝ち抜き、知事に三選された。一九六八年、最後のチャンスとして、大統領の座を狙《ねら》おうとした。リチャード・ニクソンが、世論調査でも党大会の代議員たちのあいだでも明らかにぬきんでていたが、スピロ・アグニュー率いる大勢の中道リベラル派の共和党員が、ネルソンに出馬を勧めた。三月中旬、数カ月間迷ったのちに、ネルソンは決断を下したようだった。西海岸の予備選で集票力を示したいなら、すぐにでも出馬しなければならない。

わたしはカイカット邸でネルソンと昼食をともにして、出馬に伴う損得について話し合った。一九六四年と同様、右派の共和党員に選挙活動を激しく妨害されることはわかりきっている。また、ハッピーがその可能性をひどく案じているという事実も、ネルソンの心に重くのしかかった。それを知ったうえで、わたしは立候補を勧めた。大統領に就任するチャンスは本当にこれで最後だとわかっていたからだ。話し合いの最後に、ネルソンは、やってみることに決めたと言った。

そこで、出馬表明のため、数日後に記者会見を開くことになった。ところが、ネルソンは、会見の一、二時間前、わたしが車で得意先を回っている最中に電話をかけてきて、気が変わったと告げた。この撤回の発表によって、支持者たちは苦い失望と幻滅を味わい、ニクソンの指名は確実となった。

わたしはネルソンが大きな計算間違いを犯したと思った。一九六八年は変動の激しい年だった。ネルソンは、国民の支持率を少なく見積りすぎたのだと思う。リンドン・ジョンソン大統領が再選は狙わないと発表したときにも、この支持率の問題が取り沙汰《ざた》された。しかし、ベトナム戦争をめぐって民主党が混乱していたことと、保守的な投票者のあいだでジョージ・ウォーレスが驚くほど強力な支持を得ていたことがあいまって、国政選挙の勝ち負けにかかわらず、政界の中心に到達するのは楽だったはずだ。しかし、政治においてはタイミングが最も重要な要素となる。ネルソンがもう一度考えを翻《ひるがえ》して四月末に出馬したときには、もう遅すぎた。たいていの人はネルソンを、信頼できる考えかたをする政治家ではなく、日和見《ひよりみ》主義者と見なした。大統領に選ばれる最後のチャンスは、事実上、難局に対処することをおそれた三月のあの日で終わってしまったのだ。

一九五八年から一九七〇年にかけて、ネルソンは二年ごとに立候補した——合計七回の選挙運動だ。財政的な負担は、破壊的なまでに大きかった。わたしはけっして選挙運動の主要貢献者にはならなかったし、ネルソンも支援の無理強いはしなかった。ところが、一九六〇年代半ばにネルソンの財務状況がますます不安定になってくると、事情が変わった。一九六七年、ネルソンはわたしに、さらなる選挙資金作りの手段として、ブラジルの大農場、ファゼンダ・ボドケーナの分担所有権を買ってほしいと頼んできた。実際には、頼んだのではなく、要求したのだ。ネルソンは分担所有権の代金として二百万ドル支払えと言い張った。

リンドキストは、ネルソンの提示価格が市場価格をかなり上回っていると考えた。そのことを伝えると、ネルソンはまたもや怒り狂った。「〝三四年信託〟からは（受託者に）許されるかぎりの金を全部引き出した。ほかに資金源はないんだ」。不機嫌なときのネルソンは、きわめて強情かつ冷淡だ。自分がわたしのためにしてきたことをすべて引き合いに出し、特にロックフェラー・センターを売却するよう父を説得した件を強調して、わたしを恩知らず呼ばわりした。

わたしはネルソンに手紙を書き、過去のことは恩に着るが、「自分の目的達成の手段として一度ならずその件を利用したこと」については憤慨していると伝えた。わたしはネルソンの要求価格に同意したが、これから先は「財務やその他の問題について交渉を行なう場合、過去の恩義には触れず、目の前の事実をもとに対処してほしい」と主張し、次の点を心に留めるよう助言した。「一族のほかのメンバーも、ほかの面で、さまざまな機会に、共通の利益に貢献し、ときには、兄さんに重要な利益をもたらすためだけに尽力したこともあります。それはまったく自然な、当然の行動です。それでもなお、全体的に見て一族への貢献度が高いのは兄さんかもしれません。それについて反論するつもりはありません。けれども、兄さんが自分の目的達成の手段として一度ならずその件を利用したことは残念に思います」

並外れた才能

個人的にごく高圧的な行動をとることが多々あるとはいえ、ネルソンの官吏としてのずば抜けた能力はけっして無視できない。ネルソンには、確かな才覚と、社会のニーズに対する理解があった。自信たっぷりな性格で、政治家人生を楽しんでいた。州内を遊説《ゆうぜい》してまわり、エルクス慈善保護会を見つければ必ずそこで演説をし、手の届く赤ん坊全員にキスをする。また、早くからテレビを効果的に利用した政治家でもあり、現在の政治家たちと同じように、テレビ〝ダウン・ミーティング〟を主催し、みずから議長を務め、巧みに会衆との活発な論争を展開した。どんな組合ボスよりもうまく、ひそかに裏取引を行ない、人々を叱《しか》りつけ、妥協案をでっちあげることができた。地縁政治家の誰にも負けないくらい政治的駆け引きを愛し、魅力にもあふれていた。

一般の有権者と同様、わたしもこの魅力に弱かった。

一九七〇年の知事選の際に開催されたある大会のことは、とりわけよく覚えている。わたしはふだん、ウォール街で選挙運動に表立って関わらないようにしていたが、ネルソンがわたしの〝縄張り〟にやってきたときには、兄弟としての義務感から、いっしょに人前に出た。わたしが手短にひと言ふた言述べると、ネルソンが満面の笑みを浮かべて、大股《おおまた》歩きで舞台を横切り、わたしの両腕を高々と掲げて、群衆から歓声を引き出した。そのときの写真には、ネルソンのあふれんばかりの活力と、わたしを含む周囲の人間にもたらす影響力が如実《にょじつ》に現われている。わたしは、ふだん人前で大げさなジェスチャーを見せるほうではないが、その写真では、ネルソンと同じ大きな

ウォール街にて、1970年の知事選運動中のネルソンといっしょに。個性の違いにもかかわらず、わたしはいつもネルソンに笑顔を呼び起こされた。（アーサー・レヴァイン撮影：J・P・モルガン・チェース社記録保管所の好意により転載）

笑みを浮かべ、同じくらい楽しんでいる。兄のカリスマ性に影響を受けたのだ。

わたしは、人間について、また、世の中のしくみについて、ネルソンから非常に貴重な教えを受けた。ネルソンの周囲の人間は、兄の偉大さに包まれて、それゆえにうそいつわりなく兄を愛する。兄は他人を喜ばせるのが大好きで、感謝されると活気づいた。兄はわたしに、肩肘《かたひじ》はらず気楽に過ごし、人生という名の〝偉大なるゲーム〟を楽しむことを教えてくれた。時折、ゲームの進めかたが自由奔放すぎることもあったが、わたしはそのおかげで、さらなる情熱と興味を持ってゲームに臨むようになった。

第15章　グローバルな銀行を創《つく》る

チェースの頭取兼共同最高経営責任者として、わたしは銀行の戦略策定の指導、経営組織の近代化、国内外での事業拡大の監督を担当していた。ジョージ・チャンピオンは、わたしが計画を実行したり、組織図を作成したり、職員セミナーを開催したり、ワン・チェース・プラザ・ビルを趣味の悪い芸術品で埋め尽くすことに忙殺されて、銀行経営を自分に任せきりにすることを望んでいたのではないかと思う。わたしは、チェースの企業組織の改善および人員の質と多様性の改善に大いに注意を払うとともに、銀行の国際化にいちばん注目していた。この国際化の方針は、ジョージをはじめとする人々に猛烈に反対された。グローバルな銀行業務の環境において、文字どおりチェースを無理やり国際舞台に引っ張り出すことになったふたつの根本的な変化が起こっていなければ、銀行の国外業務を広げようとする私の努力に対する抵抗は、きっと一九六〇年代の最後まで続いたことだろう。

預金に対する支払

第一に、資金にかかる費用と調達性——銀行の活力源——に変化があった。一九三〇年代初頭、連邦準備制度により、商業銀行が定期預金に対して支払う利子額がきびしく規制された。また、要求払預金に対する利子の支払が禁じられたため、要求払預金は、貸付のための主要な資金源となった。したがって、巨額の貸出資金を調達するのにほんの少ししか費用がかからなくなり、銀行の収入は増加した。しかし、一九五〇年代後半、アメリカが経済拡大期に突入するとともに資金需要が急増すると、この体制が変化し始める。チェースも、その他の商業銀行も、借入需要の高まりに合わせて預金を増加させていくことはできなかった。銀行融資が利用できなくなってくると、企業は、保険会社などのノンバンクの財源に目を向け、自社の商業手形を振り出し始めた。銀行はこの競合の脅威に反応して、市場で追加資金を調達した。そのためには、主に、そのころ開発された〝譲渡可能預金証書〟という金融商品を利用したり、〝ユーロダラー（米国外で流通している米ドル）〟市場に参入したりした。

預金証書（CD）とは、銀行が特定期間に一定の固定金利を支払うことが決められた定期預金だ。一九六一年には、預金証書を企業にとって魅力ある金融商品にするために、シティバンクを筆頭に、ニューヨークの主要銀行が、この伝統的な銀行証書を譲渡可能な形で発行した。さらなる方策として、銀行は第二市場を作り、投資家が預金証書を現金売りできるようにした。要するに、企業は運転資本に対する利息を得られるうえに、換金性は完全に保たれたままなのだ。銀行は新たな貸出可能な資金源を得たが、それには新たにかなりの費用が必要とされた。

これと同時期に、アメリカの銀行は、さらなる貸出資金を求めて、ユーロダラー市場への参入も開始した。ユーロダラーは連邦準備制度による金利や支払準備の規制対象外なので、アメリカの銀行は、国外貸付のために、この〝規制外〟預金という新たな資金源を利用した。銀行の借り入れは有利になり、預金者の受け取り利息も増加した。

預金証書とユーロダラーの出現によって〝資金調達性〟の問題は解決したが、わたしたちは、以前よりずっと多くの割合で貸出資金に対する利息を支払わなければならなくなった。結果的に、預金証書は銀行の利益に悪影響を与えた。貸出資金に対する支払金利の上昇でかかる費用を全額顧客にかぶせるわけにはいかないので、わたしたちは利潤が圧縮されるという状態に陥った。これにより、合衆国における商業銀行の役割は根本的に変化した――企業国家アメリカに対する主要な資金の貸し手という歴史的な役割を離れて、貸付仲介業者兼有料サービス販売者となったのだ。その結果として、銀行はアメリカを越えた先にさらなる収入源を見つけなければならなくなった。

多国籍企業の出現

第二の根本的変化――世界中の大手企業の国境を越える拡大――によって、銀行が国外へ拡大する際の苦難がいっそう強まった。多くのアメリカの企業がヨーロッパやラテンアメリカに生産販売施設を建設しており、現地にアメリカの銀行を誘致したいと考えていた。同時に、多数の欧州企業と少数の日本企業がアメリカに進出し、アジア、アフリカ、ラテンアメリカの市場をめぐって競い合った。商業銀行がアメリカ国内と国外の多国籍企業のニーズを両方とも満たすためには、自国だけでなく国外でもあらゆる銀行の商品やサービスを提供する以外に選択肢はなかった。

この新たな多国籍企業をめぐって、アメリカの銀行と外国銀行のあいだで熾烈《しれつ》な争いが展開された。チェースが自国での指導的地位を維持したければ、たとえ保守派の予測どおりに外国の代理銀行と疎遠《そえん》になっても、外国企業との取引をめぐって国外で争う必要があった。しかし、根本的な方針変更によって、外国企業への貸付や、世界的拡大のための計画が実施可能になると、徐々に、戦略変更の必要性が銀行内で広く受け入れられるようになった。この姿勢の変化により、ジョージ・チャンピオンに対応する際、わたしは有利な立場に立てるようになった。

入り混じるビジネスと友情

チェースが効果的に国際舞台へ進出したければ、商売をしたいと願う国々で、主立った地元の実業家や官吏と接触することが必要となる。それはつまり、わたしの国外出張が重要性を増すということだ。

チェースで過ごした三十五年間に、わたしは百三カ国を訪問した。それには、フランス旅行が四十一回、イギリスが三十七回、西ドイツが二十四回、日本が十五回、エジプトとブラジルが十四回ずつ、サハラ砂漠以南アフリカ諸国の大旅行三回が含まれる。本国では、わたしは顧客を訪ねて、五十州中四十二州をまわった。わたしは五百万航空マイル（世界一周旅行二百回分に相当する）を貯《た》め、およそ一万回のビジネス・ランチを取り（ニューヨークで平らげたランチも含めれば、もっと多い）、顧客訪問や依頼人との会合に何千回も――旅行先では、最高で一日に八回から十回――参加した。また、二百人以上の国家や政府の指導者とも会った。その多くは個人的な知り合いだ。時折、このペースが少しあわただしく思えることもあったが、これらの出張は生産的で楽しく、事業のグローバル化には必要不可欠だった。幸いにも、わたしはロックフェラー家の特徴である、活力と体力と健康に恵まれていた！

当時、これを見ていた人のなかには、わたしの広範囲にわたる出張旅行を〝不適切〟または〝株主の資源のむだ遣い〟として批判する者もいた。その批判はまったく的はずれだ。出張の目的は、銀行の取引先を作ることだった。そして、出張を始めた当初から、ヨーロッパ、ラテンアメリカ、中東、アジア、アフリカにおいて、銀行の拡大に不可欠な実業界や政界の指導者との重要な結びつきが生まれた。さらに、出張の価値を証明する事実がある。国内でも国外でも、わたしは絶えず、チェースの役員たちから出張に同行してほしいと求められた。顧客が、銀行関連に加えて、広範な政治経済の話題についても、わたしと話し合いたがるからだ（退職後何年も経過した今でも、チェースの経営陣は銀行のための出張旅行を要請してくる）。一九五〇年代から一九六〇年代にかけてわたしが世界のすみずみまで訪問したことが、一九七〇年代におけるチェースの世界的地位の拡大・強化の土台作りに役立ったと言ってもいいだろう。

わたしは、国際銀行家でありながら、広範な非営利組織事業にも銀行業と同じくらい深く関わっていたので、多数の人々と絶え間なく接触していた。それはわたしにとっては重荷ではない。わたしはつねに、人に会うこと、相手の個人的な関心事、アイデア、行動について知ること――人となりを理解すること――を楽しんだ。わたしは、あらゆる階層の人々と、数のうえでも質のうえでも恵まれた交友関係を結んだ。それが知的な挑戦のためであれ、喜びの感情を得るためであれ、新たなビジネスや慈善事業のチャンスを切り拓《ひら》くためであれ、わたしはつねに、新たな人間関係に対して門戸をひらき、注意を払い続けた。わたしはしばしば、すぐに他人に対して共感と一体感を覚えるが、逆に相手からも同じような感情を抱いてもらえる。

他人に対する興味のおかげで、文化の違いをものともせず、迅速に親密な関係を築くことができた。この直接的で単純なアプローチは、世界的指導者だけでなく日常的に出会う人々にも適用できる。わたしは、親密な個人的交友関係と、良好なビジネス関係が相いれないものだと思ったことは一度もない。むしろわたしは、成功したビジネス上の付き合いのほとんどが信頼と理解と誠実さにもとづいていると固く信じている。そしてこれは、親密な個人的交友関係にも不可欠だ。

銀行の基礎を確立

一九六〇年代初頭、わたしは世界の主要国に支店を構えるという仕事に着手した。なにしろ、わたしたちは、ラテンアメリカ、ヨーロッパ、アジアに、ごくお粗末な支店網を持っているきりだったのだから。とはいえ、広範囲にわたるグローバルな支店網を新たに作り出そうとすれば、費用と時間がかかりすぎる。世界中の現地銀行と提携するというやりかたならうまくいきそうなので、まずは自分が最も慣れ親しんだラテンアメリカ地域から着手した。

しばらくのあいだ、わたしは、ラテンアメリカで最大かつ最有望の経済国ブラジルにチェースを定着させようと努めた。ここでの失敗には、特にがっかりした。なにしろ、多くのブラジル人実業家が、自国経済の成長と多様化に外国資本が不可欠だということを理解していたのに、うまくいかなかったのだ。

一九六一年、わたしはネルソンの仲間からの情報で、南米最大の保険会社スル・アメリカの会長アントニオ・ララゴイティアが、ブラジルの子会社銀行バンコ・ヒポテカリオ・ラル・ブラジレイロの株式の過半数を売却したがっていると知った。バンコ・ラルはブラジルの基準では中小銀行だが、経営状態が良好で収益性も高い。そこで、すぐさま連絡を取り、ララゴイティアが銀行の株式の五十一パーセントを三百万ドルで売却したがっていることを確認した。チェースに経営管理を任せるという同意を得たので、バンコ・ラルをれっきとした商業銀行に変えることもできる。わたしたちは、格安の値段で活発な経済圏にすぐさま存在を確立できるという、前例のないチャンスを得た。さらに、わたしは、この買収を、頭取兼共同CEOとしての自分のアイデアと、権力に対するテストと見なした。

ジョージ・チャンピオンは反射的に取引に反対した。ブラジルの政情不安、慢性的な財政・予算問題、めまいがするような悪性インフレに嫌悪《けんお》感を覚えたのだ。たしかに、ブラジルの新大統領ジョアン（ジャンゴ）・グラールが強い社会主義的信念を持つ人民主義者だったから、政治的に不安定な時期ではあった。事態がどう転ぶかは誰にも断言できないので、買収には明らかにリスクが伴う。しかし、価格が低いのはリスクを反映してのことだし、わたしの判断では、リスクがなくなるまで進出を待っているようでは、行き場がなくなる。ジョージが説得に耳を貸さないので、わたしはこの件を役員会に持ち込み、議論を重ねた。ジョージ一派の反対にもかかわらず、主張を続けた結果、一九六二年四月、役員会はこの取引に同意した。

わたしたちは徐々にバンコ・ラルの持株を増やし、一九八〇年には、ニューヨークのわたしの自宅でカクテルを飲みながら、ブラジル中央銀行総裁カルロス・ランゴニと非公式に話し合った結果、残りの株を購入できることになった。わたしは単に、チェースが持株を増やしたいと考えていることを伝え、ブラジル中央銀行にわたしたちの進出を許可してほしいと頼んだだけだ。非常に驚いたことに、総裁の同意を得て、チェースは残りの銀行株を購入した。

数年のうちに、バンコ・ラルの買収が手堅い投資だったことが判明した。今ではバンコ・チェース・マンハッタンと呼ばれ、ブラジルでも屈指の外国銀行となって、十一億ドルを超える資産を保有している。初期投資額三百万ドルにしては悪くない。

一九六二年には、ヴェネズエラで同様の提携が非常に円滑に実施された。チェースは何年も前からカラカスに代理店を保有しており、石油業界での立場も強かったので、ジョージ・チャンピオンでさえ、その戦略的提携の利点を受け入れた。

ルイス・エミリオ・ゴメス・ルイスは、出会った当時は自国の外務大臣だったが、のちにボルマー一族が支配するバンコ・メルカンティル・イ・アグリコラの頭取に就任した。わたしは一九六一年に、チェースとの提携についてゴメス・ルイスに話を持ちかけ、ニューヨークとカラカスで数回会合したのち、ようやく頭取とグスタボ・ボルマーを説きつけて、銀行株の四十二パーセントを千四百万ドルで売ってもらうことになった。この取引により、わたしたちはヴェネズエラで屈指の銀行の支配権を握った。この銀行は七千百万ドルを超える資産と、全国で十五の支店を保有していた。

幸先《さいさき》の良いスタートを切ったわたしたちは、引き続き、それから五年にわたって、ペルー、コロンビア、アルゼンチン、ホンジュラスで戦略提携を結んだ。ラテンアメリカでの事業拡張は、つねに円滑で問題がないとは限らなかった。わたしたちは行く先々でポピュリズムの政治家やきびしい規制などの――アメリカの一部地域での経験と五十歩百歩の――問題にぶつかった。しかし、一九六二年の末には、内部の反対もおさまった。わたしは、ラテンアメリカでの事業拡張ペースに勇気づけられて、世界の他の地域にも同様のチャンスを見出《みいだ》し始めた。

カナダ進出の好機を失う

国際的事業拡張戦略にとってラテンアメリカも重要だったが、カナダはさらに重要だとわたしは考えていた。カナダは、昔も今も、わが国最大の貿易相手国であり、アメリカの企業はカナダの鉱業、石油業、製造業の半分以上を支配している。また、チェースの最重要顧客の多くはカナダで活躍している。カナダの法律では、外国の銀行が支店を持つことは禁じられていたが、わたしは国境の北側に直接支店を出す必要があると確信していた。

わずかながら希望の持てる兆《きざ》しもあった。父とマッケンジー・キングとの友情に端を発して、わたしは多くのカナダの実業界や政界の指導者たちと良好な関係を続けていた。第二次世界大戦の直後、わたしはレスター（マイク）・ピアソンと個人的に知り合った。当時のピアソンは、外務大臣を務め、国連のカナダ代表でもあった。一九六三年四月、マイクは首相に就任し、アメリカとの政治的・経済的な結びつきの強化を呼びかけた。その前向きな姿勢を見て、わたしは、オタワに外国銀行にとってもっと有利な環境が生まれるかもしれないと考えた。

一九六三年七月、シティバンクがカナダのマーカンタイル銀行を買収したので、チエースは緊急になんらかの手立てを講じる必要性に迫られた。マーカンタイルは最小の国立銀行であり、すでに外国の同業者に所有されている唯一《ゆいいつ》の銀行だ。シティバンクの買収に国家主義者たちは大騒ぎしたが、これによりカナダの銀行業界の均衡状態は根本的に変化した。わたしはこれを無視しがたい好機ととらえた。主要な特許銀行のひとつと提携するのが最善の選択肢に思えた。トロント・ドミニオン銀行には、特に興味をそそられた。カナダで第五位の大手銀行で、二十二億ドルの資産と六百を超える支店を保有しているのだ。そのうえ、トロント・ドミニオンの会長アラン・ランバートから励ましの手紙まで受け取った。手紙には「遅きに失するかもしれないが、御社が当地へ進出するためになんらかの手を打つ必要があることは理解している」と記されていた。わたしは親密な間柄だったランバートに、トロント・ドミニオン株四十パーセント分の購入を持ちかけることにした。そのために、わたしは一九六三年十一月十三日にカナダへ飛んだ。

ランバートは昼食会の主催を買って出て、その数分前に自分の執務室で非公式に会おうと提案してきた。購入を申し出るには絶好のチャンスだ。そして非常に驚いたことに、ランバートは、開口一番、トロント・ドミニオン株の三分の一をチェースに購入してもらえないかときいてきたのだ。わたしは、その案は非常に魅力的なのでジョージ・チャンピオンとともに検討してみると答えた。ランバートの提案では、チェースは六千万ドルを投資する必要がある。この金額は、その時点までのすべての外国提携先への投資額の三倍を上回る。これほど巨額の売買契約にはじゅうぶんな考慮が必要であることはわかっていたが、わたしは本能的にこのチャンスをつかむべきだと感じた。これは、北米最大手の金融機関どうしを結びつける二度とない束《つか》の間《ま》のチャンスだと言っていい。

　ジョージ・チャンピオンはこの提案を完全否定はしなかったが、まずは、チェースがカナダの大手銀行の株を所有した場合、アメリカの企業顧客がそれを有益と見なすかどうか見きわめるべきだと主張した。わたしの観点からすれば、論点が間違っている。トロント・ドミニオンとの提携における一番の利点は、カナダの一流企業と直接取引ができるようになることだ。国内の顧客がこの動きについてどう考えるかは、さして重要ではない。

　ジョージは、国内の顧客がカナダの銀行の株式保有に対して無関心だと判断すると、それを言いわけにして決定を先延ばしにした。これは重大な誤りだった。このまれな好機はすぐに失われてしまったのだ。カナダの財務大臣のウォルター・ゴードンが、国内銀行の外国資本を一個人または一機関につき十パーセント以下に制限する法案を提出した。

一九六四年十一月、もともとの契約条件を保護する窮余の策として、わたしはオタワに飛び、マイク・ピアソン首相と面会した。マイクを説得しようとして、わたしはこう主張した。チェースがカナダで業務を行なう法的資格を制限する一方で、シティバンクを自由にさせておくのは、チェースに不公平だし、おそらくカナダの経済発展にとっても好ましくない。マイクはわたしの見解に賛同して、法案を見直すと約束した。しかし、数カ月後、わたしたちはランバート経由でゴードンの意見を知った。ゴードンは〝自分の立法案については首相から完全に共感と支援を得ていたし、ピアソンから聞かされた正反対の考えはすべて妥当性を欠いている〟と述べたという。たしかにそのとおりだ。

トロント・ドミニオンの買収失敗は大打撃だった。この完全な失策は、まぎれもなくチェースのトップの権限を分割した結果だ。これは、ジョージ・チャンピオンと共同の職位に就いていたあいだで、最もいらだたしい経験のひとつとなった。

ヨーロッパにおける転換点

国外事業に対する本能的な不信感にもかかわらず、抗しがたいグローバルな変化の波に押されて、ジョージは態度を和らげざるを得なくなり、ヨーロッパとアジアにおける事業の推進に抵抗しなくなった。妙な話だが、ジョージのヨーロッパについての考えが転換した原因は、ロンドン事業所の管理のもと、南アフリカで行なわれた不良貸付だ。最初のうちは、ジョージは、この貸付問題を、危険を冒してアメリカという安全圏の外に乗り出しても実りが少ない証拠だと見なしていた。そこで、ジョージとしては国際部のやらかしたへまの後始末のつもりで、信頼できる代理人をロンドンに派遣した。

ジョージの使者は、到着後すぐに、シティバンクが、ロンドンだけでなくほとんどの主要西欧諸国で、どれほどしっかりと地歩を固めてきたかを悟った。シティバンクはヨーロッパ企業と直接取引をしており、国外事業を武器にして、チェースの国内顧客にもかなり食い込みつつあった。この危険をわたしはずっと前から予告していた。

現状をすべて報告されて、ジョージはついに、この脅威に対抗するべくヨーロッパでの運営を強化するべきだという意見に賛成した。くだんの忠実な部下がその後も調査を進めた結果、チェースの競争力は、事実上すべての西ヨーロッパ諸国での足場作りによることが裏づけられた。この調査により、すべてが一変した。ジョージは事業拡張に対するわたしの熱意は無視できても、最も信頼する部下のひとりが熟慮の末に出した見解をはねつけることはできない。その結果、わたしたちはヨーロッパ大陸全域に系列会社を獲得するための計画を始動し、その過程に残り十年をかけた。その期間中、チェースは数々の重要な買収や提携を成し遂げた。

ベルギーでは、ブリュッセル銀行から、その子会社の商業銀行株の四十九パーセントを買収した。また、チェースは、オランダ全域に六十を超える支店を保有するオランダ信用銀行の株も三十パーセント取得した。アイルランド銀行との合併事業も始め、オーストリアやスイスでは、複数の銀行の株式を過半数または全部獲得した。さらに、ロンドン、パリ、フランクフルトでは主要支店の活動範囲と権限を拡張し続け、ギリシアとイタリアには新しい支店を設立した。

十年が過ぎるころには、チェースはすべてのヨーロッパ主要国の首都に進出を遂げた。

アジアにおける拡大

アジアにおける初期の事業拡張はヨーロッパよりずっと控えめだったが、最終的には、ここでも銀行に永続的な利益がもたらされた。一九六三年に至ってもなお、チェースのアジア進出は、日本の支店ふたつとボンベイの代理店ひとつに限られていた。ふたつの中国支店は共産革命の犠牲となり、さらに、無分別にもわたしたちはその後まもなく香港《ホンコン》支店を閉鎖した。明らかに、広大なアジア太平洋圏における運営のやりかたを変化させる必要があった。

一九五〇年代後半、ジャック・マクロイは、哀れなほどささやかなアジア進出を拡大しようとして、インドのマーカンタイル銀行に普通株の購入を申し込んだ。マーカンタイルはイギリスに本社を置く小さな商業銀行で、アジアの南部と南東部全域に二十八支店を所有していた。マーカンタイル銀行の経営陣はチェースの申し出に前向きな反応を示したが、イングランド銀行総裁のクローマー卿《きょう》は購入許可を与えることに反対した。そのかわり、卿はわたしたちに、もうひとつのイギリス大手植民地銀行、チャータード銀行の東アジア支店を買収するよう勧めた。それから、ずっと大規模なイギリス国有の香港上海《シャンハイ》銀行を説得して、わたしたちの傘下《さんか》にあるマーカンタイル銀行の株を買い占めさせた。かくして、アジアの銀行界ではイギリスの支配力が強められた。

一九六三年はずっと運が良かった。この年には、オランダ国有の国立商業銀行から、シンガポール、バンコク、香港、日本の支店網を二百五十万ドルで売ってもらった。この買収により、チェースは香港での営業を再開し、新たにタイとシンガポールという有望なふたつの国に直接進出した。適切に配置された支店に加えて、わたしたちは三十人を超えるオランダ人の支配人を手に入れた。支配人たちの才能とコネは、チェースの地方進出に際して、はかりしれないほど貴重なものとなった。一九六〇年代後半、わたしたちはジャカルタの元国立商業銀行のビルに新支店を開設した。ほかにも、マレーシア、南ベトナム、韓国に支店を増やした。一九六〇年代の末には、わたしたちは、この地域における一九七〇年代の急激な経済成長への融資において、強力な役割を担《にな》う立場におさまっていた。

アフリカにおける断続的な拡大

サハラ砂漠南部の新たなアフリカ独立諸国に足場を築くのは、たいへんな難事業だと判明した。一九五九年にアフリカ大陸を旅して回ったときには、アメリカの銀行進出の好機はたくさん転がっていたが、障害も同じくらい多かった。宗主国が、独立を認める際に、自国の銀行による支配を確実に持続させようとしたからだ。この事実が、ほとんどのアフリカ諸国における強固な国粋主義的政策とぴったりつながり合って、アメリカの銀行のアフリカ進出という仕事を困難で時間のかかるものにしてしまった。

わたしたちは、南アフリカのヨハネスバーグ、ナイジェリアのラゴス、リベリアのモンロヴィアに支店を置いたが、このけた外れに資源豊富な大陸の全域を活動範囲とするには、イギリス、フランス、ベルギーなど、すでに現地に進出している主要国外銀行のひとつと提携することが肝要なのは明らかだった。一九六五年に、予期せぬ好機が訪れた。スタンダード銀行の会長、シリル・ホーカー卿が、文字どおりドアから入ってきて、国営化の脅威から自行を守るために、南アフリカの子会社の少数株主になってほしいと申し出てきたのだ。

ホーカーは、スタンダード銀行と西アフリカ銀行を合併させたばかりだった。合併により生まれた機関は、アフリカとペルシア湾の英語圏の大部分に広がる千百もの支店を保有している。わたしたちは、親会社のほうがチェースの目標にふさわしいと判断して、スタンダード銀行本体の二十五パーセントを買収したいと提案した。ホーカーとスタンダード銀行は、チェースにそれほど大量の株を売却するのをためらったが、結局は、わたしたちがスタンダード銀行株の十四・五パーセントを二千百万ドルで購入して、筆頭株主になることを認めた。

付加的な利点は、保守的なイギリス人銀行家のシリル卿がジョージ・チャンピオンと意気投合したことだ。このふたりが練り始めた〝壮大な構想〟は、アフリカ、アジア、ラテンアメリカ、アメリカを含む強力かつグローバルな銀行集団を生み出すことだった。ジョージはわたしの見解に同調しつつあるように見えたが、本人はけっしてその事実を認めなかった。

スタンダードはチェースに、経営上の影響力と、主要アフリカ市場でわたしたちの取引を増やすチャンスとを約束したが、事態は予想どおりには運ばなかった。

わたしは最初から、チェースがグローバルな事業に生の声を確実に反映させ、アフリカでの活動に影響を及ぼせるようになるには、スタンダード株を増やす必要があると主張していた。ホーカーとチャンピオンは、自分たちの壮大な構想に反するとして、わたしの主張に水を差した。ところが、数年のうちに、内部調査の結果にも示されるとおり、〝チェースの経営参加が徐々に侵食されている〟ことが明らかになった。経営陣が思い描いたグローバルな協力関係とはほど遠い姿だ。

一九六九年にジョージが退職すると、わたしは事態の改善を図ることにした。わたしはイギリスのナショナル・ウェストミンスター銀行の会長と、この件について話し合った。ナショナル・ウェストミンスター銀行のスタンダード持ち株比率は、チェースよりずっと少ないとはいえ、相当なものだ。わたしたちは、それぞれが自行の持ち株を二十パーセントにまで増やすよう努めるという合意に達した。実現すれば、スタンダードの経営を実質的に支配できるようになる。ホーカーと役員会（ジョージ・チャンピオンはチェースを退職したあとも、ここに名を連ねていた）は、あくまでわたしたちの動きに反対した。イングランド銀行も同様で、おそらくはホーカーの要請で、事態に介入してきて、公開市場での株式取得を妨害した。

わたしたちの戦略が明らかになると、ホーカーはすぐさま報復に出た。ナショナル・ウェストミンスターにもチェースにも相談なしで、先手を打って、スタンダードと、別の巨大植民地銀行チャータードとの合併を実行に移したのだ。ホーカーの行動により、合併銀行の株式価値が希薄化され、チェースの持ち株比率は十パーセント未満にまで落ち込んだ。

また、この合併により、スタンダード・チャータード銀行株を継続所有するうえで、克服しがたい障害が生まれた。チャータード銀行は、世界中に膨大な数の企業を所有していたが、そのなかに、二支店を有するサンフランシスコの小さな銀行が含まれていた。そのカリフォルニアの銀行に対するチェースの出資は、ほんのわずかの間接的なものに過ぎない。それなのに、連邦準備銀行は、チェースが、銀行の州境を超えた事業拡張の禁止令にそむいたと裁定した。わたしたちはスタンダード・チャータードに、カリフォルニアの子会社を売却するよう要請したが、拒否された。その結果、一九七五年、連邦準備銀行へのたび重なる訴えも空《むな》しく、わたしたちはスタンダード・チャータードの株を売却するはめになった。スタンダード銀行への投資で四千二百万ドルの利益を得たものの、この提携関係の終了はチェースにかなりの打撃を与えた。ほとんどのアフリカ国家への進出が一夜のうちに無に帰したので、改めて各地域に支店網を作る仕事に取りかからなければならなかった。

グローバルな投資銀行業務の失敗

チェースが多国籍銀行として頭角を現わすためには、グローバルな支店網の発展に加えて、他の国際金融分野、特に投資銀行業務へ事業を拡大する能力も不可欠だった。

わたしたちには自行に必要とされる専門的知識が欠けていたので、古くから付き合いがあるヨーロッパやイギリスの銀行とともにコンソーシアム（共同融資団）を結成し、国際債券引受と融資を行なう銀行団を提供することにした。

わたしたちはロスチャイルド・グループの三銀行に話をもちかけた。L・M・ロスチャイルド銀行会長イーヴリン・ド・ロスチャイルドと、ランベール銀行会長レオン・ランベール（母方がロスチャイルド家）のふたりは個人的な友人だったので、最初の話し合いで好感触を得られた。

それと同時に、わたしたちは西ドイツのドイツ銀行会長ヘルマン・アブス、スイス・ユニオン銀行会長アルフレッド・シェーファー、スウェーデンのマーカス・ヴァレンベリとも会った。ヴァレンベリの一族はストックホルム・エンスキルダ銀行を支配している。この三銀行のうちでは、ヴァレンベリだけが興味を示し、計画の続行に同意した。当時、最も強い勢力と影響力を誇っていたふたりの銀行家、アブスとシェーファーは、明らかにこの提案に否定的だった。それでも、チェース銀行、ロスチャイルド家関連の商業銀行、高名なエンスキルダ銀行の組み合わせは、かなりの勢力をもたらしてくれるだろうし、実行の価値はあると考えられた。他の機関の指導者たちとも長い交渉を重ねた末に、なんとか取引はまとまったかに見えた。一九六六年の秋には、チェースでの昼食会に続けて新聞発表を行なう準備が整えられ、新たな銀行が世に送り出されることになった。

予定日の昼前、発表のわずか数時間前に、マーカス・ヴァレンベリ・ジュニアがチェース・プラザのオフィスにわたしを訪ねてきた。見るからに取り乱したようすだ。どもりながらの話を聞いて、理由がわかった。その日の早朝、マーカスはエンスキルダの主要な代理銀行であるJ・P・モルガン商会を儀礼的に訪問した。モルガンの上級幹部連中はコンソーシアム・バンクの提案は受け入れがたいと宣言し、エンスキルダがこの冒険的事業を続けるなら報復も辞さないとほのめかしたという。そこで、マーカスがストックホルムの父親に電話すると、コンソーシアムから手を引くようにと指示された。気持ちを変えてもらおうと努力したが、若きマーカスは、申し訳ないが父親の決定は絶対だと言うばかりだった。（＊）

陰鬱《いんうつ》な昼食会の席で、若きヴァレンベリがエンスキルダの撤退を発表すると、貴族的なイーヴリン・ド・ロスチャイルドも、このスウェーデンの銀行が抜けるなら、L・M・ロスチャイルド銀行も最終的な契約書に署名をするつもりはないと言いだした。わたしは、決定を遅らせて、ヨーロッパの別の商業銀行と組めないかどうか考えてみようと提案したが、チェースの主導によるコンソーシアムの計画が崩れ去ったことは、いやになるほど明白だった。あとになって、アブスとシェーファーのふたりがヴァレンベリとロスチャイルド・グループに圧力をかけ、事業から手を引かせたことがわかった。このヨーロッパ人たちは、ただ単に、アメリカの積極的な大手商業銀行が自分たちの縄張りに侵入するのを簡単に許すつもりはなかったのだ。チェースのために投資銀行機関を創設するという願いを実現するには、さらに待たなければならなかった。

（＊）ヴァレンベリ家の優柔不断なふるまいは悲劇的な結末を迎えた。地位と名声をほしいままにした世界屈指の実業家である父親のヴァレンベリは、息子にいよいよ重い責任を課すようになり、妻や子どもと過ごす時間もほとんど与えなかった。その事実とさまざまな重圧があいまって、若きマーカスには対処のしようがなくなったらしい。五年後にマーカスは自殺を遂げた。

グローバルなアクセス手段と影響力の拡大

全世界の重要かつ有力な産業界の指導者たちへのアクセスを強化するというチェー

スの戦略は、かなり大きな成功を収めた。一九六〇年代後半、わたしたちは世界中でグローバルな知名度を上げるために、国際諮問《しもん》委員会（ＩＡＣ）を創設することにした。委員会を構成するのは、事業の成功に最も必要不可欠と思われる国々の、著名で人望の厚い実業家たち。その多くはわたしの個人的な友人だ。ニューヨークの他行もすでに同様の委員会を結成していたし、このアイデアはチェースにとっても本当に有益に思えた。探し求めている優秀な人材を呼び寄せることができれば、なおさらだ。

ロイヤル・ダッチ・ペトロリアム社の有名な会長ジョン・ラウドンが、ＩＡＣ委員長という重大な職務を引き受けてくれた。その実務能力と外交的手腕と経営手腕によって、ジョンは、おそらく世界一著名で人望の厚い実業家として認められていた。ビルダーバーグを始めとする国際的な会合で数年間顔を合わせるうちに、わたしはジョンに多大なる好意と尊敬の念を抱くようになった。わたしたちの期待どおりに、ジョンのおかげで金融関係以外の一流会社の社長たちを勧誘することができた。うち十人がアメリカ人、十一人が外国人だ。そこには、次のような面々が含まれている。

ジョヴァンニ・アニェッリは、イタリア最大手で最も収益性の高い企業、フィアット・グループの会長だ。最初に選ばれたメンバーのひとりであるジョヴァンニは、自国イタリアの政治に強い興味を持ち、ヨーロッパ統合の過程に関与した。また、人事、政治、ビジネスの技能をちょうどいい具合に持ち合わせており、それをＩＡＣの討議で活用してくれそうに思えた。ジョヴァンニは現在に至るまで、三十年以上も委員会に所属している。

ローヌ＝プーランク社の社長ウィルフレッド・ボームガートナーは、ＩＡＣのフランス代表を務めた。ウィルフレッドは財務省の税査察官だった。これは数人の選ばれた人間しか就くことのできない地位だ。後年には、フランス銀行総裁を経て財務大臣に就任した。ウィルフレッドの話すフランス語はとても優雅で、シャルル・ド・ゴールしか並ぶ者がいないほどだった。

八十代の石坂泰三《いしざかたいぞう》を選んだおかげで、わたしたちの事業拡張計画は日本にまで広がった。経団連名誉会長であり、二百社を代表する会長として石坂は、計り知れないほどの名声と、日本の実業界・政界の上層部へのアクセス手段を手にしていた。

Ｊ・Ｒ・Ｄ・ターターは、一族の巨大な鉄鋼産業帝国の会長だ。はるかなるインドで最も名声と成功に恵まれた実業家であり、最も公共心に富む国民のひとりでもある。非常に慎み深く、誠実かつ聡明《そうめい》な人物で、南アジアにおけるチェースの地位確立に大きく貢献した。

Ｙ・Ｋ・パオ卿は、世界屈指の海運王だ。これまた委員会の多彩な有力メンバーのひとりで、第二次世界大戦前は上海の銀行家だった。毛沢東による革命後に香港に移り、ソ連の商船をしのぐほど多くの船舶を建造した。Y・KはIACの結成を聞きつけると、ロックフェラー・センターのわたしのオフィスで内々に会いたいと頼んできて、グループへの参加を名乗り出た。わたしたちは大喜びでその要求を受け入れた。

著名な外国人メンバーに負けず劣らず、アメリカ人側にも堂々たる顔ぶれの社長たちが名を連ねていた。キャタピラー社のウィリアム・ブラッキー、ダウ・ケミカル社のカール・ゲルステッカー、ジョン・ディア社のウィリアム・ヒューイット、ヒューレット・パッカード社のデイヴィッド・パッカードなどなど。長年にわたって、チェースはIACの信用を維持するために、C・ダグラス・ディロン、ローリー・ウォーナー、ヘンリー・フォード二世、サイラス・ヴァンス、キャリントン卿、ヘンリー・キッシンジャーなどの著名人を新たにメンバーに加えた。運営会議では、銀行幹部が銀行経営の面について検討し、著名人たちは特定の経済問題を抱える団体に向かって頻繁に発言した。また、各メンバーが自国における政治経済の発展について意見を述べた。

IACは定期的に外国で会議をひらいた。開催地の国家や政府の指導者たちはたいてい、他国の政界や実業界の指導者たちが集うIACを受け入れてくれた。史跡や文化団体を訪問することも、ＩＡＣには欠かせない行事だった。この訪問はしばしば新聞で報道された。例えば、はじめてフランスを訪問した際には、ヴェルサイユ宮殿の〝戦争の間〟での晩餐会《ばんさんかい》を企画して、フランスの指導者とその妻たちを招いた。晩餐会のあとは、ルイ十五世の劇場に移動して、パリ・オペラ座室内楽団の演奏するモーツァルトの曲に耳を傾けた。

わたしは一九八一年、チェースから引退すると同時に、ＩＡＣの委員長に就任した。近年、チェースは、まずはケミカル・バンク、次にＪ・Ｐ・モルガンと合併を進めたので、三銀行の諮問委員会も合併した。それでもなお、ＩＡＣは三十年以上前の創立時とまったく同じように、今日のチェースにとって貴重な機関であり続けている。

成長期の十年間

一九六〇年代は、指導部の分裂や手痛い遅延にもかかわらず、チェース・マンハッタンが真の国際銀行へと向けて、本当に進歩した期間だった。一九六〇年代当初は、外国支店は十一しかなかったが、六〇年代末には七十三の直轄《ちょっかつ》支店ができていた。支店網は北米と南米、ヨーロッパ、アジア、アフリカ、オーストラリアの六大陸に及んだ。一九六九年には、国外支店の預金がチェースの預金のほぼ三分の一を、外債がポートフォリオ全体の四分の一を占めるようになった。国際業務側の収益は拡大し続け、その後まもなく国内の収入を上回った。

ジョージ・チャンピオンの退職に伴って単独の最高経営責任者となったわたしの努力目標は、チェース銀行のアメリカにおける指導的役割を確実に強化し続けるとともに、世界的な金融界の権力者としての存在感と地位を拡大することだった。

第16章　舵取《かじと》り

一九六九年三月三日の朝、ほぼ二十三年間の銀行勤務の末に、わたしは最高経営責任者（CEO）の地位を引き継いだ。チェースの指揮を執っていた当時のウィンスロップ・オールドリッチやジャック・マクロイとは対照的に、わたしは銀行内部を知り尽くし、多様な業務のほとんどを経験してきた。しかし、ジョージ・チャンピオンとは違って、貸付係としての経験は浅い。信用貸しの訓練や貸付の経験が欠けているため、一部の取締役や上級管理職のなかには、わたしに効率的かつ有益に銀行を経営する能力があるのか疑う者もいたようだ。これらの男たち（ちなみに銀行の取締役と上級管理職は全員男性だった）を統率するのはやさしいことではないが、わたしは、自分の持つ銀行の未来像が正しいものであり、大変革の時代にチェースを統率するのに唯一《ゆいいつ》ふさわしい人間は自分だと確信していた。

わたしは国内の銀行界において、チェースが、健全で、サービスの質が高く、優秀だという評判を得ていることに誇りを持っていた。チェースはわが国の一流企業を顧客としており、貸付係の創造性やプロ意識の面ではどの銀行よりも尊敬を集めていた。さらに、チェースは、より平等な社会作りに積極的に参加する責任を認識している金融機関だった。わたしは、この状態をすべて維持していこうと決めた。

つまり、一番の努力目標は、銀行を解体することではなく、全体的な能力を強化し、チェースを一流のグローバルな金融機関にするための近代的な経営技法を導入して、企業力を養うことだ。(＊)

(＊)一九六四年、わたしは、コロンビア大学でのマッケンジーについての講義の中で、銀行業務における良質な経営習慣の重要性と、自国と国外の経済発展において銀行がより大きな役割を果たす必要性について、自分の着想の概要を説明した。この講義はのちに『銀行の創造的経営(Creative Management in Banking)』という書籍として出版された。

六つの主要な企業関心事

ＣＥＯとなったわたしは、チェースがグローバルな銀行業界で効率的に他社と競い合っていくには、少なくとも六つの領域の改善が重要だと考えた。

▼国際的拡大：すでに東アジア、ラテンアメリカ、ヨーロッパ、アフリカで活動しているとはいえ、多くの国々への直接進出という面でも、提供サービスの多様性の面でも、外国での活動についてはなおも大きく出遅れていた。一九六〇年代後半には、アメリカ企業――その多くはチェースの顧客――が、ますます対外貿易に関与し、外国に製造・生産施設を置くようになった。したがって、チェースは、少なくともわたしの気持ちの中ではもはや疑いようもなく、国内の事業拡張を続行すると同時に、国際銀行色を強める必要があった。

となると、第一の優先事項は、すべての大陸における事業の拡張と多様化のために、首尾一貫したグローバルな戦略、包括的な計画、具体的な予定表を作り出すことだ。一例を挙げると、以前ロスチャイルド家およびヴァレンベリ家と手を組もうとして失敗した折に、わたしは、国際商業銀行コンソーシアムを設立し、多国籍企業や政府へのユーロカレンシーによる証書貸付を行ない、世界中で証券引受と債券発行に携わろうと心を決めた。数々の地域、特に石油の豊富な中東への直接的な事業の拡張は、非常に将来性がありそうだったし、ソ連圏諸国と中国に現れつつあるチャンスも探求したかった。その過程において鍵《かぎ》となるのは、この野心的な拡張計画を管理できる人材の獲得、訓練、配置だ。その場合、われわれの社員の雇用や訓練にのぞむときとはまったく異なる姿勢が必要になる。

▼人的資源：チェースはどうあっても、人的資源に対してもっと専門的な取り組みをする必要があった。業績評価制度もなければ、奨励給制度もない。女性と少数民族の雇用については一定の成果があったが、全従業員が各自の成果のみを基準とした平等な昇進機会を有することを確約する人事方針が徹底されていなかった。そこで、わたしはこの人事方針の範囲を拡大して、銀行での昇進機会が限られているという現状を正確に認識していた外国人従業員を、適用対象に含めた。

▼組織計画：主に国内卸売銀行として機能しているチェースを、徐々にあらゆるサービスを提供する国際銀行へと転換させていくには、根本的な構造改革が必要だった。

しかし、一九六〇年代、ジョージとわたしが対立していた数年間、構造改革は遅延し、敬遠され、部分的にしか実施されなかった。

単一銀行持ち株会社としての再編成に対するわたしたちの見解の違いがそのよい例だ。これは、共同職期間最後の年の主要な問題だった。ニューヨーク市の他の主要銀行はこの業務形態を受け入れたが、ジョージはチェースが大企業の単なる子会社に成り下がって主体性を失うことをおそれて反対した。わたしは再編成に賛成だった。持ち株会社により、チェースは、保険、抵当業務、経営コンサルティング、コンピュータを用いたサービス――すべて連邦準備規則により商業銀行が参入を禁じられている分野だ――など、数々の新しい有益な国内分野に参入できるようになる。

わたしは会長に就任したらすぐに、他の構造改革の前段階として、持ち株会社を設立したかった。また、社内の立案過程も改善したかった。チェースの立案過程は、ゼネラル・エレクトリック、ＩＢＭ、スタンダード・オイル・オブ・ニュージャージーなどの一流企業の基準と比べはるかに遅れをとるものだった。

▼マーケティング：マーケティングには緊急な改善が必要だった。とはいえ、チェースは利用価値の高いこの領域で本当に強い力を持っていた。信用調査係は、国内各地

区を旅して回り、顧客企業や、多くの場合はその同族企業との強い絆《きずな》を育てていたし、国際業務係は、国外の得意先と同様の関係を作り始めていた。わが社の顧客の忠誠心は銀行業界の伝説となり、わたしたちが成長するうえで強固な土台となった。しかし、わたしたちは、専門的で積極的で近代的な銀行というイメージ作りのために、マーケティングに対するもっと系統立ったアプローチと、銀行サービスの開発、値付け、宣伝、販売のためのもっと正式で包括的な方針を必要としていた。

▼テクノロジー：銀行の効率的かつ有益な経営能力の中核となるのが事務部門――日々何千件もの顧客との取引を正確かつ迅速に効率よく実行するための人員とテクノロジーだ。チェースに就職した当初から、わたしは高度テクノロジーの銀行業務への応用に興味をそそられていた。一九五四年、わたしはジャック・マクロイを説得して、自分が起業を助けた電子工学研究所（ＬＦＥ）に、銀行運営法の検討と、運営管理用コンピュータの注文設計を委託させた。この試みは時期尚早で、失敗に終わったが、ＬＦＥの成果のおかげで、わたしたちは運営方法の近代化および職員に対するもっと包括的なアプローチを推進する勇気を得た。実のところ、一九六〇年代初頭には、実質的にすべての銀行業務がコンピュータ化された。

困ったことに、わたしが会長に就任したときには、二十七種類のコンピュータ・システムが稼動《かどう》していたのだ！　まずはこの互換性のないシステムを合理化したうえで、銀行の技術運用者、顧客関係を担当する経営部門の行員、最高幹部の交流や連携が改善されるよう図らなくてはならなかった。しかし、誰もが目前に迫った電子革命については、可能性も問題点も知らぬが仏という態度を取っている。わたしが個人的に関与すべき領域であることはわかっていたが、事務部門が銀行にとって大きな問題を持つ領域になると悟ったのは、最終的にその部門を管理下に置いてからだった。

▼社会的責任：最後に、銀行の公的役割と責任の問題がある。戦後期に国を一体化させた共通の認識は、一九六〇年代半ばにふいに終わりを迎えた。ベトナム戦争に対する大衆の強い反発と、都市部での社会不安の増大に、ビジネス全般、とりわけ大銀行に対する悪感情が加わった。この極端な批判は無責任で、思想的になんらかの息がかかっているように思えたが、わたしは、チェースには、自国の前に立ちはだかるやむを得ない社会的・経済的問題を軽減する責任があると思っていた。

これは、わたしが長いあいだ感じていたことだ。実際、一九六八年の秋、会長への昇進が公表される数日前に、わたしは財務管理者協会の会合で〝都市の危機〟というテーマについて演説を行ない、出席者に、わたしたちが実業家として直面しているのは単一の問題ではないと告げた。「単一の問題というよりは、国中の主要な病弊がすべてごちゃ混ぜになったような状態だ――不適切な教育制度、改善の見られない失業率、有害汚染された天然資源、老朽化した交通機関、恥ずべき住宅事情、不じゅうぶんで無益な公共施設、すべての人に対する平等な機会の欠落、そして、老人と若者、黒人と白人のあいだのきわめて危険なコミュニケーション不足。これらはすべて速やかに対応すべき問題だ」

当時も今も、わたしは、民間部門に、このような社会問題を理解し、解決を助ける義務があると信じている。

チェースには市民生活に関与するという強い伝統があったが、わたしは銀行の地域社会への関与を拡大、深化させたかった。ある機関が地域社会でどのように意思表明をしていくかは、対外的なイメージと深くつながっている。わたしは、チェースが近代的で、進歩的で、風通しのよい銀行だと認められることを望んでいた。新たな〝イメージ〟を打ち出すために、わたしは三つの領域に的を絞った。

第一に、まとまりのなかった企業慈善寄付を、広範囲にわたって周到に練られた制度に作り変えて、現代の複雑な都市問題に焦点を当てる。わたしは、チェース役員たちの個人的な参加と統率力が、この試みに欠かせないものであり、企業の慈善献金と同じくらい重要だと信じていた。

第二に、ワン・チェース・マンハッタン・プラザの卓越した現代建築様式をモデルにして、世界中に新たな支店や施設を設計、建築する。

第三に、ワン・チェース・プラザの堅苦しい雰囲気を和らげるために始めた美術品の蒐集《しゅうしゅう》計画を拡大する。これにより現代社会の文化を推進するという銀行の役割を強調できるという確信があった。

共同CEOに在職中、ジョージはいずれの計画にもほとんど興味を示さなかった。銀行の主要業務の最末端に位置する計画とでも見なしていたのだろう。しかし、ジョージの退職とともに、わたしは、以前よりも自由に、これらの計画をはじめとする事業をもっと積極的に先導できるようになった。

新たな方針を立てる

会長に就任した当初、わたしは幸運にも、きわめて有能な役員補佐ジョゼフ・ヴァーナー・リード・ジュニアにめぐり合った。ジョゼフを推薦してくれたのは、チェースの取締役であり世界銀行の元会長でもあるユージーン（ジーン）・ブラックだ。ジョゼフは世界銀行でジーンの補佐役を務め、ニューヨークに戻ってからもそばにとどまっていた。会長職を引き継ぐ数週間前、ジーンは、わたしの成功が有能な個人補佐官を見つけられるかどうかに大きく左右されると告げた。広範囲にわたる職務上の責任を監督できる補佐官が必要だ。ジーンはわたしに、必要な資質をすべて備えたリードを雇うよう勧めた。

ジョゼフ――非凡な精神と生きる喜び《ジョワ・ドゥ・ヴィヴル》を併せ持つ男――は、ジーン・ブラックの推薦の弁どおりの人物だった。わたしが会長を務めていた十二年の間、課せられた広範囲にわたる業務に対処し、多くの困難な時期を切り抜けるにあたっては、ジョゼフの友情、忠誠心、管理能力が不可欠だった。

ジョゼフに加えて、ディック・ディルワースからも強力な支援と賢明な助言を受けた。ディックはチェースの役員であると同時に、ロックフェラー家の首席財務顧問で、わたしの個人的な親友でもあった。わたしが会長に在職中は、数々の危険な時期を乗り越える手助けをしてくれた。ジョゼフとディックは、わたしが銀行で上層部の経営団を作ろうと奮闘していた最初の数年間、特に助けになってくれた。結果論として、わたしの見つけた友人たちはすべて、自分にとって必要な存在だったのだ。

不本意な出発

会長に就任した最初のころは、自分の仕事をこなし、目標を達成するために必要な権限と独立性が不足していた。このような状況に陥ったのは、ジョージ・チャンピオンが権力を手放すことを拒否し、わたし自身も自分の権限を全面的に主張するのをためらったからだ。

銀行を辞めたあとも、ジョージは取締役にとどまり、月例の役員会では、わたしの決断にあとからけちをつけ、命令口調で意見を述べ、会長だったころと同様のふるまいを見せた。ジョージが銀行のためを思って行動し、わたしの突拍子もない計画から〝銀行を救い出す〟べく死力を尽くしているつもりだったことは間違いないが、ジョージを支持する役員でさえ、この状況は耐えがたいと思っていた。二年間の絶え間ない中傷攻撃ののち、わたしは役員を説得して、内規を修正し、役員の定年を六十八歳に引き下げさせた。それが当時のジョージの年齢だったのは偶然ではない。その後の数年間、わたしは何度かジョージに出くわした。ジョージはなおもニューヨークの実業界で活躍しており、何杯か酒を飲むと、決まってわたしの銀行経営方法について痛烈な言葉で感情をぶちまけた。

ある意味では、わたしはジョージの辛辣《しんらつ》さを責められない。指揮権の共有は、ジョージにとってひどくいらだたしいことだった。わたしと同じくらい深くチェースを愛していたはずのジョージは、銀行に生涯を捧《ささ》げたにもかかわらず、最後まで完全な経営権を手にすることができなかったのだ。ジョージは本心からわたしの〝過激な〟着想が危険だと確信していたし、わたしはわたしで銀行の存続と成長のためには自分の着想が欠かせないと確信していた。ふたりの理想像が正反対だったので、真の妥協は不可能であり、相違を調整することくらいしかできなかった。チェースは確実に貴重な陣地を失っていき、とりわけシティバンクに押されるようになった。いまだにこの埋め合わせは完全にできていない。とはいうものの、もしわたしが一九六〇年にあっさり退職して――それが唯一の現実的な選択肢だった――銀行をジョージの手に委《ゆだ》ねていたら、けっして、チェースが今のように巨大な国際銀行に発展することはなかっただろう。

チャンピオンの報復

ジョージはわたしの権限を制限するために、もっと直接的な手段にも訴えた。一九六八年の秋、退職する六カ月前に、ジョージは強引に銀行経営陣上層部の再編成を行ない、〝会長業務執行部〟を創設した。この部署は、わたしの会長就任当日に活動を開始することになった。ジョージは自己弁護のために、J・P・モルガンなどニューヨークの他の大手銀行も最近同じことをしていると指摘した。執行部の構成員は、会長のわたし、新頭取兼最高執行責任者のハーバート（ハーブ）・パターソン、新たに副会長に任命されたジョン・プレイスとジョージ・ローダー。効率化のための変革というのは表向きの理由だ。再編成については大きな疑念をいだいていたが、次期会長を発表する記者会見では、擁護意見を述べた。わたしは記者の質問に次のように答えた。「チェースほど大規模で多角的な銀行がかかえる複雑な問題を、ひとりやふたりの人間が効率的に処理するのは、明らかに無理があります」

この発言には真実も含まれているが、むろん、ことはそれほど単純ではない。この再編成は〝チャンピオンの報復〟と呼ぶにふさわしい。なにしろ、わたしの最高経営責任者への就任が実質的に妨げられたのだ。ジョージが設定した手続きでは、大きな決断を下す際には毎回、四人全員一致の票決が必要となる。パターソン、プレイス、ローダーの三人は全員、ジョージの庇護《ひご》のもとで出世の階段を上がり、ほぼ同じ銀行観を持っているのだから、この制度は明らかにわたしを管理下におくための技巧的なしかけだ。それはまるで、共同CEOとして苦々しい年月を過ごしたジョージが、自分の得られなかった地位をわたしが獲得することを断固阻《はば》もうとしているようだった。執行部ができたことによって、遅延と停滞が対応不可能なほど深刻化するのは確実だった。今にして思えば、この仕組まれた制度にすぐさま異議を唱えるべきだったが、CEO就任はじめての経験で、即座に毅然《きぜん》とした行動を起こして事態を正す自信がなかった。実のところ、この制度は本質的にうまくいかなかったので、長くは続かなかった。一九七一年初頭、わたしは役員会を説得して、この経営体としての執行部を解散させ、純粋な諮問《しもん》委員会に作り変えた。

団結会での殴り合い

皮肉なことに、わたしの会長就任当初の数年間に銀行が直面した最大の問題は、ジョージとわたしが合意のうえで下した決断が原因だった。その決断とは、ハーブ・パターソンを頭取兼最高執行責任者に任命したことだ。ハーブは優秀な信用調査係で、銀行内で慕われていた。イェール大学の卒業生で、国内部門——ここでは、ジョージ・チャンピオンのもとで働いた——と国際部門の両方を首尾よく運営した。国際部門では、自分の地位に見合うほどに成長し、外国活動の促進に熱烈な興味を示すようになって、わたしの心にもはっきりとした印象を残した。

ハーブの昇進が大きな誤りだったかもしれないと思わせる最初の徴候が見えたのは、一九六九年一月下旬、会長を引き継ぐ直前に、わたしが銀行の最高幹部のために手配した、ニュージャージー州プリンストンでの研修会のときだ。わたしは重役の大部分を集めて、〝団結力を育てる〟ための会を開いた。ジョージとわたしの十年にわたる不和のせいで、銀行内部に巨大な亀裂《きれつ》が生じていたからだ。プリンストンの研修会は、人間関係の改善と、チームワークや友情を育む《はぐく》ためのわたしなりの努力の表明だった。

ハーブ・パターソンがカクテルを飲んでいたのは周知のことだが、プリンストンでの最初の晩のような行状は予想だにしていなかった。数杯の酒で泥酔《でいすい》したハーブは、血気盛んな経理担当役員チャーリー・エイジミアンとどなり合いの喧嘩《けんか》を始めた。チャーリーはとても恰幅《かっぷく》のよい、短気な男だ。付き合いやすい人間ではないが、きわめて博識で、非常に有能な役員であり、経営陣では常時参加を求められる中心的メンバーだった。どなり合いがまもなく小突き合いに変わったかと思うと、いつの間にやら、ハーブとチャーリーはげんこつで殴り合い、周囲のわたしたちは必死でふたりを引き離そうとしていた。惨劇の総仕上げとして、ハーブは部屋から連れ出される際に、チヤーリーをくびにするべきだと叫んだ。団結会は完全な失敗に終わった。

わたしはこの出来事に怒りと落胆を感じた。最高幹部どうしで親密な職場の人間関係を築き上げるどころか、銀行内部に存在する深い裂け目を露呈させたのだ。翌朝、ニューヨークに戻る車中で、わたしはなんらかの処置を講じるべきだと実感した。あのようなふるまいにはまったく我慢がならなかった。

とはいえ、わたしの立場では手の打ちようがない。頭取就任の一カ月前にハーブを解雇すれば、銀行内のもろい基盤を切り崩すことになるし、金融界に騒動を巻き起こすだろう。そうなると、チェースの取引関係や経営に強い悪影響が及ぶおそれがある。選択肢はかなり限られていた。週明けの月曜朝に、わたしはハーブを執務室に呼び出して、もう一度同じようなことがあれば解雇せざるを得ないと告げた。ハーブは悔恨の意を示し、二度とあんなまねはしないと断言した。その後は殴り合いは起こらなかったが、個人的な緊張関係が続いた。さらに重要なのは、わたしが、最高執行責任者となる人物の信頼性に大きな疑いを抱きながら、銀行会長に就任したことだ。

解雇

ハーブとわたしは、一九六九年三月三日に新たな職務に就いた。最初の二年間は、ハーブは立派な業績を残した。銀行の最も重要な部署をふたつ管理して、模範的な仕事ぶりを見せたのだ。しかし、一九七〇年代初頭、わたしは、ハーブに対処をまかせた日常的な管理業務の多くが、放置されるか、不手際《ふてぎわ》な処理を受けていることに気づいた。時がたつにつれて、ハーブは重圧に負けて動けなくなってしまったように見えた。わたしの執務室の隣室に閉じこもり、昼間はめったに姿を現わさない。ハーブは意思決定をしたくないか、もしくは、決定する能力がほとんどないようだったが、それでいて、重大事をわたしのところに持ち込もうとはせず、助言や批評すら求めなかった。「ミスター・ロックフェラーの邪魔をしちゃいかん」というのが口癖だったので、わたしは重大事を遅れて知ることになり、ときには完全に手遅れになってから知る場合もあった。ハーブに日々の銀行業務を任せておけば、わたしは会社の方針や計画などのもっと大きな問題に集中できると考えていたのだが、ハーブは型通りの決定さえ下さなくなった。

ハーブの生活様式は、目に見える形で本人に打撃をもたらした。最初の妻は愛らしい女性で、夫にまっとうな道を歩ませるべく、酒量を管理し、仕事に注意を向けさせた。この妻が亡《な》くなると、ハーブはすぐに再婚した。お相手は社交界で名高い魅力的な女性で、ニューヨークの〝ジェット族〟（訳注：ジェット機で世界各地の保養地・行楽地めぐりをする超有閑階級）という身分を楽しんでいた。しかし、徹夜をしたあとに大手商業銀行の経営に携わるのは不可能だ。重圧と疲労はハーブの飲酒問題を悪化させるばかりだった。重要な銀行の宴会で、はた目にわかるほど酔っぱらって、千鳥足のまま、部屋から連れ出されたことも何度かあったという。同僚や友人はハーブのふるまいを隠したり正当化したりしようとしたが、これらの酒宴についての噂《うわさ》は急速にウォール街に広まった。

わたしは何度もハーブと話し合い、業績と生活様式について高まりつつある懸念《けねん》を口にした。ハーブはいつも深く悔いた面持ちで、辛抱強くわたしの勧告や不平に耳を傾けるが、事態は何も変わらない。その結果、銀行の士気が下がり、経営幹部が不平を言い始めた。

一九七一年初頭には、大勢のチェース役員が、ハーブの仕事ぶりについてわたしに進言するようになった。すぐに行動を起こすよう求める者も数人いた。そこで、一九七一年後半、上級経営陣を強化し、ハーブの重荷を緩和するために、わたしは役員会に、新副会長二名を執行部に加え、ハーブの責務の一部に対処してもらおうと示唆《しさ》した。これにより銀行の業績は改善されたものの、ハーブの消極性という問題は未解決のままだった。だんだんといらだちを募らせたわたしは、一九七二年の晩夏に、ハーブに辞めてもらうしかないと心を決めた。同年の十月初旬、ダラスでアメリカ銀行協会年次総会が開かれた際に、わたしはハーブを自室に呼び寄せ、彼の業績に失望したのでかわりの人間を探すつもりだと告げた。ハーブは事態がうまく運んでいなかったことを認め、わたしの決断にほっとしたようだった。明らかに突然すぎるこの退陣をめぐって、一部には批判的な報道もなされたが、状況を理解している者は、ハーブをもっと早く解雇しておくべきだったと思っていた。

新頭取探し

ハーブに何度も再挑戦の機会を与えてきた理由のひとつは、これといった後任者の当てがなかったからだ。銀行外から人材を連れてくるのは士気にかかわるし、実のところ、外部にはニーズに合う候補者が見当たらなかった。銀行内部の候補者も限られている。

結局、ぬきんでた資質を持つただひとりの人物、ウィラード（ビル）・ブッチャーに白羽の矢を立てた。ビルはそれまでの九カ月間、副会長の仕事をみごとにこなしており、おおらかな性格で、近代銀行業務について並外れた知識を有している。わたしより十歳年下のビルは、ブラウン大学の卒業生で優等学生友愛会《ファイ・ベータ・カッパ》にも属しており、一九四七年に管理職見習いとしてチェースに入行した。銀行ではほぼずっと商業銀行業務部門に所属し、主に競争の激しいニューヨーク市の支店に勤務して、とんとん拍子に昇進した。わたしはビルの知識と個性に感銘を受けて、一九六九年に国際部門の部長に任命した。そこでのビルは、外国事業拡張の積極的な主唱者だった。

ビル・ブッチャーといっしょに働くのは楽しかった。現場主義の役員で、積極的かつ熱心に仕事に精を出す。わたしたちは共同で円滑に職務を進め、しばしば協議をして、気楽に話し合った。障壁も気づまりもなく、わかりやすい率直な五分五分の関係。ビルはわたしが立てたチェースのための計画を理解し、その日常業務での実践をうまく管理してくれる。またたく間に、チェース銀行は勢いを増した。

独自のチーム

チェース・マンハッタン銀行でCEOとして全面的な権限を確保するのには、四年かかった。明らかに、もっと早く行動を起こして、自分の権力を強化し、チャンピオンの時代を終わらせるべきだった。そうしなかったのは誤りだ。しかし、いったんCEOとしての役割や立場になじんでくると、わたしは自分の下した決断にもとづいて、迅速かつ適切に行動した。個人的には好意を持っているが仕事ぶりが許容しがたい最高執行責任者、ハーブを解雇するのは、困難で痛みを伴う決断だった。

それはわたしにとって、困難でいらだたしい数年間だった。勤続年数の長さにもかかわらず、疎外《そがい》感を覚え、親友も支持者もほとんどいない。結果的に、わたしは、銀行の内部構造や経営管理に関わる問題については、臆病《おくびょう》と言っていいくらいに、かなり慎重に行動した。この領域でためらったことは後悔している。しかし、幸いにも、そこで臆病だったぶんを取り返すかのように、他のさまざまな領域では大胆に銀行を導くことができた。

わたしは将来の成長と拡大の基礎を築く一助として、単一銀行持ち株会社へ組織変えをするよう役員会を説得し、管理過程の改善に着手した。

わたしたちは敏速かつ効率的に行動し、世界のさまざまな地域に直接的な進出を果たした。拡大を続ける産業と金融の中心地ヨーロッパ、急速に近代化しつつあるラテンアメリカおよび環太平洋諸国、重要石油産出国ばかりの中東、そして、後年には、共産主義世界の砦《とりで》、ソ連と中国。

最終的には、対外関係の領域で——地域や社会に対して慈善事業の支援を行ない、自分たちが体現している制度をきちんと説明したので——多くの会社がチェースを模範企業と見なした。

わたしはこうした偉業をこの上なく誇りに思い、グローバル銀行のリーダーというチェースの立場を強化するため、世界中の新たな市場へ進出を続けることが自分に与えられた特別な任務だと考えていた。

第17章　ソ連との関わり

グローバルな銀行のリーダーとなるために、チェースは、世界の大部分が、基本的に民主主義の原則と自由市場の運営に反対する政府に支配されているという事実と向き合わなければならなかった。そして、現実的に考えると、チェースが国際的に事業を拡張していくためには、独裁的、全体主義的、反資本主義的な志向や政策を有する政権への対処法を学ぶ必要があった。

わたしはこれらの政権にまったく共感できなかったが、仕事上では協力し合うべきだと考えていた。チェースに勤務していたあいだはずっと、わが国に対して最も好戦的で頑固な、敵対する思想を持った国の指導者や、個人的には嫌悪《けんお》している専制的かつ独裁的な方式を貫く支配者たちにも、けっしてためらうことなく会った。アルジェリアのウアリ・ブーメディエン、ザイールのモブツ・セセ・セコ、チリのアウグスト・ピノチェト、イラクのサダム・フセイン……。わたしはこの全員と会ったのだ。ユーゴスラヴィアのチトー元帥《げんすい》、ルーマニアのニコラエ・チャウシェスク大統領、ポーランドのヴォイチェフ・ヤルゼルスキ将軍、パラグアイのアルフレド・ストロエスネル将軍とは、かなり長く話をした。人種差別国南アフリカの現代の指導者たちとも、腰を据えて長時間にわたる討論をした。ヘンリク・フルウールト、B・J・フォルスター、P・W・ボータ、そして、後年には、開明派のF・W・デ・クラークといった面々だ。まだ文化大革命が盛んだったころに、周恩来をはじめとする中国共産党幹部たちとの長い会見もやり抜いた。また、ニキータ・フルシチョフからミハイル・ゴルバチョフまで、事実上すべてのソ連指導者とも討論したし、もっと最近では、一九九五年にニューヨークを訪問中だったフィデル・カストロとも対面した。

この行動について、わたしは右派と左派両方の批判者たちにそしられた。事実、わたしは好意や理解を得にくい立場にいた。批判者たちは、「デイヴィッド・ロックフェラーは独裁者に会うと必ず取り入ろうとする」と主張した。しかし、四十年以上にわたって外国の指導者たちと私的な会合を続けるあいだ、わたしはけっして自分が同意できない見解に従ったことはない。それどころか、これらの会談を利用して、面と向かって丁重な毅然《きぜん》とした態度で、相手の制度の欠陥を指摘し、自国の正しさを主張した。わたしは、最も凝り固まった独裁主義体制でさえも、最終的には優れた価値を持つアメリカの制度に屈服すると信じていたので、この機会を活用したのだ。

対話の始まり

わたしは、一九六二年に米ソ国民会議に招待されて、はじめてソ連と接触した。サタデー・レヴュー誌の編集者ノーマン・カズンズの提案によって開催され、〝ダートマス会議〟と呼ばれるようになったこの会議は、冷戦期における活動の一環で、直接の会合や対話を通してふたつの超大国の理解を深めることを目的としていた。一九六二年十月下旬、マサチューセッツ州アンドーヴァーにて、わたしが最初に出席した会合でその価値が証明された。

キューバ・ミサイル危機のさなか、参加者たちは、両国が前例のない恐るべき核の対決に直面しているにもかかわらず、会議を続けた。どちらの側も、原子爆弾による絶滅への道から退き、ほかの競争方法を探すときが来たと考えていた。次のダートマス会議は、二年後の夏にレニングラードで開催された。この旅の際に、わたしと娘のネヴァは、ソ連共産党の第一書記ニキータ・フルシチョフに会った。実際にこの会合のアイデアを出したのは、国連事務総長ウ・タントだった。ポカンティコで国連上級職員のために催した歓迎会の席で、この話を持ち出してきたのだ。わたしがレニングラードに旅行する予定だと告げると、国連事務総長は、アメリカ人銀行家との触れ合いはソ連の最高首脳部のためになるだろうと言い出した。ロシア旅行のあいだにフルシチョフと個人的に会えば、ささやかながらふたつの超大国の関係改善に役立つかもしれない。

ウ・タントが取り持ち役を引き受けてくれたものの、会合について確かなことは何もわからないまま、わたしは七月下旬にレニングラードに向けて出発した。ところが、ダートマスの代表団が到着した翌日、わたしはクレムリンから、次の日に会合のためモスクワに来るようにというメッセージを受け取った。指定時刻に間に合わせるため、わたしとネヴァは夜行列車で現地に向かった。会議自体に出席していたKGB諜報《ちょうほう》部員の注意深い監視を受けながら。

当時のモスクワは、〝対照〟の典型のような都市だった。フルシチョフは、ソヴィエト社会主義共和国連邦（USSR）が国内総生産でアメリカを追い越すと宣言したが、その声明を発した都市は、経済不況に陥り、何十年も放置されて苦境にあえいでいる。帝政ロシア時代の優雅な建物が未塗装のまま荒廃しており、最近のスターリン時代に建てられたオフィスやアパートは、みすぼらしく、ぱっとしない外観だ。自動車はほとんど走っていないが、広い大通りの中央車線はつねに共産党政治局のメンバーを運ぶソ連製リムジン車ジルのために確保されている。人々は質の悪いわずかな食料を買うために長い行列を作っており、デパートの棚はほぼ空っぽだった。フルシチョフのお題目であるこの国の経済力について、疑問を抱かずにはいられなかった。

資本主義の化身

ソ連の政治宣伝機関にとって、ロックフェラー家はつねに〝資本家の中で一番の敵〟だった。何年か前に、プラウダ新聞社は、わたしと四人の兄たちについて『絶えず膝《ひざ》まで血につかり、絶えずなきがらを踏み越えて』という本を出版した。同じころに英語版ニュー・タイムズ誌に掲載されたある記事には、「世界を支配するあらゆる大金持ちの名家の中で、ロックフェラー家が最も強大だ」と記されていた。論旨はこうだ。第二次世界大戦中に石油のおかげで法外な利益をあげたわたしたちが、こんどはその金を軍備に投資し、核兵器の製造を制御しているというのだ。また、ロックフェラー財団が一九三〇年代にヨーロッパのファシスト政権から、エンリコ・フェルミ、レオ・シラード、エドワード・テラーを救出する手助けをした事実を、裏づけの証拠として挙げ、わたしたち一族が自分たちの利益を増やすために冷戦をあおるつもりだと決めつけていた。

モスクワ行きのわずか数カ月前には、イズベスチャ紙の社説で、わたしが近代美術館の会長として、庶民を堕落させるために道徳的退廃を促進していると論評された。「ロックフェラー家の監督のもとで、抽象美術は確たる政治的役割を演じるよう求められている。その役割とは、思慮深いアメリカ人から現実の人生に向ける注意を逸《そ》らし、愚かな人間に変えてしまうことだ」

長年のあいだに出会った多くのロシア人は、わたしと兄たちが秘密結社として、裏でアメリカの外交政策作りの糸を引いていると信じきっていた。ソ連には多元的民主主義の仕組みという概念がないので、合衆国大統領まで含めて、選出された公務員は単なるお飾りで、真の〝権力者〟――この場合は、わたしたち一族――が命じた役割を演じているだけだと思い込んでいたのだ。往々にして、ソ連の役人たちはわたしに、「最恵通商国の待遇をソ連に与えるよう大統領に進言」するよう熱心に説いてきた。

願いごとの内容はほかにもいろいろあったが、誰もがわたしがうんと言いさえすれば、願いが実現するかのような物言いをした。わたしはいつも、アメリカ政府は相手が想像するのとはまったく違い、自分にそういう権力はないことを説明しようとしたが、明らかに信用してくれなかった。

レーニンに見つめられて

七月二十九日の昼下がり、使い古されたロシア製フィアットがネヴァとわたしをホテルまで迎えに来た。わたしたちは、高くて赤色の、銃眼が付いたクレムリン城壁を通過して、レーニンが使っていたという地味な建物へと連れていかれ、どちらかといえば簡素な家具の少ない部屋に通された。レーニンの後継者はそこにオフィスを構えて、自分たちが労働者階級のために犠牲を払っているという印象を与えようとしたのだろう。

インタビューを許可されたのはわたしひとりだったが、控えの間でフルシチョフがあいさつの言葉をかけてきたときに、ネヴァを記録係として同席させたいと願い出た。わたしにとって対談の記録は重要だし、娘にとっても忘れがたい経験になるだろうと考えたのだ。フルシチョフは快く同意してくれた。

出席者はわずか四人。ネヴァ、わたし、フルシチョフ、その優秀な通訳者ヴィクトール・シホドレフだ。シホドレフはブルックリン生まれで、ソ連の指導者のために通訳を務めていた。わたしたちは、大きなニス塗りのオーク材テーブルを囲んで、まっすぐな背もたれの硬い木の椅子《いす》に腰掛けた。テーブルの片側にフルシチョフ、その向かい側にネヴァとわたし。シホドレフは双方に挟まれる形でテーブルの奥に着席した。飾り気のない室内で、レーニンの大きな肖像画だけが威圧感を放っていた。その後に続く対談の

1964年、クレムリンでのニキータ・フルシチョフとの忘れがたい会合。このソ連の指導者は、わたしの娘ネヴァがいつかは共産主義体制下のアメリカで暮らすだろうと断言した。
（ワイド・ワールド・フォトズの好意により転載）

途中で、わたしは一、二度目を上げて、レーニンの非難のまなざしを感じた。

対談

フルシチョフのソ連国内の制圧によって、確実に国際間の緊張緩和がもたらされた――スターリンの途方もない蛮行からすると喜ばしい変化だ――が、粗野な暴れ者のイメージはなおもつきまとっていた。国連総会で靴を脱いで机をたたき、イギリスの首相ハロルド・マクミランのソ連批判をさえぎったときのイメージだ。わたしは内心、フルシチョフがこの会合でどうふるまうのか疑問に思っていた。なにしろ、この対談に込められた強い象徴的な意味合いは無視できない。〝資本主義の申し子〟などと呼ばれることもあるわたしと、現代版の〝全ロシアの皇帝〟とが対面するのだ。わたしはまず儀礼的なあいさつの言葉を述べ、おみやげとしてグラント・ウッドのエッチングを二枚渡した。アメリカらしい作品でありながら、フルシチョフを刺激しない程度のソ連らしさも備えていると考えて選んだのだ。電話もそれ以外の邪魔も入らず、会合は二時間以上も続いた。

フルシチョフはすぐさま、わたしに食ってかかってきた。ネルソンが、ロックフェラー兄弟基金の研究論文『世紀半ばのアメリカ』を介して、ソ連の軍事的脅威に対抗するために防衛費の大幅増額を呼びかけたというのだ。「兄上のネルソンが当選したところで、今のジョンソン大統領とほとんど変わらん政策を取るに決まっている」

わたしは外交的な態度を心がけて、高官どうしの交際の重要性について触れ、兄とジョンソン大統領が親密な関係を確立できるよう願っていると答えたが、フルシチョフは会話の流れとは無関係に、アメリカのソ連に対する内政干渉について激しく不平を並べ立てた。わたしは、ロシア人が自国政権に対するアメリカの批判に驚くほど敏感なことに気づかされた。

その後、わたしたちは本気で対談を始めた。わたしのそばで、ネヴァが猛烈な勢いでインタビューの内容を走り書きして、あとから清書してくれた。そこには、米ソ関係が重要な時期にあったころのフルシチョフの考えがとらえられている。また、当時はフルシチョフのキャリアにおいても重要な時期だった。それからわずか二カ月ほどのちの十月中旬に退陣したのだから。以下の文章の大部分は、元の言葉通りだが、わたしが部分的にわかりやすく書き替えて、括弧内に個人的なコメントを加えた。

ニキータ・フルシチョフ（以下ＮＫ）：［第三世界諸国を引き合いに出して］あらゆ

る国内問題について、当事国の民が国内で解決をしているし、それがあるべき姿だ。われわれの付き合う国家はすべて現状のままで国内の秩序を保っている。それが平和的交渉のための唯一《ゆいいつ》の合理的な土台だ。

デイヴィッド・ロックフェラー（以下ＤＲ）：そこが、わたしに懸念《けねん》材料をもたらす領域のひとつです。最近の例では、特にラテンアメリカで、あなたがたが地元の共産党を利用してソ連寄りの強力な政府を作り出そうとしているように感じられます。それが実現すれば、既存の権力機構が危険にさらされ、わが国の利益に反することになる。ですから、それがあなたの政策とは違うと聞いてうれしく思います。

［フルシチョフはいらだったようす］

ＮＫ：違《ニェット》うとも。個人の意思だけで革命を計画したり扇動したりすることはできない。革命は当事国の民が自分たちでやり遂げるものだ。ロシアで革命が起こったとき、レーニンは国内にすらいなかった。革命はわたしたち国民が自分でやり遂げたことだ。餓《う》えた女たちがレニングラードの街路に飛び出して、政府が崩壊した。他国でも事情は同じだろう。革命を引き起こすのは国民だ。ほかの国や政党によって成し遂げられるものではない。韓国と南ベトナムがよい例だ。南ベトナムでは恐ろしい紛争が起こったが、韓国の状況は比較的穏やかだった。これこそ革命が個人の願望や意思に左右されないという証拠ではないかね？　革命は、機が熟しているかどうかに左右される。われわれは、革命があらゆる国で起こると信じている。アメリカも例外ではない。いつになるかは誰にもわからないが、革命が実際に起こるとき、それはアメリカ国民の手で成し遂げられるだろう。それまでは、アメリカが平和を保ち、われわれとよい関係を結び、よい取引相手でいてくれることを望んでいる。

キューバの革命が勝利を収めたとき、カストロは共産党員ですらなかった。勝利のあとでさえ、一年から一年半ほどのあいだ、わが国のことを認識していなかったのだ。しかし、革命が発展した結果、その国に現在の政府が生まれた。われわれは、革命とは自分で達成するものだと認識している。すべての人間が、内政干渉を受けずに、自分の国に自分の選択した制度を確立する権利を有しているのだ。内政干渉は混乱を引き起こすだけだ。

DR：あなたが引き合いに出した歴史的な例から、わたしは異なる結論を導き出しました。わたしの意見では、南ベトナムが今日混乱の原因となっているのは、ベトコンが北ベトナムから、そして、もっと重要なことに中華人民共和国からも、大規模な支援を受けているからです。アメリカがあの地で成し遂げたいと望んでいるのは、北ベトナムと中華人民共和国の攻撃的な政策を止めることだけです。南ベトナムを支配しようとする北ベトナムと中華人民共和国の努力は、わたしたちの重大な利益に反していますから。アメリカはベトナムから手を引き、中立的な立場で静観するチャンスがあれば歓迎するでしょう。おそらく、これは国連を通さなければ無理でしょうが、今の状況では、わたしたちの援助なしに、中立的な独立を達成する方法は思いつきません。

［この時点で、フルシチョフは文鎮を手に取り、テーブルをたたき始めた］

東南アジアにおけるわたしたち二カ国の利益はまったく同じです。中華人民共和国にアジア全土を制圧させておくことがソ連のためになるとは、想像もつきません。しかし、ソ連の継続的な関与なしでは、中国の支配が現実のものとなる危険があります。つまり、ベトナムの安定化のためにわたしたちに協力し、ラオスでケネディ大統領とともに設立した国際休戦監視委員会を介して、関与する必要があります。東南アジアが全世界の脅威にならないように、わたしたちが協力し合うべきです。

NK：［テーブルをたたき続けている］きみは間違っている。中国がベトナムに干渉しているという考えは、間違いだ。中国は韓国にも同じ程度の興味は持っていたが、そこではベトナムのようなことは起こっていない。欲望だけでは不じゅうぶんだという証拠だ。中国は両方の国と隣どうしだが、それぞれの状況は異なる。重要なのは主観的状況ではなく、客観的状況だ。すべての責任を隣国にかぶせてはいけない。

DR：いいえ、すべての責任ではなく、九十五パーセントだけです！　南ベトナムでは民衆蜂起《ほうき》が起こったことはなかったのに、中華人民共和国がまんまと、大量の武器を送り込み、もめごとを引き起こしたんですから。この件の解釈については、同意できません。

NK：［いらだったようす］この点では、わたしたちの意見は根本的に違う。しかし、中国が主な要因だと言うなら、アメリカだってもっと大量の武器を送り込めるはずだ。しかし、ベトナム人は武器を取りたがらない。どうせゲリラ兵に奪われてしまうからだ。国外から送り込まれる武器が要因ではないことは確かだ。

［フルシチョフの声がうわずり、テーブルをたたく音が高くなる。話題を変えるべきだろうと感じたが、もうひとつ言うべきことを思いついた］

DR：あなたの見解は尊重しますし、この件についてお話が伺えたことをうれしく思います。根本的に立場が違うので、この話題を追求しても得るところはないでしょう。けれど、キューバについてもうひと言だけ言わせてください。キューバで、腐敗したバティスタ政権が内からの革命の発生を可能にしたという意見には賛成です。しかし、最初のうち――キューバがソ連から大規模な経済的・軍事的援助を受けるまで

――は、政府の本質は変化しませんでした。このとき、ソ連は国内事情に干渉して、キューバ政府の権力を強化し、わたしたちの政府に害を与えました。これぞまさに、一部のアメリカ国民に非常に大きな懸念と不安をもたらす状況なのです。

NK：それこそ、とんでもない妄想だ！　さっきも言ったとおり、カストロがわが国を外交相手として認識するようになったのは、革命後十二カ月から十八カ月たったあとだ。つまり、われわれが革命指導者を知りもしないうちに、革命は勝利を収めた。それに、ソ連によるアメリカ攻撃の足がかりとしてキューバがいつ利用されるかわからないという考えは、ばかげている。キューバはソ連から一万キロ以上離れていて、通信網はすべてアメリカに管理されている。たとえわれわれがキューバからアメリカに戦争を仕掛けたくても、手段がない。きみは陸軍にいたそうだから、わかるだろう。われわれにはキューバの駐屯兵に食料や弾薬を供給する輸送手段がないんだ。

今やわれわれはロケットミサイルも核兵器も所有し、アメリカをその射程内に入れているが、攻撃は自分の国からでもできる。かつてキューバにロケットミサイルを配備したことがあるとしても、それはアメリカのキューバ攻撃を抑止するためにほかならない。その後、アメリカ大統領との合意に達し、われわれはロケットミサイルを撤去した。たしか四十二基か四十四基あった。その見返りに、ケネディは自分も同盟国もキューバを侵略しないと約束した。いつこの取り決めが破られても、われわれは自国からキューバを支援できる。われわれはロケットミサイルと核兵器を保有している。そのためにキューバの領土を必要とすることはない。それに、きみの見解はわれわれとは正反対だ。きみはソ連が他国を服従させたがっていると信じているが、もはやそれは不可能だ。

［当時は、真顔でこう言えるフルシチョフが非常識に思えた。ソ連は一九五六年のハンガリー革命で残虐《ざんぎゃく》な鎮圧を行ない、北はエストニアから南はブルガリアに至る地域で、ソ連軍の駐留を続行していたのだから］

NK：植民地制度は崩壊し、今はその残骸《ざんがい》も崩れつつある。わたしは各民族がそれぞれ自由に独自の機構を持つべきだと考えている。だからこそ、われわれはキューバを支援している。キューバが所有しているものはすべて、わたしたちも国内に所有している――

DR：アメリカに近いという地理的条件だけは例外でしょう！

NK：［今やとても動揺している］そんなことがなんの役に立つ？　きみは本当に、われわれがアメリカを掌握したがっているなどというたわ言を信じているのかね？　そんなことがあり得ると思うなら、ぜひとも、なんのために、どうやって掌握するかを教えてほしいね。われわれはアメリカを滅ぼすことができる。しかし、その理由は？　キューバについては、砂糖を大量に生産しているが、それはソ連も同じことだ。

DR：今までの状況から判断すると、あなたはキューバを拠点にして、ラテンアメリカの他の地域で共産主義運動を活発化させようとしているのではないでしょうか。アメリカを攻撃するつもりはないでしょう。思慮深いアメリカ人なら、あなたが武力でアメリカを支配したがっているとは考えません。恐《こわ》いのは、わたしが示唆《しさ》したような行動によって、アメリカがダメージを受け、立場が弱まることです。

［この時点で、わたしは対談を無難な方向に持っていったほうがよさそうだと考えた］

あまりお時間を取らせたくないのですが、これは貿易の問題にも直接関わってくると思います。ですから、よかったら貿易問題についてお話ししたいのですが。

［フルシチョフはわたしが貿易の話題に触れると、自信を取り戻し、非常に熱心に耳を傾け始めた］

貿易関係をはじめとするあらゆる米ソ関係に関して、わたしたちは――よかれ悪《あ》しかれ――ソ連の行動によって自分たちの立場が危険にさらされることになると感じています。当然ながら、この状態が助長され、加速するような道へと歩を進めるのは気乗りしません。あらゆる米ソ関係の根底には信頼が必要ですが、現在はその信頼が欠けているのです。

［わたしは続けて――まったくの外交的な追従《ついしょう》だったが――相手が〝緊張緩和〟のために果たした役割を褒めてから、わたしたちが克服しなければならない障害をいくつか列挙した］

NK：武器貸与については、われわれの血で贖《あがな》った。戦時中に何人兵士を失ったか知っているか？　二千万人だ。

DR：ソ連が途方もない数の犠牲者を出したことはけっして忘れませんが、この件についてのわたしたちの要求は、戦争とも戦争行動とも無関係です。戦闘行為のあとに取引が行なわれたのですから。

NK：［時折、まぶたが閉じそうなほど目を伏せて、ゆっくりと話す］この大問題についての議論はもうよそう。きみは資本主義者であり、ロックフェラー家の一員。わたしは共産主義者だ。きみは銀行家で、わたしは鉱夫。きみが資本主義国家を代表する一方、わたしはソ連国民の代弁をする。きみは言動がどうあれ資本主義の強化に共鳴するし、わたしも言動がどうあれ共産主義の理想に共鳴し、それが将来の支えとなる進取的な哲学だと信じている。われわれは資本主義が末期にさしかかったと考えている。やがては、このお嬢さんも［ここでフルシチョフはネヴァを指さした］、わたしとわたしの考えに味方するときがくるだろう。しかし、両制度が続行しているかぎりは、平和共存を図らなければならない。われわれがキューバでアメリカを脅したというが、こちらは、トルコ、デンマーク、ノルウェー、イタリアでアメリカとその同盟国に脅威を感じている。事実、キューバとアメリカよりも、アメリカの同盟国とわが国のほうが距離が近い。おまけに、その領土の一部はわれわれの国境と接している。しかし、われわれは恐れはしない。ものの数分できみたちを滅ぼせる。核兵器の所有によって今日の状況が決定づけられ、平和共存の必要性が生み出されるのだ。わかっているだろうが、われわれは、アメリカとその同盟国に対しても、アメリカがわが国の国境付近に武器を配備しているという事実にも、恐れを感じない。われわれはキューバに共感している。キューバは衰退しつつある資本主義体制から離れて、意義深い発展の道を歩みだしたのだと思う。マルクスが深く理解していたとおり、資本主義は生き残れない運命にある。前述のあらゆる国々で新たな発展が起こったのは、キューバや社会主義体制のせいではなく、資本主義の弱点のせいだ。

それから、貿易についてだが、アメリカが貿易を望むならそれでいい。望まないのなら貿易は不要だ。われわれは貿易なしでもじゅうぶんやっていける。貿易の有用性は、政治的な意味合いにある。われわれは貿易が世界平和の強化につながる意味合いを持つと信じている。

DR：世界平和の必要性については賛成です。だからこそ、わたしはここにいる。だからこそ、あなたがご親切にもこれほど多くの時間を割いてくれたことを光栄に思っています。おっしゃるとおり、米ソ間に相容《あいい》れない相違点があるのは事実です。おっしゃるとおり、どちらの国民も強くて独立心があり、どちらの国も相手国を滅ぼせるというのも事実です。また、どちらの国も強くて独立心があり、服従するくらいなら進んで死を受け入れるというのも事実。唯一の解決法は、より多くの接触手段を見つけて、大惨事につながりかねない不必要かつ無責任な争いを避けることです。

NK：賛成だ。

DR：よかった。

討論の最後に儀礼的なあいさつを交わすと、フルシチョフは、〝かくも莫大《ばくだい》な財産を所有する人物〟であるわたしが平和の必要性を理解しているという事実をありがたく思うと述べた。

ひと筋縄ではいかない会合だった。困難で、ときには闘争心に加え敵意すら感じられた。しかし、本質的に厄介な問題についていて討論したにもかかわらず、わたしに対する個人的な敵意はまったく感じなかった。それどころか、わたしはフルシチョフに対して大いに尊敬の念を抱きながら辞去した。その気持ちはお互い様だったと思う。また、会合の場を離れる際にもうひとつ強く感じた——これは銀行家の本能と言っていいだろう——のは、ソ連の最高指導者がアメリカとの財政的・経済的な絆《きずな》を拡張したがっているということだ。そして、ソ連の自給自足についてのフルシチョフの自信満々な主張にもかかわらず、わたしはソ連が深刻な経済問題に直面していると感じた。

リンドン・B・ジョンソンへの結果報告

帰国後すぐに、ネヴァのノートのコピーをディーン・ラスク国務長官に送ると、ラスクがこの情報をジョンソン政権の他の高官たちにも公開した。八月下旬、民主党党大会の直後に、ジョンソン大統領からわたしに個人的な招待状が届いた。〝貴殿の旅について話し合うために〟ワシントンに来てほしいとのことだった。

大統領とは、九月中旬にホワイトハウスで会った。わたしたちはそれ以前から良好な関係を築いていた。ジョンソンはきわめて機知に富み、対処すべきあらゆる状況の政治的な含みを直感的に把握した。大統領の提案する〝偉大な社会〟計画については、費用と侵略性の面で賛成できなかったが、個人的には好感を持っていた。デリケートな問題で意見がすれ違わないかぎり、大統領はいっしょに働きやすい人物だった。

(＊)

大統領執務室での会合で、ジョンソンはわたしに、フルシチョフのようすやアメリカへの態度について質問した。当時はまだ個人的にフルシチョフに会ったアメリカ人はほとんどいなかったので、大統領もその顧問たちも、書記に対するわたしの評価と、変化の可能性について知りたがった。わたしは、乱暴で独断的な物言いの裏で、フルシチョフが明らかにアメリカとのさらなる付き合いに門戸を開いていることを伝えた。大統領はわたしの話に元気づけられ、わたしたちが貿易をはじめとするソ連との商業的な絆の拡張に向けて確かな一歩を踏み出したことを認めた。とはいえ、再選が大統領の最優先事項だったので、ゴールドウォーターの〝共産主義に寛容〟という非難を封じるために、十一月の選挙が終了するまでは表立った行動を起こさなかった。

(＊)あるとき、大統領のいらだちの対象になったことを覚えている。わたしはシカゴで大統領の経済政策を批判する演説を行ない、その一週間ほどのちに、大勢の労組指導者たちとともにホワイトハウスの会合に出席した。会合を早退しなければならなかったので、そっと抜け出そうとすると、ジョンソンが大声でこう呼びかけてきた。「デイヴィッド、先週のシカゴでのわたしについての発言は、いただけなかったな」

ダートマス会議

一九六〇年代後半から一九七〇年代初めにかけて、ふたつの超大国が互いに用心深く牽制《けんせい》し合っていたころ、民間人や非政府グループが二国間関係の安定化と改善のために大きな役割を果たし始めた。この過程においてとりわけ重要だったのが、ダートマス会議だ。

ダートマス会議の最初の十年間は、ノーマン・カズンズがアメリカ人参加者の選択を牛耳っており、参加者はたいてい、カズンズの友人か、いろいろな業界の有名人だった。マーガレット・ミード、マリアン・アンダーソン、ビル・ベントン、ジェームズ・ミッチェナー、アグネス・デミル……。学者や実業家は少数で、その中にソ連の専門家とされる者はほとんどいない。著しい例外が、ジョージ・ケナンとマーシャル・シャルマンだった。

一九七一年、ケッターリング財団が会議の資金提供に主要な責任を負い、ロックフェラー財団とリリー基金が補助支援を行なうことになった。米ソの外交官たちが国防費と弾道ミサイル制御に関する条約について論議していたのと同じころ、ダートマス会議は、モスクワとワシントンの両官界で、対話の拡大に貢献するまじめな公開討論の場と見なされるようになった。アメリカ側の名簿から有名人たちが姿を消し、かわりに次のような面々が加わった。ジェームズ・ビリントン、リチャード・ガードナー、ポール・ウォーンキーなどのソ連情勢の専門家。ハーヴァード大学のポール・ドーティやロスアラモス研究所のハロルド・アグニューなどの科学者。アーサー・D・リトル社のジェームズ・D・ギャヴィン将軍、テキストロン社のG・ウィリアム・ミラー、ジョン・ディア社のウィリアム・ヒューイットなど、ソ連に興味を持つ企業の経営者。また、フランク・チャーチ、マーク・ハットフィールド、ヒュー・スコット、チャールズ（マック）・マサイアスなど、大勢の上院議員も出席した。

ソ連側にも、これに匹敵する変化があった。少数の著名人や文学者に加えて、ソ連邦最高会議のメンバー、政府高官、ヨーロッパ・北米・中東の研究を専門とする有名な学者、退職した軍人などが参加するようになったのだ。一九七〇年代初めには、ソ連科学アカデミー米国カナダ研究所長ゲオルギ・アルバトフが、ソ連グループの主要責任者となった。

最初の六回のダートマス会議では、プロパガンダやイデオロギー的姿勢を見せるためにこの場を利用したいという欲望が、本質的な議論の邪魔をした。ソ連側の講演者が次から次へと立ち上がっては、中東やベトナムやヨーロッパにおけるアメリカの政策を糾弾したり、アメリカのシオニストが持つ権力を非難したり、マルクス・レーニン主義思想に対するみずからの信念を再確認したりした。ソ連の論法に慣れている者なら、これらの常套《じょうとう》的な場面が前もって準備されたもので、そこには、自分の思想の堅固さを同志に証明するという意図が含まれることがわかる。しかし、少人数の討論となると、この政治的ポーズがほとんど影を潜めるので、多くの問題に対する現実的な措置について本当に有意義な話し合いが行なわれる。

一九七一年夏のキエフでの会合で、わたしはゲオルギ・アルバトフを散歩に誘い出して、アメリカ側がこれらの大げさな攻撃を無礼で非生産的なものと見なしていることを伝えた。それから、毎回会議のはじめにいったん顔を合わせ、あとはすぐに少人数のグループに分かれて、それぞれ国防費や貿易など特定のテーマについて論議するという形式を提案した。アルバトフの同意を得られたので、その後の会議では必ずこの新形式を採用するようになった。その後まもなく、わたしはケッターリング財団に議事進行の重要責任者を引き受けてほしいと頼まれて承諾した。新たな会議形式に加えて、両国から豊かな経験と知識の持ち主が参加した結果、実質的な討論が行なわれるようになった。一九七〇年代前半、緊張緩和が最高潮に達していたときには、米ソの商業的な交渉に直接的な影響を及ぼした。それ以降は、核兵器の削減や国防費、貿易の交渉における膠着《こうちやく》状態の強まりが、ダートマス会議にも悪影響を与えるようになった。とはいえ、超大国間の関係が冷めても、会議参加者はお互いに率直かつ直接的にふるまい続けた。あらゆる顕著な問題についての討論は高いレベルを保っていたが、それぞれの政府に自国の利益を納得させるのはずっと困難になった。

ダートマスでは、非公式な場で大勢のロシア人と知り合うチャンスがあった。エフゲニー・プリマコフとウラジーミル・ペトロフスキーには、特に感銘を受けた。プリマコフはのちに外務大臣に就任し、ペトロフスキーは国連事務次長にまで昇りつめた。ダートマス会議は、歴史の流れを変えることはなかったが、重要な問題について討議し、新たなアイデアを提案する場を提供した。アメリカ人だろうがロシア人だろうが、参加者のひとりひとりが、相手方の信念、動機、野心について学ぶところがあり、そのおかげで、冷戦という硬直したイデオロギーの範疇《はんちゅう》だけで物事を考えることができなくなった。ダートマス会議が障壁を崩し、変化を可能にしたのだ。

〝敵〟との貿易

ダートマスのグループが米ソ関係にひと役買い始める前からすでに、わたしは、ソ連やその東欧衛星国との貿易増進を擁護するアメリカ人実業家の小集団の一員となっていた。純粋に経済的な観点からすると、アメリカにはソ連と貿易をする必要がない。フルシチョフがわたしとの対談で言及したとおり、貿易の効用は〝政治的な意味合い〟にある。

一九五〇年代から一九八〇年代の末ごろに至るまで、共産主義の崩壊やソ連そのものの解体を予想する者がほとんどいなかったことを忘れてはならない。その間、冷戦で分断された両陣営が、緊張緩和のための実践的な手段を探し求めていた。

フルシチョフと会った直後の一九六四年九月、サンフランシスコで、わたしは東西貿易の問題についてはじめて公式声明を出した。この声明で、わたしは次のような所見を述べた。この地球上でふたつの大規模な互角の制度が共存を続けるには、お互いがもっと相手を知り、強硬なイデオロギーの狭い境界を越えてその知識を広げなければならない。わたしたちは、相手国民を、その心構えを、生きかたを知り、その国民が生み出して、形を与えた社会組織を知らなければならない。そして、相手方の歴史、文化、考えかたや反応、共通の願望を知る必要がある。それらは相容れないかもしれないが、耐えがたいほどのものとはかぎらない。

貿易は、この目標を達成する原動力になり得る。それゆえに、わたしはこのスピーチで、ソ連との関係改善に努めるなら、何をおいてもまずは物品の貿易を拡大するべきだと唱えた。

ニクソン大統領は、ソ連との通商拡大を、緊張緩和政策における不可欠の要素と見なした。ソ連の指導部は現代の科学技術と西側の資本に近づきたくてならなかったので、意欲的にこの意向を受け入れた。かくして、一九七二年のモスクワ・サミットで、通商条約の骨子が組み込まれた協定が調印されて、〝米ソ関係の新時代〟が始まった。〝新時代〟の一環として、詳細な取り決めのために米ソ委員会が創立され、これがソ連の最恵国（ＭＦＮ）待遇につながった。

これらの目標全般を達成するために、アメリカ国務省は、ソ連外国貿易省および外国貿易銀行と共同で審議会を設立した。その後、一九七三年六月、両国家が、二国間に正常な経済関係を育《はぐく》むための民間団体、米ソ貿易経済理事会を創立するという条約案に調印した。

わたしは理事会のメンバーに選ばれなかった。過去十年にわたってソ連と積極的に関わってきたわたしには資格があると思っていたので、これには困惑を覚えた。メンバーから除外された理由は、いまだにわからない。官吏による意図的な行動の結果だったのかもしれないし、理事会の誰かが競争上の理由でわたしを除外したかったのかもしれない。わたし自身は、後者に信憑性《しんぴょうせい》があると考えている。この件についてフレデリック・デント商務長官に尋ねたとき、相手はこう答えた。わたしがすでに米中経済委員会の委員を務めていたので、誰もが、わたしはソ連との単独取引に貢献することになど興味はないだろうと考えたのだ、と。しかし、誰もわたしに質問してこなかったのだから、この説明は真実味に欠ける。いずれにせよ、ソ連の外国貿易大臣ニコライ・パトリーチェフがわたしの除外を〝非常識〟だと評し、最終的には、ヘンリー・キッシンジャーが介入して、わたしを理事会に加えた。

米ソ貿易経済理事会は、最初のうちは大きな成果を挙げていたが、やがて、その任務がアメリカの国内政策と衝突するようになった。一九七四年の通商改革法に対するジャクソン・ヴァニク修正条項は、最恵国待遇を供与する共産主義国家に対して、国民の移住の自由化を義務づけ、特にソ連系ユダヤ人のイスラエルへの移住権が強調された。ソ連を直接の標的とするこの修正条項が追加されると、レオニード・ブレジネフは怒り狂った。ヘンリー・キッシンジャーから静かな圧力を受けて、すでにソ連系ユダヤ人に対する移民許可をかなり増やしていたので、アメリカ側から、処罰ではなく、褒美《ほうび》を受ける資格があると考えていたのだ。修正条項と最恵国待遇の拒否に直面したブレジネフは、通商協定の調印を断った。さらに、ユダヤ人移民への態度を翻《ひるがえ》し、いっそうきびしい政策を押しつけた。結局、この修正条項は、米ソ間通商協定の可能性をすべてつぶしただけでなく、ユダヤ人のソ連からの移住を実質的に終わらせてしまった。

多くの専門家は、この近視眼的な議会の行動が緊張緩和時代に終わりをもたらしたと考えているが、わたしも同意見だ。

ソ連初の米国銀行

一九六四年のフルシチョフとの対談で、わたしはソ連がアメリカとの商業的・財政的な絆の拡大を望んでいると痛感した。わたしはその実現を見守ることと、その過程にチェースが寄与することを強く願った。歴史的に見ると、チェースは、当時のいわゆる〝社会主義市場〟にとっての主要な代理銀行だった。〝社会主義市場〟には、ソ連に加えて、ポーランド、東ドイツ、チェコスロヴァキア、ハンガリー、ブルガリア、ルーマニアなどのCOMECON（旧ソ連中心の経済相互援助会議）諸国が含まれる。チェースは長いあいだ、ソ連中央銀行と外国貿易銀行の両方と関係を維持していたし、アメリカの主要な銀行としてアムトルグに奉仕したこともある。アムトルグとは、第二次世界大戦中、赤軍のために物資を購入していたソ連の機関だ。ただし、その後長いことソ連とはほとんど取引をしてこなかった。

しかし、一九七一年、ソ連の十億ドルの穀物取引にアメリカ主要銀行のひとつとして融資をしたことが大きな突破口となった。その翌年、わたしたちはモスクワでの直接開業についてソ連当局と話し合いを始めた。一九七二年十一月、チェースは代理店設立の許可を得た。アメリカの銀行が認可を受けたのは、はじめてのことだった。

わたしたちはカール・マルクス広場一番地にオフィスを置き、正式には一九七三年五月に〝業務〟を開始した。業務という言葉を引用符で囲んだのは、わたしたちの活動がきびしく制限されていたからだ。とはいえ、わたしは時とともに許可範囲が広がることを期待していた。わたしはもともと、アナトリー・ドブリーニン大使に、ジェームズ（ジム）・ビリントンを営業所長に任命したいと提案していた。ソ連専門家のジムは、ロシア語も堪能《たんのう》で、当時はチェースのためにフルタイムでソ連問題の顧問を務めていた（その後、ジムは合衆国議会図書館長に就任した）。ドブリーニンはわたしに、お抱えの優秀な通訳を提供できるので、ロシア語を話せる人間を派遣する必要はないと丁重に告げた。ほかの人間を派遣してくれたほうが好ましいという含みだ。のちに、彼はわたしに、冗談交じりで、通訳にきびしすぎると注意した。結局のところ、通訳は、日中チェースのために働いているだけではなく、徹夜で内務省の管理者に報告書を書かなければならないのだから、と。

チェースがメトロポル・ホテルで催した華やかなモスクワ営業所開設レセプションは、特に参加人数の面で、大成功を収めた。わたしたちは、モスクワ中の共産党の役人を招いた。役人たちはバッタのごとく会場に群がり、ものの数分で、テーブルいっぱいの輸入物のごちそうを文字どおり根こそぎ平らげ、ワインとウオツカもほぼ一滴も余さず飲み尽くした。

ソ連は、その後まもなく、シティバンクをはじめとするいくつかのアメリカの銀行に、モスクワでの代理店開設の許可を与えた。どの銀行もソ連市場を開拓できなかったが、ソ連初のアメリカ金融機関となったチェース――〝ロックフェラー銀行〟――の象徴的な意義は否定できないだろう。

コスイギンとの対談

一九七〇年代には、ダートマス会議や銀行の用事で、ほぼ毎年モスクワを訪れた。そのころ主に連絡を取っていた政府の人間は、ソ連の大物政治家アレクセイ・コスイギンだ。コスイギンは、一九六四年にクーデターに参加して、ニキータ・フルシチョフを打倒した。背が高く、痩《や》せ型で、悲しげな顔つきのコスイギンは、扱いにくいソ連経済をすばらしい手並みで運営する有能な管理者だった。わたしと出会ったころには、クレムリン内部の権力闘争で共産党書記長レオニード・ブレジネフに敗れ、首相に付属する地位――ソ連経済の最高執行責任者――に就いていた。

フルシチョフとの対話が、各自のイデオロギーや哲学の優劣を問う論議に発展したのに対して、コスイギンとの会話はつねに実践的でビジネス寄りだった。振り返ってみると、アメリカとソ連の経済的関係の可能性について示唆《しさ》された内容からして、その話し合いの中身は啓発的だった。

はじめてコスイギンに会ったのは、一九七一年の夏、キエフでのダートマス会議のあとだ。わたしは、フルシチョフとの忘れがたい出会い以来、はじめてモスクワを訪れた。前回の訪問からそれまでのあいだに、ソ連の首都は著しい変化を遂げていた。コスイギンが消費者部門の商品生産に重点を置いた結果、街路には自動車が増え、衣類をはじめとする品々がずっと入手しやすくなっていた。至る所で大規模な道路工事が行なわれているし、モスクワの地下鉄も実にすばらしかった。近代的で、清潔で、居心地がよくて、安い。モスクワの街自体が比較的清潔で、ごみがなくて、ヒッピーも長髪の人間もほとんどいない。西側風のファッションが影響力を持ちつつあり、〝露出が今ひとつ物足りないけれど、スカート丈は膝上《ひざうえ》約十センチ！〟というありさまだ。

わたしはダートマス代表団に混じって、クレムリンにあるコスイギンの執務室を表敬訪問した。わたしたちはおおむね貿易の話ばかりしていた。コスイギンは、わたしたち代表団に、ソ連との貿易を妨げるアメリカの「障害物を取り除くべく」尽力するよう求めた。明らかに、ソ連は通商関係の拡大を切望していた。二度目の出会いは、一九七三年五月、チェースの支店を開設したときのことだ。コスイギンはこの進歩を喜び、楽観的になって、米ソ貿易の拡大を妨げる〝障害物〟ももう排除されるだろうと考えていたようだ。シベリアにある大きなガス田の探査に目をつけており、あるときなど、指示棒を振り回して、壁の地図上の重要な鉱床を指し示して言った。「経済面では、われわれの実行準備は整っているが、アメリカがどこまで付き合ってくれるかわからない」

一九七四年には、コスイギンの関心事は劇的に変化していた。その時の対話は、いつもよりずっと技術的かつ経済的だった。コスイギンは、ＯＰＥＣの石油価格上昇とその米ドルに対する影響、およびヨーロッパと日本の国際収支について、深い懸念を示した。また、それらの発展の帰結についてのわたしの分析に熱心に聞き入った。わたしたちは、石炭や原子力などの代替エネルギー源についても論じ合った。

コスイギン首相は、西側諸国がエネルギー消費量の削減に手間取り、有効な解決策を実行するには何年もかかるだろうと確信していた。首相は、原子力エネルギーの増産により、最終的には石油価格が抑えられるだろうと示唆した。そして、チェースに、ロシアの原子力発電所建設の資金援助を要請してきた。できあがった施設は、アメリカとソ連の共同所有にするという。わたしはこの革命的な提案に驚いた。この提案は、ソ連にとってアメリカの投資と技術の両方がいかに重要か、また、ソ連がその双方の確保をいかに強く願っているかを示している。首相はこの独自のアイデアについて提案書を送ると約束したが、この件についてはそれきり音沙汰《おとさた》がなかった。

コスイギンは、会合の最後にこう言った。「アメリカとソ連の新たな関係を阻《はば》もうとするのが間違いだということは歴史が証明してくれるだろう」。また、「ソ連の指導部はアメリカの指導部に信頼を置いており、こぞって、二国間の新たな関係を続行する新たな道を見つけたいと願っている」

不換通貨

最初の三回の会合では、コスイギンはいつも陽気で開放的で、協力の可能な分野や、合弁事業を進める方法を、熱心に提案していた。ところが、一九七五年四月に会ったときは、論議の方向が違った。ジャクソン・ヴァニク修正条項と、ソ連に最恵国待遇を供与しないアメリカに対するブレジネフの痛烈な非難の結果、コスイギンは今までになく対立的な構えを見せた。不気味なほどフルシチョフに酷似したレトリックを用いて、ソ連経済の優越性と、世界経済に対する自国の影響力の拡大を喧伝《けんでん》したのだ。

わたしは相手に対抗して、こう尋ねた。「ソ連が本当に世界的経済大国になるには、世界貿易で重要な位置を占めなければなりません。けれど、交換可能な通貨、つまり世界中のどこでも受け入れられる通貨がなければ、実現は無理ではないでしょうか？」。わたしは、ソ連ブロックの外でルーブルを受け入れる場所がどこにもないことを指摘した。さらに、ルーブルを交換可能にすれば、ソ連に別の厄介な問題が生まれることはわかっていると述べた。「なぜなら、あなたがたのイデオロギーは、人、物、通貨の動きに対するきびしい制限を要求しているのですから。どうやって、このふたつの現実に折り合いをつけますか？」

相手はいくらか当惑したようすで、しばしわたしを見つめ、困ったような表情を示したが、特に答えはなかった。明らかに、交換可能な通貨の実践的な意味合いについて真剣に考えてみたことがなかったのだ。

一週間ほどのち、アムステルダムのレストランで昼食を取っていると、スイス国立銀行総裁フリッツ・ロイトウィラーがわたしを見つけ、大股《おおまた》に室内を横切ってこちらにやってきた。総裁はモスクワから戻ったばかりだという。総裁の話では、わたしの訪問後、コスイギンは、総裁がモスクワにいることを知って執務室に呼び出したのだという。コスイギンはわたしの発言について、考えをめぐらしており、ふたりは二時間かけて、ロシアにおける通貨の交換可能性の意味合いについて話し合ったという。ソ連はわたしが投げかけた疑問に対して、満足のいく答えを出せなかった。この事実はまさに、ソ連のジレンマを浮き彫りにしている。国際的な経済大国になるには、完全に交換可能な通貨が欠かせない。しかし、マルクス主義の教義にしがみつき、抑圧的な権威主義社会を維持しているかぎり、その実現は不可能だ。

エピローグ

一九八七年十二月、精力的で有能なソ連共産党書記長ミハイル・ゴルバチョフが、ロナルド・レーガン大統領との三度めの首脳会談のためにワシントンを訪れ、アメリカとの中距離核戦力全廃条約に調印した。これは軍備縮小に関わる非常に重要な出来事だったが、わたし自身も含めて、ほとんどの人々が、ソ連の国内経済と政治秩序についてのゴルバチョフの改革案にも同等の興味を持っていた。ペレストロイカ（大まかに翻訳すると〝再建〟の意）とグラスノスチ（〝情報公開〟の意）を通して、ゴルバチョフは、ソ連社会の刷新と活性化を提案して、国民に真の法的・攻治的自由を与えた。ゴルバチョフとその提案に対するアメリカの賞賛にまぎれて見逃しがちな事実は、ゴルバチョフが、中央集権的な共産主義経済の本質的な要素に強く肩入れし続けていることだ。ゴルバチョフは〝社会主義の改革者〟かもしれないが、なおも〝ブルジョア的資本主義〟と市場経済を拒絶している。

ペギーとわたしは、ゴルバチョフの訪米に関わる公的な催しのいくつかに招かれて、ホワイトハウスでのゴルバチョフとライサ夫人の正式な歓迎会と、同日夜の公式晩餐《ばんさん》会《かい》にも出席した。ゴルバチョフの魅力とゆったりとした態度は印象的だった。今までに会った頑固でよそよそしいふるまいのソ連指導者たちとは大違いだ。

二日後には、ソ連大使館での公式のレセプションに出席した。ユーリ・ドゥビーニン大使は、アメリカの財界や実業界の指導者を大勢招いてゴルバチョフに会わせた。ゴルバチョフは実行予定の変革について、かなり詳しく語った。変革には貿易の自由化と資本主義世界との接触の拡大も含まれていた。それから、質問を受け付けた。

ゴルバチョフに指名されて、わたしは十二年前にコスイギンにした質問をくり返した。ソ連経済が開放されると聞いてうれしく思うが、その政策はルーブルに対してどのような意味合いを持つのか、と。自国通貨がソ連国外で満足のいく取引をする際に受け入れてもらえないのに、国際市場で主要な役割を果たせるものだろうか？　他方で、国境を越えての人や物の自由な動きに対する制限を外さずに、ルーブルが国際通貨になり得るのだろうか？

ゴルバチョフは即座に返答した。「その件については検討中だ。近いうちになんらかの重要な決断を下すことになるだろう」。答えはそれだけだった。

結局、ゴルバチョフは、動的でグローバルな市場システムの中で中央計画経済を運営するのが困難だとは認識していても、ソ連が直面している固有の矛盾について実行可能な解決策を編み出すことはなかった。最終的には、重要な政治改革の導入にもかかわらず、滅びかけの経済秩序を補強しようとするゴルバチョフの試みは失敗に終わった。四年のうちに、ゴルバチョフは失脚し、それとともに、二十世紀の大部分を通してソ連の全体主義体制を支えていたマルクス主義思想の名残りも消え去った。

第18章　竹のカーテンを越えて中国へ

一九七三年六月二十九日の夕方遅く、チェース銀行のモスクワ営業所開設のわずか一カ月後、ペギーとわたしは北京《ペキン》の人民大会堂に坐《すわ》って、周恩来首相と語り合っていた。周恩来は毛沢東に次ぐ地位と権力を有する人物だ。

これはわたしにとって初の中国旅行であり、歴史的な旅行でもあった。なにしろ、わたしは中華人民共和国を訪れた初のアメリカ人銀行家だったのだ。その日の午後に署名した契約書により、チェースは、中国銀行にとって、二十四年前に共産党が支配権を得て以来初めてのアメリカ代理銀行となった。

共産主義者がチェースやわたしが象徴するものに抱いていた反感を考慮すると、一九七三年の中国旅行は突拍子もない行動だと思われてもしかたがない。中国は資本主義に対して執念深く敵意を持ち続けており、その外国嫌いは収まりそうになかった。この国はなおも野蛮な文化大革命のさなかにあり、毛沢東の謎《なぞ》めいた指導ぶりからは、毛沢東の妻、江青の率いる急進派と、慎重な周恩来にひそかに支えられる穏健改革派のどちらが優勢となるか判断がつかなかった。

わたしを招待することに同意した動機については、憶測するしかない。ニクソンの訪中の結果、毛沢東と周恩来がアメリカとの国交範囲を広げたくなったという可能性はある。一九七〇年、チェースの東南アジア支店の視察中に、シンガポールでわたしが出した見解もひと役買ったのかもしれない。記者会見で、わたしはニクソン政権による対中国貿易規制緩和の決定について尋ねられ、「なんらかの接点を求めての論理的なよい一歩」だと答えた。それどころか、アメリカが「人口八億人の国が存在しないかのようにふるまう」のは非現実的だとも指摘した。わたしの言葉はアメリカではさほど注目されなかったが、中国の指導部の目にはとまったのかもしれない。

実を言えば、その発言をしたときには、中国との国交回復の過程は、具体的に開始するまでに何年もかかるだろうと想像していた。なにしろ、二国間の憎悪《ぞうお》はあまりに深い。したがって、ニクソンが、ソ連に対する緊張緩和のプロセスと同じくらい、中国との和解促進を強力に主導していく道を採ったことに、驚き、励まされた。一九七二年二月のニクソンの北京訪問から数カ月のちには、ブレジネフとのモスクワ首脳会談が行なわれ、一世代のあいだ国際関係を支配していた冷戦の膠着《こうちゃく》状態が打ち砕かれて、世界の権力バランスが変わった。

わたしは、ニクソンの中国への第一歩を、チェースにとっての潜在的な商機と見なした。ソ連をはじめとする東欧の共産圏諸国では、同様の商機を追い求めて、獲得したばかりだ。さらに、わたしはこれが、共産革命の何年も前からわが一族が大きな興味を抱いていた国との結びつきを再構築する好機となることを望んでいた。

中国のロックフェラー家

祖父は、同世代の多くの企業家たちと同じく、〝中国市場〟の潜在的可能性を熱心に追求した。スタンダード社初期の広告文句のひとつ〝中国にあるランプのための石油〟は、十九世紀最後の数年間に、この巨大な国の全土で灯油の需要が伸びたことを表わしている。実際、一九二〇年代半ばまでに、ソコニー・バキューム社（スタンダード・オイルの後継会社のひとつ）は、北は万里の長城から南は海南島まで広がる包括的な販売網を確立した。

また、祖父が初めての給料のうち数ドルを、中国で働く定評あるバプテスト派宣教師に寄付してからずっと、中国はわが一族の慈善寄付の対象であった。二十世紀に入って二十年目には、初期における元来の宗教的関心が、もっと大規模な慈善寄付に取って代わられた。父個人による寄付もあれば、ロックフェラー財団によるものもある。揚子江《ようすこう》の包括的な経済開発努力、南京《ナンキン》の明《ミン》の十三陵の修復、公衆衛生と医学教育、さらには中国税関の改革に至るまで、広範囲にわたる事業が寄付の対象となった。

しかし、影響の大きさの点では、ロックフェラー財団による北京協和医科大学（PUMC）への支援が最も注目されるべきだろう。一九一五年初頭、財団職員は、当時は中国固有の問題であった、寄生虫、伝染病、栄養不足に焦点を合わせた一流の研究機関を立ちあげた。また、この当時、北京協和医科大学で訓練を受けた医師や看護師が、二回の世界大戦のあいだに中国の公衆衛生制度の発展に重要な役割を果たした。

わたしの両親は、一九二一年夏に北京を訪れて——アジアを訪問したのはこの一回きりだ——北京協和医科大学の開校式に参加した。七十五年以上たった今でも、両親が三カ月間家を留守にして日本、韓国、中国をまわっていたあいだ、ひどくさびしかったことを鮮明に覚えている。しかしこれは、両親のどちらにとっても重要な旅となった。ふたりともアジア芸術に対する興味を深め、旅先で会った三カ国の文化から生まれた陶磁器、織物、版画、絵画、彫刻のコレクターとなったのだ。さらに重要なのは、アメリカの慈善事業が中国の近代化に重要な役割を担《にな》っている一方で、伝統的なアメリカの伝道活動は時代遅れで中国のニーズに合わない、という見解に父が納得したことだ。両親それぞれが得た教訓は、本人たちだけでなく、兄たちやわたしの人生にも永続的な影響を与えた。

新たな中国

両親の旅とわたし自身の旅を隔てる半世紀のあいだに、中国は、長期にわたる国内紛争、日本との壊滅的な戦争、そして、最後に内戦を経験した。内戦によって、蔣介《しょうかい》石《せき》の国民党政府は本土を追われ、要塞《ようさい》の島、台湾へと逃げ延びた。一九四九年の毛沢東の勝利により、共産党が西側の影響を徹底的に消し去ろうとする時代が始まった。中国は、キリスト教伝道組織の閉鎖、あらゆる信仰活動の強制廃止、私有財産の撤廃、外国の企業や銀行の資産没収、西側の財団や慈善組織などの代表者の追放、教育制度における西側の教職員とその〝堕落した〟カリキュラムの除外などを実行した。この外国排斥熱のささやかだが印象的な例をひとつ挙げると、一九六〇年代半ばに、北京協和医科大学が反帝国主義医科大学と名称を変更された。

毛沢東とその同胞たちは、レーニンの手法を中国の環境に適合させて〝新たな中国〟を築こうとしていた。国の結束を取り戻し、強力な中央集権政府を作ることによって、近代化を達成する。その後は、国家権力を利用して、農業を公共化し、急速な工業化を促進するのだ。毛沢東は当初、目標追求のためにソ連の援助を仰いだ。多数のソ連人顧問の手助けで、中国の新たな指導者たちがスターリン方式の計画経済を生み出し、中国を極端な孤立時代に追い込んだ。

アメリカは最初から北京の新政権の承認を拒否して、蔣介石を中国全土の本物の統治者と認識していた。一九五〇年の朝鮮戦争勃発《ぼっぱつ》時には、台湾海峡に海軍を派遣して、数十億ドルの対外援助を行ない、蔣介石が国連安全保障理事会の常任理事国の地位を維持する手助けをした。

中国のほうは、ヨーロッパの宗主国からの独立を求めて戦うアジアやアフリカの革命運動を支援した。このことと、中国のマルクス・レーニン思想への情熱的な傾倒があいまって、米中二カ国は、特に環太平洋地域の西側、北は朝鮮から南はインドネシアに至る地域で、直接に対立するようになった。その最も悲劇的な例がベトナムだ。アメリカと中国はお互いを永遠の敵と見なしていた。双方が相手を弱体化させ、徹底的に打ち負かすために、政治的・経済的・軍事的な戦略を導入してきた。一九七〇年代初頭には、両政府とも目的を達成できず、わたしを含む多くの人々が、新たなことを試すときが来たと考えるようになっていた。それゆえに、ニクソンが進んで中国指導部とともに新たな戦略を模索し、東アジアにおける新時代幕開けの準備が整ったのだ。

チェースのアジアへの帰還

設立当初、チェース銀行は中国の輸出産業に積極的に関わっていた。第一次世界大戦後の十年間、エクイタブル信託銀行は、上海、天津、香港に支店を開設しており、どの支店も銀塊の取引を専門としていた。一九三〇年の合併後、チェースは中国語で〝大通銀行〟と呼ばれるようになった。大ざっぱに翻訳すると〝世界中で取引を行なう銀専門の銀行〟という意味だ。チェースの支店は、一九三〇年代という不確かな時代においても繁盛《はんじょう》していたが、やがて真珠湾攻撃後に、日本によって閉鎖された。わたしたちは一九四五年に再度支店を開設したが、蔣介石の敗北とともに、ふたたび本土での事業を中止した。もっと正確に言えば、一九五〇年、中国がチェース支店を国営化し、従業員を拘禁するという形で、中止させられたのだ。

さらに翌年、香港におけるチェースの運命も明らかに悪化した。人民解放軍が朝鮮戦争に介入し、ヤールー川（鴨緑江《おうりょっこう》）を渡って、ダグラス・マッカーサー将軍の軍隊を朝鮮半島に追い返すと、アメリカの文官と武官のほとんどは、これが共産主義中国の攻撃拡大の始まりに過ぎず、毛沢東は香港や台湾をはじめとする東南アジア諸国に狙《ねら》いを定めたのだと考えた。ウィンスロップ・オールドリッチはこの見解に賛成し、突然、香港での営業を停止した。この判断は大きな誤りだった。他の外国銀行がチェースにならうことなく、事態の進展を待つことにしたからだ。中国が直轄《ちょっかつ》植民地の攻撃に失敗すると、香港の顧客はチェースに見捨てられたと感じた。

しかし、ウィンスロップには功績もある。一九四七年には、先見の明を示して、国防総省を説得し、占領下の日本でチェースが軍の銀行施設を開設する許可を得た。朝鮮戦争勃発と日米安全保障条約調印ののち、アメリカ軍の現地進出が拡大するにつれて、これらの施設も繁盛した。数年後、日本政府はチェースに、東京と大阪に完全な商業支店を増設する許可を出した。

かくして、一九五〇年代、他国が独立という政治的・経済的帰結と戦っているあいだに、日本経済は急発展し、チェースは日本政府にドル資金を提供する主要な民間銀行として頭角を現わした。わたしたちは、日本が外部ドル資金を切実に必要としているとき、日本経済再建のために何億ドルもの資金を提供した。この状況が続くあいだ、チェースはぼろ儲《もう》けをした。

しかし、一九六〇年代初頭、輸出の急増により日本が独力で巨額の余剰ドルを蓄積できるようになると、この高収益の事業は衰退した。そのころには、アジアではその他数カ国の経済的見通しも有望になり始め、チェースの主要企業顧客の多くが東南アジアや韓国への事業拡張を始めた。わたしたちは、日本の拠点の枠を越えてそれらの国々のニーズに応《こた》えることができなければ、取引先を失う危険を冒すことになると悟った。

これらの要因がすべて重なって、チェースはやむを得ず、ドイツに本社を置く国立商業銀行の極東支店を三店買収した。こうして、バンコクとシンガポールにはじめて足場を得るとともに、香港に戻った。この取引で最も重要だったのは、商業銀行から引き継いだドイツの有能な支店長たちの一団を引き止められたことだ。この支店長たちは、語学力に富み、地元実業家との交渉に長《た》け、複数の重要な国際企業との地域的な取引の維持にも助力してくれた。

チェースは、一九六〇年代のあいだに、その地の経済発展を利用して、クアラルンプール、ソウル、ジャカルタに支店を増やした。さらに、アメリカ国防総省の要求を受けてベトナム全土に設立した軍の銀行施設を補完するため、サイゴンにも支店を置いた。アジアは、少なくとも部分的には、激動のさなかにあった。チェースがそこに参加できる立場にあることを、わたしはうれしく思った。

この前向きな状況を曇らせる唯一《ゆいいつ》の不確定要素が、北京の中国指導部の態度だった。中国は、莫大《ばくだい》な人口を抱え、巨大な軍隊を擁し、潜在的な経済力を有していたので、その将来の行動方針に誰もが大きな関心を寄せた。中国は鎖国状態を維持して、アジア各地で革命運動を支援し続けるのだろうか？　それとも、もっと穏健な経済的・政治的方針を採用して、アジア地域に出現しつつある市場志向型制度に参加するのだろうか？　一九六〇年代が終わりを迎えるころ、思慮に富んだ人々はこの重要な疑問で頭がいっぱいだった。アジアでの拡大戦略の実施に関与したチェースの行員も同様だ。

スーツケースいっぱいの現金

ニクソンの中国戦略が明らかになり、アメリカと中国の国交が回復すると、わたしはみずから中国を訪問する可能性について考え始めた。一九七一年十一月に、国連で中華人民共和国が国民政府に取って代わると、旅行の見通しはいっそう現実的になった。この国連での出来事には、中国本土の何年にもわたる鎖国状態の終結と、世界政治の責任の一端を担う意志が表われている。

一九七二年、ニクソンが北京から帰国してまもなく、ヘンリー・キッシンジャーに中国への入国許可を得る最良の方法について助言を求めると、黄華《こうか》大使に連絡するよう勧められた。黄華は中国の国連常任委員で、古参の駐米中国外交官だ。政治局の周恩来派に有力なコネもある。ヘンリーからは辛抱強く行動するよう忠告を受けた。中国はなおも外国人全般に対する入国許可にきわめて慎重で、少なくとも、当時は、銀行家や実業家の接待をするよりは、選ばれたジャーナリストや学者の訪問に対して、慎重にも劇的な効果を狙った演出をするほうを好んでいるようだった。

ヘンリーは正しかった。招待を受けるまでには一年以上かかったのだ。わたしが成功したのには、たしかにヘンリーの支援も重要だったが、銀行役員のひとりが実践した抜け目のない営業も大きく寄与した。国連との関係を担当するチェース副頭取レオ・ピエールが、黄華とその側近のニューヨーク来訪を聞きつけ、使節団は最初の数日間を乗り切る〝当座のお小遣い〟に不自由するだろうと予想した。レオはスーツケースに現金五万ドルを詰め込み、ルーズヴェルト・ホテルのロビーで一日中、中国代表団の到着を待ち続けた。ついに代表団が姿を現わすと、みずから大使のもとに出向き、そこに来た目的を説明してスーツケースを手渡し、この即時貸付に対する領収書の受け取りさえも丁重に断った。

　黄華はレオの態度に感銘を受け、その後まもなく、中国の使節団はチェースに口座を開設した。この好ましい背景のもとで、一九七三年一月、レオに頼んで、ペギーとわたしからの手紙を大使と妻可理良《リー・リャン》に届けてもらい、自宅にお茶を飲みに来るよう誘った。承諾の返事はすぐに来た。大使夫妻はニューヨークに一年以上滞在しているのに、個人の自宅を訪ねるのはこれがはじめてだという。最初のうちは、ふたりは慣れない状況に戸惑っているようだった。型通りのあいさつをさっさとすませてしまうと、会話がはずまなくなった。ペギーは、勇敢にも話題を途切らすまいと、茶道のお茶会でなくて申し訳ないと詫《わ》びた。わたしの唖然《あぜん》とした表情から、日本と中国の伝統を混同してしまったことに気づくと、ペギーは当惑のあまり、その場から逃げ出してしまった！　ふたりの洗練された中国人客は、ペギーの失言にも顔色ひとつ変えなかった。

　別れぎわになってから、わたしはようやく、中国訪問に興味を持っていることに触れた。大使は慎重などっちつかずの態度を示し、帰国して北京を短期間訪問する予定があるので、戻ったらわたしたちに再会できるのを楽しみにしている、とだけ答えた。

その日の晩はクルト・ワルトハイム国連事務総長に招かれて、アメリカ国連大使を退職するジョージ・ブッシュの送別会に出席した。わずか十六人の招待客の中に、午後の〝お茶会〟の友がいた。黄華大使は、外交官のみの集まりと思っていた場でわたしたちに会って驚いていた。おそらく、この幸運な偶然のおかげで、大使は、わたしが銀行業務を越えた興味とコネを持っていることを感じ取り、その結果、わたしとの再会を実現させることに前向きになったのだろう。

数カ月後、大使が、ニューヨークに戻ったことを手紙で知らせてきた。大使は近代美術館に行ったことがなかった。そこで、わたしは大使を美術館に招待し、そのあと、自宅で昼食をともにした。食前酒を飲んでいるときに、黄華が何げないそぶりで、パキスタン航空のラワルピンディ―北京間就航フライトの招待客名簿にペギーとわたしを載せたと言い出した。わたしたちが、直接、自分たちだけで中国を旅したがっているのではないかと思いついたのだという。わたしはこのやや遠まわしな招待を喜び、すぐに承諾した。黄華はわたしの要請を受けて、招待客に次のメンバーを追加してくれた。わたしの補佐役ジョゼフ・リードと妻のミミ、チェースのアジア事業部長フランク・スタンカード、中国学者であり、通訳も務めてくれるジェームズ・ピュージ。

ジェームズは、ハーヴァード大学元学長の旧友ネイサン・ピュージの息子でもある。

中国についての猛勉強

中国人民外交学会（PIFA）から正式な招待を受けると、わたしは中国の歴史や、現代の政治的・経済的状況について、もっと詳しく学び始めた。数年前アメリカ政府に〝ふたつの中国〟政策の採用を薦めた外交問題評議会の専門家たちや、ふたりの有名な中国学者、ハーヴァード大学のジョン・K・フェアバンクと、コロンビア大学のマイケル（マイク）・オクセンバーグにも会った。

三回にわたるマイクの長い要点説明は、非常に貴重だった。マイクの主張によると、毛沢東の偉大な功績は、中国を統一し、何年にもわたる戦争と動乱ののち、一九五〇年代に安定した政治秩序をもたらしたことだ。だからこそ、中国人は毛沢東を尊敬する。しかし、これには裏の面もある。毛沢東は、情け容赦なく急速な社会的・経済的変化を求めて、みずからの成果を無駄にしてしまった。一九五〇年代後半の〝大躍進政策〟や、一九六六年に始まった〝文化大革命〟は内戦のようなもので、甚大《じんだい》な社会的混沌《こんとん》、広範囲にわたる経済的混乱、ひどい飢饉《ききん》を生み出した。マイクは、今の中国が過渡期のさなかにあり、これからの成り行きは予測不能だと考えていた。毛沢東は、老いと病と被害妄想に悩まされながらも、いまだに非常に大きな責任を負っているが、継承権をめぐって大規模な権力闘争が進行中だという。マイクの見解では、中国指導部の実力者グループの中で、穏健派の声を代表しているのが周恩来だ。わたしはマイクに、可能であれば周恩来に会うよう勧められた。

はじめて黄華大使に会ってからまもなく、フレデリック・デントが米中貿易国家協議会にわたしを招いてくれた。ニクソン政権は、一九七三年初頭、中国政策に対する大衆の支持強化の一環として、協議会を組織したのだ。公と民が入り混じるこの団体は、中国との貿易機会の増大を目的としていた。わたしは協議会の副会長に就任し、一九七三年五月、中国に旅立つわずか数週間前に、ワシントンではじめて会議に出席した。

また、長年わたしが指導的役割を務めた三つの組織の長（外交問題評議会のベイリス・マニング、ロックフェラー大学のジョシュア・レダバーグ、近代美術館のリチャード・オルデンバーグ）と話し合い、各組織のために中国とのコネを求めるのが有益かどうか尋ねると、全員から熱意のこもった肯定的な答えが返ってきた。こうして、わたしは多数の組織（チェース、米中貿易国家協議会、三つの非営利団体）のポートフォリオを携えて、中国に旅立った。

本土への帰還

当時は、中国に入国するのはやさしいことではなかった。わたしたちはまず香港に飛んでから、翌日、列車に二時間乗って九竜《カオルン》半島から羅湖《ルオフー》まで移動した。羅湖は中国広東州の新領土との境に位置する小さな村だ。わたしたちは列車を降りて、夏の中国南部の湿った熱帯特有の大気に身をさらし、バッグを持って、小さな川に架かる鉄橋を横切った。あたりには拡声器から流れ出る『東方紅《とうほうこう》』やその他の中国の愛国歌メドレーの歌声が鳴り響いていた。不気味な歌声と好戦的な音楽が変に不吉な予感をもたらした。しかし、中国本土に足を踏み入れてすぐに、わたしたちは出国途中のW・マイケル・ブルーメンソールに出くわした。ベンディクス社の社長で、のちの財務長官でもある人物だ。見知った人物が実際に中国から戻ってくるのを見て、わたしたちは勇気づけられた。

無気力な役人に書類手続きをしてもらったあと、深圳《しんせん》で広州行き列車が来るまで数時間待たされた。広州で乗り換え、空港に着いてはじめて、搭乗予定の北京行き飛行機がわたしたちを置いて出発したことを知らされた。中国人の群衆にまぎれて待っていると、次のフライトの乗客数人がぞんざいに引きずり下ろされ、機内前部にわたしたちのための特別席がしつらえられた。中国の果てしない古色蒼然《そうぜん》とした景観を眼下に、三時間飛行したのち、夕方早く、飛行機は首都に着陸した。

わたしたちを乗せた車は、北京のでこぼこ道を走った。道路は、自転車に乗る人々や、馬や一連の牛に引かれた荷車でにぎわっている。このときも、残りの中国滞在期間中も、自動車はほとんど見かけなかった。やっとのことで、わたしたちは、かつて栄華を誇っていた北京ホテルに到着した。北京ホテルは街の中心部に位置しており、天安門広場と紫禁城からわずか数ブロックしか離れていない。この老舗《しにせ》ホテルは二十世紀初頭にヨーロッパ人観光客向けに建てられたが（一九二〇年代には、両親やルーシー伯母さんがここに滞在した）、今や長年の放置で傷ついていた。それでもなお、ここが街一番の宿泊施設で、従業員は礼儀正しく、気配りが行き届いていた。

形式張らず親切な、厳格で融通の利《き》かない接待役

チェースに勤務していた三十五年間のほぼすべての出張で、わたしは出発前に事前

に会議予定を組んでおくことをよしとしていたが、今回の旅は違う。北京に着くまでは、旅程についても、面会相手についてもまったくわからなかった。荷物を解くとすぐに、公的な接待役が訪ねてきて、行きたい場所や会いたい人物について尋ねた。この接待役は中国人民外交学会のメンバーで、中国外交官を退職した人物だ。わたしたちは、四、五日北京で過ごし、なんとしても政府高官――具体的には周恩来の名を挙げた――に会い、万里の長城、明の十三陵、紫禁城を訪ねてみたいと伝えた。さらに、西安、上海、広州への旅行許可も求めた。接待役の話では、ほとんどの希望場所は手配可能だが、政府高官、特に周恩来との面会については、北京滞在の終わりごろまではっきりしないだろうとのことだった。

ニューヨークを出発する前から、中国内での旅行が困難だと聞いていたので、わたしは黄華に、チェースの飛行機を国内旅行に使えないかと尋ねてみた。黄華はその案に反対し、自家用機の発着施設は利用できないが、政府が飛行機を自由に使わせてくれるだろうと断言した。その言葉は当たっていた。用意されたロシアの四発エンジン機ツポレフは、二十四人乗りで、乗務員は四人。旅行者六人に通訳四人の一団にはじゅうぶんすぎるほどだ。当時、中国の航空サービスがきわめて限られていたことを考えると、この待遇は、中国がわたしたちの訪問を重要視していたことを明示している。

北京に滞在中は、政府から大きな黒塗りの中国製リムジン紅旗をあてがわれた。運転手と通訳ガイドも付いている。ところが、接待役の厳格な外交慣習のせいで、ペギーとわたししかリムジンに乗せてもらえない。わたしたち一団の他のメンバーは、ずっと小さな車で満足しなければならなかった。ジョゼフとフランクはこの不公平な処置にあまりいい気はしないようだったが、中国人は一歩も譲ろうとせず、短距離であってもわたしたち以外の人間は同乗させなかった。

その他の面では、接待役は驚くほど形式張らず親切だった。例えば、最初の概況説明でわたしたちは、高官との会合も含め、どの会合でも配偶者の参加を歓迎すると聞かされた。また、夏の暑さを理由に、公式の晩餐会《ばんさんかい》を除いては、ネクタイなしのスラックスとシャツ姿などのふだん着でいるよう勧められた。

偶然にも、わたしたちの訪中と同時期に、アメリカ連絡事務所の所長に新たに任命されたデイヴィッド・ブルース大使とエヴァンジェリン夫人がやってきた。一九四五年にパリではじめて出会ったとき、デイヴィッドは、アイゼンハワー将軍の司令部に付属する戦略事務局（ＯＳＳ）派遣団を統率していた。その後、彼はフランスとイギリスの大使として名を上げた。

ブルース夫妻の招待を受けたペギーとわたしは、ホテルから数ブロック離れた外交官地区に新たに建設された官邸で昼食をともにした。家具がまだ届いていなかったので、寝室のトランプ用テーブルで食事を取った。デイヴィッドは、中国共産党内部で穏健派と強硬派とのあいだに繰り広げられる激しい権力闘争について言及した。デイヴィッドの語る指導層内部の混乱ぶりは、わたしたちの観光を調整する際の秩序だったやりかたとは、まったく対照的だ。しかし、この話を聞いたわたしは、チェースや他のアメリカの組織の中国進出には、忍耐力と骨の折れる交渉が必要になるだろうという確信を持つようになった。

文化大革命を目撃

毛沢東は、一九六〇年代半ば、みずからの権力支配を強固なものにしたいというむちゃな理由で、プロレタリア文化大革命を起こした。共産党内の敵対者の排除と制圧には成功したものの、毛沢東は自分の選んだ手先を制御できなくなった。熱狂的で暴力的な紅衛兵、若い幹部たち、狂信的な共産党員が暴れ回り、最終的には、数年後に紅衛兵が他を服従させた。その間、過激主義の政治派閥が、毛沢東の妻である江青にそそのかされて、何百万人もの国民に甚大な苦痛を課し、中国の社会構造をかき乱した。事実、わたしたちは絶え間なく文化大革命の影響の証拠を目にし、すぐに革命がいまだ自然消滅していないことを実感するようになった。わたしたちが目撃したことを最もよく例示する小さな事件を、三つ挙げよう。

北京大学では、いまだに副学長の地位にあった著名な科学者が構内で同行してきたが、会合では黙って坐っているだけで、二十代初めの革命委員三名が進行役を務めた。大学の入学資格に関する質問に答えて、革命委員たちは、正規教育は二の次で、毛沢東の教えに対する絶対的な忠誠心のほうが大切だと明言した。この考えが、世代全体の学問や教育の質に破滅的な影響を及ぼすことは想像にかたくない。

首都病院と改称されたばかりの元北京協和医科大学病院でも、同様の出来事があった。この病院では、二年前に、ニューヨーク・タイムズ紙のジェームズ（スコッティ）・レストンが緊急の盲腸炎手術を受けた。革命前に教育を受けた数人の医師がなおも職員として残っていたが、誰も表に立とうとはせず、かわりに、革命委員がわたしたちを案内した。学生指導者たちは、毛沢東の統率力のおかげで〝大衆〟が医療を受けられると自慢した。しかし、中国最高の病院と称《たた》えられながら、明らかに、設備は原始的で、外科用器機も医薬品も不足している。その証拠として、わたしは恐ろしいものを目撃した。手術室の扉があいていて、そこから、脚の切断を完了した直後の室内のようすが見えたのだ。気温は三十度を超えており、手術台の脇《わき》のバケツに立てた切断後の脚には蝿《はえ》がたかっていた。

わたしたちは広州郊外の窯元《かまもと》も訪れた。唐王朝の時代に設立されたこの窯元で千年以上にわたって製造されている精巧な品は世に名高い。それが今や、以前の傑作をもとに質の悪い模造品を濫造《らんぞう》していた。独自の創作が許可されていないのかと尋ねると、〝大衆〟が入手できないものを〝エリート個人〟のためだけに製造することはできない、という答えが返ってきた。

中国訪問中は、ペギーとわたししかいない車中でさえ、厳格な毛沢東思想からわずかでも逸脱するような発言は耳にしなかった。そういう発言をすれば、間違いなく、〝再教育〟のため地方に追放されるのだろう。実のところ、中国指導部による冷酷な国家支配の緩和を期待させる材料はあまりなかった。

中国銀行との交渉

これらの憂鬱《ゆううつ》な出会いにもかかわらず、北京での中国の役人たちとの会合は成功を収めた。最も重要だったのは、国立中国銀行の会長との会合だ。中国銀行は、国の対外金融および銀行関連業務を管理している。会長は、西側の最も基本的な銀行業務にさえ疑いを抱き、その受け入れに半信半疑だった。会長は利息の支払いがマルクス主義に反すると説明して、こう付け加えた。「ご理解ください、ミスター・ロックフェラー。私どもは金銭の貸し借りの経験がないのです」。見たところ、会長には会社方針を変えるつもりはあまりないようだった。

たとえ中国銀行との関係を確立しても、ごく限られた関係になることは明白だった。だから、一時間以上も中国が外国の貿易や投資に門戸を開けない理由をさんざん言い立てたあとで、ふいに会長が、中国銀行はチェースと限定的な取引関係を結びたいと表明したときにはひどく驚いた。上層部からの指示による申し出としか考えられないが、わたしは即座に提案を受け入れた。

しかし、このささやかな取り決めを実行することとさえ、簡単、迅速にはいかなかった。通常、取引関係を結ぶ外国銀行は、ニューヨークに口座を開設し、ドル建て預金をする。しかし、この場合、一見無害なこの預金が悲惨な結末を引き起こしそうだった。革命後、アメリカは中国に、没収された資産の推定額として二億五千万ドルを請求し、報復措置としてアメリカ国内の中国の資産七千五百万ドルを凍結した。この不均衡な状態のままで、中国銀行がチェースに預金をしても、中国の資金はアメリカ政府に没収されてしまうだろう。そこで、一時しのぎの策として、通常と異なる手段を取り、中国銀行にドル預金をして、中国銀行が、少額の信用状取引や送金取引など、提案した提携業務を行なえるようにした。チェースがまたもや共産主義国を取引相手としたことを批判する者も多かった。わたしは、中国にとってはじめての米国銀行となれば――たとえ、この取引関係が収益を生むまでにしばらく時間がかかっても――大きな可能性が開けると確信していた。また、この新たな結びつきが、アメリカの利益拡大にも役立つはずだと感じた。ニクソンとキッシンジャーが外交関係の突破口を開いたことは非常に意義深いが、友好関係の完全回復を実現するには、政府レベルだけでなく民間レベルでも中国との接触が必要だ。閉鎖的で懐疑的な中国社会に根本的な変化をもたらすには時間と手間がかかる。目的達成のためには、個人的な接触を行ない、親密な関係をゆっくり築きあげるしかない。わたしはその過程に参加できたことに満足感を覚えた。

周恩来

周恩来が願いを聞き入れてくれたのかどうかまったく知らされぬまま、北京滞在最後の日を迎え、わたしたちは、会合の実現は無理だろうと思い始めていた。ところが、その日の午後、夕食時にもホテルを離れず、指示を待つよう命じられた。何が起ころうとしているのか、それ以上の説明はなかった。

午後九時少し過ぎに、中国人民外交学会の役人がひとり部屋に入ってきて、首相が十時四十五分きっかりに、人民大会堂でわたしたちに会うと告げた。日中あわただしく動きまわって、大量の中華料理を平らげたあと、蒸し暑い夜を迎え、わたしたちは周恩来に会うのをほぼあきらめて、睡眠と翌日の出発のことを考えていた。しかし、役人の言葉でたちまち元気づいた。

十時三十分にホテルを出て、すぐ近くの天安門広場まで、薄暗い街路を車で走った。天安門にのしかかる紫禁城の桃色の壁と毛沢東主席の巨大な肖像画は、暗闇《くらやみ》に溶けてほとんど見えない。車はゆっくりと広場を回り、指定時間ちょうどに人民大会堂の南側入口に停まった。

周恩来その人が階段のてっぺんに立ち、あいさつをしてきた。あとからウィンストン・ロードに聞いた話では、それは周恩来にしてはめずらしいふるまいで、ニクソンにもキッシンジャーにも見せなかった態度だという。ウィンストンは、ヘンリー・キッシンジャーの歴史的な中国旅行で補佐官のひとりを務め、のちにアメリカ大使にな

1973年、北京の人民大会堂の階段にて。周恩来に妻ペギーを紹介。（J・P・モルガン・チェース社記録保管所の好意により転載）

った人物だ。実物の首相は、写真よりもずっと小柄で、きゃしゃに見えた。規定どおりの濃い灰色の人民服に身を包み、政治局の記章を付けている。わたしたちのそれぞれと握手を交わし、〝迎賓の松〟という大きな絵の前で、写真のためにポーズを取ってくれた。それから、わたしたちは建物に入り、〝台湾〟の間に移動した（その意味するところが気にならないでもなかったが）。

絨毯《じゅうたん》の敷かれた大きな部屋で、わたしたちは、張りぐるみのひじ掛け椅子《いす》に腰を据えた周恩来を囲み、折り目正しく向き合って坐った。それぞれの椅子の脇に白磁の痰壺《たんつぼ》が置かれていた。これは正式な会合では常備されている。周恩来の右側にわたしが坐り、ブルックリン生まれの通訳ナンシー・タンが真後ろを占めた。

周恩来はわたしの一族について、驚くほどよく知っていた。また、宋子文《そうしぶん》や孔祥熙《こうしょうき》のことを尋ねてきた。このふたりは地位の高い中国人銀行家で、蔣介石の親《しん》戚《せき》であり強力な支持者でもある。わたしがふたりを知らなかったので、周恩来は驚いたようだった。驚きの原因は、なんといっても、わたしがふたりよりひと世代下の人間だと気づいていなかったからだろう。ふたりについて語るときも、また、旧敵の蔣介石総統に言及するときでさえも、周恩来の口調に怨恨《えんこん》は認められなかった。

実際、台湾については、その著しい経済成長が話題にのぼっただけだ。周恩来は台湾のみごとな成長ぶりを認めた。しかし、否定的な口ぶりで、蔣介石が〝香港のような〟自由港を設立するために、原材料を輸入し、労働者を食いものにして安価な品を製造し、完成品を輸出して利益を得ていると指摘した。周恩来の言い分によると、このやりかたは蔣介石と仲間たちのためにはなっても、「労働者のためにはならない。労働者はなんの利益も得られないからだ」。

周恩来は、ニクソンの訪中とアメリカとの結びつきの拡大について、肯定的だった。また、それが可能になったのは毛沢東主席の〝決断力〟のおかげだとも述べた。文化大革命のあいだ、毛沢東の恐怖政治を生き抜いた数少ない党幹部だけあって、周恩来は言動のひとつひとつに気を配り、けっして主席の上に立つようなそぶりを示さなかった。わたしたちはヘンリー・キッシンジャーについても語り合った。あとからジェームズ・ピュージから聞いた話では、ナンシー・タンは、周恩来に向かって話すときは、ヘンリーを〝博士〟と呼んでいて、それが中国指導部内でのあだ名になったらしい。

周恩来は国際的な経済・財政事情の話題に最も興味を抱いたらしく、米ドルの弱点について質問した。米ドルはその前の二年間で、実質的に二十パーセント価値が下がっていたのだ。さらに、アメリカの高いインフレ率と国際為替レートの不安定さについても尋ねた。また、第二次世界大戦直後に中国が経験した破滅的な平価切り下げと、第一次世界大戦後のドイツでの天井知らずのインフレにも触れた。インフレ当時の一九二〇年代初頭、周恩来はパリとベルリンで学生生活を送っていたという。アメリカで同様の状況が起こり得るのかとも尋ねられた。周恩来は、ニクソンとキッシンジャーの両者と会談して、どちらも「経済にあまり興味がないか、もしくは、知識がないようだ」という印象を受けたらしい。

首相はアメリカの経済問題が中国に与える影響を本気で心配していたようで、わたしに国際通貨制度について説明を求めた。なんの準備もなく、夜のその時刻に国際通貨制度を説明するのはひと仕事だ！　わたしは、やってみるが、少々時間がかかるかもしれないと答えた。同行者たちは、真夜中に経済の講義を聞かされることにぞっとしたたろうが、周恩来はただうなずいて、話を続けるよう促した。

まずは、ブレトン・ウッズ協定やマーシャル・プラン、そして一九五〇年代から一九六〇年代にかけての世界貿易のめざましい拡大から始めて、ユーロダラー市場に話題を移した。また、ジョンソン大統領が、軍事と民生を両立させる破滅的な〝大砲とバターの〟財務・予算政策を取った結果、一九六〇年代半ばにアメリカでインフレの悪循環が始まったことを説明した。これらの政策により国際収支が赤字になると、今度は、一九七一年、ニクソン大統領が、金本位制をやめて、賃金と物価に規制を課すことを決定した。一時間ほどのち、経済概観の講義の締めくくりとして、わたしは、ドルの問題を生んでいるのは、経済本来の病弊ではなく、不完全なアメリカの経済政策だと結論づけた。もっと賢明な経済政策を取れば、ドルは力を取り戻すだろう、と。

周恩来はわたしの話に注意深く耳を傾けていたが、それとは対照的に、同行者の中には今にもうたた寝しそうな者もいた。講義が終わると、周恩来は、貿易と通貨に関する論点のいくつかについて質問した。周恩来は、貿易が中国の成長と発展にとって有益になり得ることには同意したが、外国の投資と関与を促進するために自国の管理経済を変える必要があることは認めなかった。

外国との貿易によって、中国の通貨である元が潜在的に不安定な影響を受けることが、周恩来のいちばんの悩みの種らしかった。ソ連で同等の立場にいるアレクセイ・コスイギンと同じく、周恩来は、外貨との交換ができないというきびしい現実にただ当惑するばかりで、そのことによって、中国が世界中と貿易をしようにも大きな制限が課されるという事実を理解できなかったようだ。それどころか、中国は、貿易問題についてはロシアよりもずっと世間知らずだった。周恩来は、元の最大の強みは、国際通貨ではない点にあると信じていた。「だからこそ、わが国の経済力に支えられている元は非常に強いのだ」と。

会合が午前一時少し前に終わると、周恩来は礼儀正しく出口まで見送り、わたしたちひとりひとりに別れのあいさつをした。

すばらしい会合だった。周恩来は友好的だったし、重要問題を突き詰めることへの関心の高さには驚かされた。ロシア人、特に一九六四年のフルシチョフとの会合とは違って、周恩来は思想に関する議論で相手を打ち負かすことに興味を持ってはいなかった。周恩来としては、当時アメリカを、そして、西欧と日本の自由市場経済を悩ませていた深刻な問題は、わたしが示唆《しさ》したように、軽率な政策の結果なのではなく、根本的な〝資本主義の矛盾〟の産物だと考えていたのではないだろうか。しかし、そうだとしても、周恩来はきわめて礼儀正しかったので、わたしの見解に異を唱えることはなかった。

中国は、毛沢東の独裁政権のために大きな犠牲を払った。文化大革命によって、国内における同時代の才能豊かな人々——技術者、教師、科学者、工場長——が掃討された。一九七三年当時は、わたしたちは、毛沢東の犯した罪の極悪さも、周恩来を含む側近たちとの共犯関係についてもほとんど知らなかった。周恩来が都会風で魅力的で博学な人物に見えていた。のちに、周恩来があれほど非人道的な犯罪行為を黙認していたと知ったときは、ショックを受けた。

中国の変遷《へんせん》について

わたしは、その後十五年間でさらに五回中国を訪問し、毛沢東や周恩来の後継者たちとも幾度となく会見した。これらの旅は、世界の中で中国の立場が進展していくさまを観察する機会を与えてくれた。

二度目の訪中は、一九七七年一月初旬で、毛沢東と周恩来の死から一年もたっていなかった。毛沢東時代末期の急進主義からの移行がやっと始まったころだ。悪名高い四人組が一九七六年後半に投獄されて、無能な華国鋒《かこくほう》が共産党主席に就任したばかりだった。

わたしはふたたび中国人民外交学会（ＰＩＦＡ）に招かれたが、今回は外交問題評議会（ＣＦＲ）の会長という立場にあった。ＰＩＦＡは、ＣＦＲとの絆《きずな》を強めたいと願っていたのだ。わたしは、中国の官吏と銀行の問題についても論じさせてもらうという条件で招待を受けた。ＰＩＦＡとＣＦＲの関係を育てることも重要だが、もっと興味があったのは、チェースの業務についてもう少し機転を利《き》かせるよう中国を促すことだ。ニクソンの歴史的訪中から五年が経過していたが、アメリカと中国の外交関係は完全回復には至っていなかった。どちらの国も内部の政治的な事柄――毛沢東の死とウォーターゲート危機の波紋――のほうに悩まされていたのだ。その結果、チェースと中国銀行の取引関係もなかなか進展しなかった。

こうした思惑を胸に、わたしは極東へと旅立つ前にワシントンを訪問して、中国との国交正常化に対する次期カーター政権の態度を確認した。わたしは、国務長官を引き継ぐサイラス・ヴァンスと、国家安全保障担当補佐官を務めることになるズビグニュー・ブレジンスキーと会った。また、ジミー・カーターとも短時間顔を合わせた。

三人とも、中国と意見が食い違ったままの領域について問題の解決を図るのは急務だと述べ、北京で面会予定の高官たちにそのことを伝えるのを許してくれた。

わたしは、李先念《りせんねん》副首相と黄華にこの問題を提起した。黄華はそのころには外相に就任していた。驚いたことに、ふたりの反応はきわめて冷静だった。ふたりは、正常化の主な障害は、アメリカが台湾の〝犯罪政権〟を支援し続けていることだと主張した。その点に関してアメリカが政策を変更しないかぎり、事態は変わらないという。わたしが会った古参の指導者たちのほとんどは、アメリカとソ連に対して同じくらい懐疑的で、決まってソ連を〝白熊《しろくま》〟と呼んだ。わたしに対する態度は丁重だったが、チェースの業務を拡張したいという要求は断固拒否された。何から何まで期待はずれの旅だった。

開かれた扉

二年もたたないうちに、気運が一変した。鄧小平《とうしょうへい》が華国鋒に取って代わり、党と国の両方に対して権力を振るうようになったのだ。カーター政権は、ニクソン政権が始めたプロセスを完了させるべく準備を整えた。一九七八年十二月、アメリカと中国の外交官がついに、台湾独立という扱いにくい問題を巧みに切り抜ける方策に同意した。ここに至って、アメリカと中国の外交関係は完全に回復した。

　この協定のおかげで、チェースはすぐさま利益を得た。〝封鎖資産〟の問題が解決すると同時に、わたしたちは中国銀行との完全な取引関係を確立し、ついにニューヨーク本店に相当額のドル口座を開設した。さらに、北京のチェース代理店に財務省の認可が下りて、まもなくわたしたちははじめての融資を行なった。融資先は中国鉱業冶金《やきん》省だ。一九七二年には、情報サービス子会社としてチェース世界情報会社が設立され、アメリカの実業家たちに中国での投資機会を紹介しはじめた。

　多くの面で、チェースは中国のアメリカ参入の入口として役立った。一九七九年には、ニューヨークで中国財務大臣のために商談を兼ねた午餐会《ごさんかい》を主催し、翌年六月には、中国についての討論会を企画した。討論会には、二百社以上のアメリカ企業の上層部から代表者が参加した。同年秋に、わたしはポカンティコでささやかな私的な午餐会を主催した。招待客は、薄一波《はくいっぱ》副首相と、その同行者で中国国際信託投資公司（CITIC）董事長《とうじちょう》の栄毅仁《えいきじん》だ。この午餐会のおかげで、西側への門戸を開くためにほかの誰よりも尽力している人物と会う機会に恵まれた。

　栄毅仁は上海で銀行と製造会社を営む一族の御曹司で、革命前は、中国、香港、アメリカに幅広い投資を行なっていた。毛沢東が権力を握ったあとも、政府からはほんの名ばかりの監視しか受けず、恵まれた〝国家的資本家〟の地位を保ち、一族の所有する多くの企業の経営を続けていた。しかし、結局、紅衛兵に逮捕され、財産を没収されて、拷問《ごうもん》にかけられた。地方の集団農場での長期〝再教育〟を受けずにすんだのは、ひとえに擁護者の鄧小平が介入したおかげだ。

一九七〇年代後半、鄧小平は権力を掌握すると、栄毅仁をＣＩＴＩＣの長に任命した。鄧小平は、中国の発展のために外国資本の融資が切に必要とされていることを承知しており、そのために不可欠な知識と西側のつてを有する数少ない中国人のひとりとして、栄毅仁を登用したのだ。栄毅仁は有能で先見の明のある実業家だったので、たちまち中国における対外投資の中心人物となった。時がたつにつれて、わたしたちふたりは親友どうしになった。

中国への扉があけ放たれ、アメリカ企業がその扉をくぐり始めたときには、チェースは向こう側で待機していたのだ。

次の訪中は、チェースを退職した直後の一九八一年五月で、このときはもっと多くの変化の兆《きざ》しが見られた。政治局内では鄧小平率いる穏健派が、強硬路線の毛沢東主義者から支配権を奪い取り、何十年にわたる毛沢東のきびしい統治のあいだに受けたダメージを修復し始めた。外国のアイデアに対する新たな開放性と寛容性は、以前の訪問時には存在しなかったものだ。

変化の目安となったのは、中国指導部が三極委員会の代表者と進んで会おうとしたことだ。東京での三極委員会の総会が終わると、わたしたち一行は、中国と三極委員会参加国との経済協力の機会について中国上層部の知識人たちと話し合うために、北京へ向かった。この旅行の目玉は、鄧小平その人を含む三人の中国副首相との会合だ。

鄧小平は非常に年老いた顔立ちの小柄な人物だ。初対面時は七十六歳だったが、ずっと老《ふ》けて見えた。また、一時間の会合のあいだ、休みなく煙草《たばこ》を吸い続けていた。鄧小平こそが真の実力者であることは明らかだった。あとのふたりは、政府内の地位は同等なのに、つねに鄧小平を立てていた。

鄧小平は進んで、ありとあらゆる話題について論じた。会談のあいだじゅう、すっかり話にのめり込んで、自分が継続的な経済自由化に力を尽くすことをわたしたちに熱心に保証してくれようとした。

大足《だいそく》の洞窟《どうくつ》

一九八六年四月、ペギーとわたしは、旧友のウィンストン・ロード大使とベット夫人の招待を受け、休暇を利用して中国を再訪した。ベット夫人には『春の月』という著書がある。これは二十世紀初頭の中国を描いた小説で、広く絶賛されている。

北京を発《た》つ前に趙紫陽《ちょうしよう》に会って話す機会を得たわたしは、この相手に大きな好意を抱いた。趙紫陽は多くの人間から、年老いた指導者、鄧小平が完全に引退したあとのしかるべき後継者と目されていた。変化の過程に精いっぱい関与し、積極的に新しいアイデアを試しているように見えた。また、経済問題について気楽に語り、中国がもっと市場性の強い経済へ移行する際に直面するであろう難問についても、率直な意見を述べた。言葉を交わすあいだ、どの中国人指導者とも違う親近感を覚えた。趙紫陽は周恩来と同様、都会的な雰囲気と世界に対する広い視野を兼ね備えていた。

栄毅仁がペギーとわたしのために、紫禁城に隣接する迎賓館で豪華な晩餐会を開いてくれた。この迎賓館は、一九七二年にニクソンとキッシンジャーが滞在した場所だ。通常は元首級の賓客のために確保されている場所を使えるのは、栄毅仁の権力と影響力のしるしだった。栄毅仁は夫人とともに、自宅でもわたしたちをもてなしてくれた。

中国で個人宅を訪問したのは、この一度きりだ。夫妻は伝統的な様式の古い美しい屋敷に住んでいた。広い中庭のまわりにいくつもの部屋が配置されている。わたしたちは香り高い本式の中国〝茶〟をふるまわれ、栄毅仁一族の長く興味深い歴史に耳を傾けた。後日、ニューヨークに戻ったあとで、栄毅仁から一風変わった木製のリクライニングチェアが送られてきた。それは訪問時にわたしが賞賛した品だった。このような友好の意思表示は中国に特有のもので、わたしには共産主義政府の代表者というより、旧中華帝国の高官にふさわしい行為のように思えた。

栄毅仁は、わたしたちが重慶に向かい、そこから揚子江を下っていくつもりだと知ると、異国の休暇旅行をごく印象深い経験に変える、ある提案をした。大足について教えてくれたのだ。そこは、八百年前に作られた石仏群がある巡礼の中心地で、重慶の西約八十キロに位置しており、中国屈指の芸術的遺産だという。川船の出発時刻に間に合うように戻るためには、重慶のホテルを午前四時に出なければならなかったが、それでも、わたしたちは提案に従ってみた。

大足までのドライブで、わたしたちははじめて中国の田舎を垣間見《かいまみ》た。幾人もの男女が田植えをしており、その後ろで巨大な水牛が一枚刃の鋤《すき》を引いている。見渡すかぎり、近代的な道具といえばわたしたちの車のみ。大足自体は、信じられないほどすばらしかった。仏教の僧侶《そうりょ》たちが石灰岩の崖《がけ》をくり抜いて石窟《せっくつ》を作り、そこに住んで、十二世紀から十三世紀にかけて、石窟の壁と崖の表面に仏像をはじめとする宗教的彫像を五万体以上も彫り込んだ。大足の遺跡は、それよりずっと古く（紀元前一世紀から紀元八世紀ごろ）、もっと有名な、インドのアジャンタやエローラの石窟にも匹敵するほど質が高い。何年もあとの訪問で知ったのだが、これらのインドの石窟が大足の着想の源になったとも考えられている。

一九八八年五月、わたしはチェースの国際諮問《しもん》委員会（IAC）とともに、四日間北京に滞在した。わたしたちは、趙紫陽、李鵬《りほう》首相、鄧小平に会った。趙紫陽は当時、中国共産党総書記として権力の頂点におり、鄧小平は、八十四歳になってもなお、赤軍の長という地位を介して最高権力を行使していた。ウィンストン・ロードによると、一日のうちにこの三人の古参指導者たちに迎えられた民間団体は、ほかに思い当たらないとのことだった。

前回の訪問では、中国人官吏に会うときは、人民大会堂や相手の執務室を利用したが、今回、会合は中南海地区の紫光閣で行なわれた。中南海は紫禁城に隣接する要人居住地で、一九四〇年代後半に共産党が政権を得て以来、その最高幹部が住んでいる場所だ。景観に恵まれた地域で、ふたつの美しい湖に囲まれた手入れの行き届いた敷地に、伝統的な中国の家屋が立ち並んでいる。

鄧小平はいっそう小さくひ弱になっていたが、頭の働きは相変わらず鋭敏だった。若い指導者たちに道を譲りたいから、半ば引退したのだという。IAC委員ヘンリー・キッシンジャーの同席には喜びを示した。キッシンジャーとはそれまでに何度か、顔を合わせる機会があったのだ。さらに、七年前のわたしたち三極委員会の一団との会合についても、好意的な意見を述べた。

鄧小平は過去十年間における中国の進歩を誇らしげに語り、李鵬と趙紫陽がともに、経済改革計画の実施に熱心に取り組んだと述べた。しかし、鄧小平は、中国の現状について率直な評価も下した。中国は、経済的弱国で、低レベルなテクノロジーに進歩を阻《はば》まれ、とどまるところを知らない人口増加に悩まされている。解決の鍵《かぎ》は、経済成長と、人口増加抑制キャンペーンだ。と同時に、中国には、外国の投資と現代テクノロジーの注入も必要だった。鄧小平はその実現を楽観視しており、中国が二十世紀末にはこれらすべての目標達成に向けて、かなりの進歩を遂げるだろうと予期していた。

鄧小平は自分の世界観について、噛《か》み締めるように語った。二十一世紀は〝アジアの世紀〟となり、ラテンアメリカも徐々に勢力を伸ばし始めるという。また、アフリカが世界の指導者になるときだとさえ考えていた。中国が当分は西洋のテクノロジーと資本に頼ることになるという観測の一方で、欧米列強国が衰退するという見解もそれとなく示した。

閉会時に、鄧小平は、中国には、改革を推し進め、先進国世界との関係を改善するしか道がないと述べて、後継者たちに迅速な行動を強く求めた。これからさまざまな間違いが起こるだろうが、だからといって改革への努力を放棄してはいけない、と。「中国は誤りを恐れることはない。しかし、誤りをくり返すことは避けるべきだ」。さらに、あとから思うと不吉な発言をした。あまりに多くの誤りが犯されるようなら、ふたたび権力を行使して、国の指導部に変化をもたらすこともいとわない、と。

身の毛もよだつ予言だった。一年後、天安門広場でデモが起こると、鄧小平は戦車を送り込んで反体制派を鎮圧した。この言語道断の行動で、鄧小平は歴史に悪名を刻むことになるが、中国が過去を捨て去るうえで鄧小平が果たしたきわめて重要な役割をぼやけさせてはいけない。鄧小平こそ、中国の非効率的な共同農場制度の廃止を許可し、外国の貿易と投資に門戸を開き、静かにゆっくりとではあるが、政治の分権化と民主化に着手した人物だということは、心に留めておくべきだ。

二十一世紀のはじめには、中国社会は、わたしがそのほぼ三十年前に見たときよりもずっと開放的で寛容になっていた。

（下巻に続く）

新潮文庫最新刊

佐伯泰英著
たそがれ歌麿
新・古着屋総兵衛　第九巻

大黒屋前の橋普請の最中、野分によって江戸は甚大な被害を受ける。一方で総兵衛は絵師歌麿の禁制に触れる一枚絵を追うのだが……。

畠中恵著
ひなこまち

謎の木札を手にした若だんな。以来、不思議な困りごとが次々と持ち込まれる。一太郎は、みんなを救えるのか？　シリーズ第11弾。

畠中恵著
えどさがし

時は江戸から明治へ。仁吉は銀座で若だんなを探していた——表題作ほか、お馴染みのキャラが大活躍する全五編。文庫オリジナル。

野口卓著
隠れ蓑
—北町奉行所朽木組—

わが命を狙うのは共に汗を流した同門剣士。定町廻り同心・朽木勘三郎は血闘に臨む。絶賛を浴びる時代小説作家、入魂の書き下ろし。

井上ひさし著
言語小説集

あっという結末、抱腹絶倒の大どんでん返し。言葉の魔術師が言語をテーマに紡いだ奇想天外な七編。単行本未収録の幻の四編を追加！

柴崎友香著
わたしがいなかった街で

離婚して1年、やっと引っ越した36歳の砂羽。写真教室で出会った知人が行方不明になっていると聞くが——。生の確かさを描く傑作。

ロックフェラー回《かい》顧《こ》録《ろく》（上）

新潮文庫　シ－38－19

Published 2014 in Japan
by Shinchosha Company

平成二十六年十二月一日発行

訳者　楡《にれ》井《い》浩《こう》一《いち》
発行者　佐藤隆信
発行所　株式会社 新潮社

郵便番号　一六二―八七一一
東京都新宿区矢来町七一
電話 編集部(〇三)三二六六―五四四〇
読者係(〇三)三二六六―五一一一
http://www.shinchosha.co.jp

価格はカバーに表示してあります。

乱丁・落丁本は、ご面倒ですが小社読者係宛ご送付ください。送料小社負担にてお取替えいたします。

印刷・錦明印刷株式会社　製本・錦明印刷株式会社

ISBN978-4-10-218631-2 C0198